Jean Donaldson

Profi-Coaching
für Hundehalter

Erfolgreiche Grunderziehung mit System

Alle Rechte vorbehalten

© 2010 by Jean Donaldson, DVD © Perfect Paws Company, LLC.
Titel der amerikanischen Originalausgabe: Train your Dog like a Pro, erschienen 2010 bei Howell Book House/Wiley Publishing Incl, Hoboken, New Jersey, USA.

Übersetzt ins Deutsche von Ivonne Senn

© 2011 für die deutsche Ausgabe:
KYNOS VERLAG Dr. Dieter Fleig GmbH, Nerdlen
www.kynos-verlag.de

2. Auflage 2016

Gedruckt in Lettland

ISBN 978-3-95464-093-5

Mit dem Kauf dieses Buches unterstützen Sie die
Kynos Stiftung Hunde helfen Menschen
www.kynos-stiftung.de

Das Werk einschließlich aller seiner Teile ist urheberrechtlich geschützt.
Jede Verwertung außerhalb der engen Grenzen des Urheberrechtsgesetzes ist ohne schriftliche Zustimmung des Verlages unzulässig und strafbar. Das gilt insbesondere für Vervielfältigungen, Übersetzungen, Mikroverfilmungen und die Einspeicherung und Verarbeitung in elektronischen Systemen.

Haftungsausschluss: Die Benutzung dieses Buches und die Umsetzung der darin enthaltenen Informationen erfolgt ausdrücklich auf eigenes Risiko. Der Verlag und auch der Autor können für etwaige Unfälle und Schäden jeder Art, die sich bei der Umsetzung von im Buch beschriebenen Vorgehensweisen ergeben, aus keinem Rechtsgrund eine Haftung übernehmen. Rechts- und Schadenersatzansprüche sind ausgeschlossen. Das Werk inklusive aller Inhalte wurde unter größter Sorgfalt erarbeitet. Dennoch können Druckfehler und Falschinformationen nicht vollständig ausgeschlossen werden. Der Verlag und auch der Autor übernehmen keine Haftung für die Aktualität, Richtigkeit und Vollständigkeit der Inhalte des Buches, ebenso nicht für Druckfehler. Es kann keine juristische Verantwortung sowie Haftung in irgendeiner Form für fehlerhafte Angaben und daraus entstandene Folgen vom Verlag bzw. Autor übernommen werden. Für die Inhalte von den in diesem Buch abgedruckten Internetseiten sind ausschließlich die Betreiber der jeweiligen Internetseiten verantwortlich.

Profi-Coaching
für Hundehalter
die DVD zum Buch

Zu diesem Buch ist eine DVD mit 2,5 Stunden Spielzeit erhältlich. Jean Donaldson und Teilnehmer an Kursen ihrer Hundeschule zeigen in vielen Beispielen, wie die einzelnen Trainingsübungen aufgebaut werden, welche Fehler man dabei machen kann und wie diese vermieden werden.

ISBN: 978-3-95464-094-2   19,95 € (D)

Über die Autorin

Jean Donaldson hat vergleichende Psychologie und Musik studiert und war in mehreren Hundesportarten aktiv, bevor sie 1986 professionelle Trainerin für Hunde und ihre Menschen wurde.

Im Jahr 1999 gründete sie »The Academy for Dog Trainers at The San Francisco SPCA«, eine Ausbildungsstätte für Hundetrainer, in der sie nicht nur unterrichtete, sondern die sie auch bis 2009 leitete. Über 500 Absolventen der Academy arbeiten inzwischen in den USA und 25 weiteren Ländern als Hundetrainer und Verhaltensberater.

Jean Donaldson lebt mit ihrem Hund Buffy in der San Francisco Bay. Wenn sie nicht arbeitet, feuert sie ihre Lieblingsbaseballmannschaft an und studiert Evolutionsbiologie.

*Für die vielen Hundebesitzer,
die wissen, dass es nicht in Ordnung ist,
einem Hund Schmerzen und Angst
zuzufügen, um ihn auszubilden.
Sie sind der Schutzengel Ihres Hundes.*

Inhaltsverzeichnis

Über die Autorin	**8**
Danksagung	**11**
Einführung	**12**
Was macht einen Trainer aus?	12
Mein Plan	14
Warum sich Ausdauer lohnt	15
Die nicht ganz so schlimme Wahrheit über Motivation	15
Basisbelohnung	18
Den Schwierigkeitsgrad systematisch erhöhen	20
Kurzdarstellung des Programms	21
TEIL EINS: GRUNDLEGENDES VERHALTEN	**23**
Sitz und Schau	25
Platz	34
Komm	44
Ein wenig Hilfe, wenn Sie kämpfen müssen	49
TEIL ZWEI: IMPULSKONTROLLE	**59**
Sitz-Bleib und Platz-Bleib	61
Warte und Lass es	83
Gehen an der Leine	89
TEIL DREI: ERHALTEN UND VERBESSERN	**93**
Neue Kombinationen	95
Neue Wege gehen	107
Gute Manieren	117
Festigen und erhalten	142

TEIL VIER: FORTGESCHRITTENES VERHALTEN — **145**
    Bei Fuß — 147
    Geh auf deinen Platz — 154
    Apportieren — 193
    Fein Sitz und Roll dich — 217

ANHANG — **226**
WIE TRAINING FUNKTIONIERT: EIN ÜBERBLICK — **226**
    So macht's der Hund — 226
    Leckerchen ausschleichen — 226
    Anwenden (»Generalisieren«) und benennen — 226
    Festigen, erhalten und bewahren — 227

GLOSSAR: BEGRIFFE AUS DEM TIERTRAINING — 228

Danksagung

Ich danke Janis Bradley. Sie ist die beste aller möglichen Lehrerinnen, die beste aller möglichen Autorinnen, und die beste aller möglichen Freundinnen. Dank ihr bin ich eine bessere Trainerin und Autorin geworden.

Mein tiefster Dank geht ebenfalls an Suzanne Snyder, deren tiefschürfende Fragen und aufmerksamer Blick dem Manuskript so gut getan haben, und an Pamela Mourouzis für ihre unbeschreibliche Geduld bei den komplizierten Vertragsverhandlungen.

Einführung

WAS MACHT EINEN TRAINER AUS?

Was ist der Unterschied zwischen einem erfahrenen, gut ausgebildeten Hundetrainer und einem Hundeliebhaber, also einem Menschen, der seinen Hund über alles liebt, ihn aber nicht dazu bringen kann, zu gehorchen? »Ein Trainer weiß, was er tut«, werden Sie jetzt vielleicht denken, »es ist eine Frage des Könnens, des unterschiedlichen Wissensstandes«. Tatsächlich ist das ein Teil davon. Aber nicht alles.

Im Jahr 1993 habe ich zwei verschiedene Gruppen von Menschen mit der Videokamera dabei aufgenommen, wie sie mit ihren Hunden verschiedene Übungen durchgeführt haben. Die eine Gruppe waren Hundetrainer, die andere Privatpersonen. Mich interessierte, ob – und wenn ja worin – sie sich beim Training unterschieden. Schnell ins Auge fielen die die technischen Unterschiede. In der Hand der Trainer führten die Hunde die Übungen viel besser und exakter aus. Besonders gut waren die Trainer darin, den Schwierigkeitsgrad anzupassen. Sie steigerten ihn so, dass ein konstanter Fortschritt erzielt wurde, wählten die Schritte aber klein genug, dass der Hund ausreichend Erfolgserlebnisse erzielte und somit Lust hatte, weiterzumachen. Keine Frage: Hier wurde der Wissensvorsprung schnell deutlich; die Trainer wussten, wie man einen Hund trainiert. Aber wirklich bemerkenswert war etwas ganz Anderes, etwas so Grundlegendes, dass ich es erst bemerkte, als ich die Bänder beim Datensammeln zurückspulte und im Schnelldurchlauf wieder abspielte. Überrascht stellte ich fest, dass ich anhand einer nur eine Sekunde langen Sequenz oder eines Standbildes sofort erkennen konnte, wer Trainer war und wer nicht.

Die Dauerlücke

Die Nicht-Trainer probierten eine Übung ein paar Mal aus – zum Beispiel, den Hund ins Platz zu bringen –, und hörten, egal ob sie Erfolg hatten oder nicht, irgendwann unweigerlich auf. Bei der nächsten Übung dann das gleiche Spiel – zwei bis drei Wiederholungen, oft mit wesentlichen Pausen dazwischen, und Schluss. Sie unterhielten sich dann mit anderen Anwesenden, schauten auf die Uhr, richteten ihre Kleidung, manchmal streichelten sie auch ihren Hund. Aber sie übten nicht mehr. Die überwiegende Zeit ihrer Trainingseinheit verbrachten sie in diesem Vakuum »zwischen den Übungen«.

Die Trainer hingegen waren unermüdlich. Sie behielten den Hund immer im Auge und führten Wiederholung um Wiederholung aus. Es war schwer, sie am Ende der vorgesehenen Zeit dazu zu bringen, auch wirklich aufzuhören. Das Muster war bei allen Arten von Hunden zu sehen: unerzogene neue Hunde (von Trainer auch als »Grünschnäbel« bezeichnet); Hunde, die Lernschwierigkeiten hatten; Hunde, die schnell verstanden, was man von ihnen wollte; und Hunde, die Profis waren, sprich erfahrene, hervorragend ausgebildete Tiere. Die Trainer trainierten wie die Verrückten, und die Nichttrainer steckten den gleichen Eifer in ihre Pausen.

Trainer trainieren

Die letzten zehn Jahre war ich an der Academy for Dog Trainers, unserer Hundeakademie, als Ausbilderin tätig. Bei den meisten meiner Schüler handelte es sich um ambitionierte Amateure, die mit ihren Hunden schon Medaillen in verschiedenen Sportarten errungen, sie zur Fährtensuche oder als Rettungshund ausgebildet oder auf andere Art mit ihnen gearbeitet hatten, und die nun in meinem sechswöchigen Vollzeitprogramm zu professionellen Trainern ausgebildet werden wollten. Mit der Aufnahmegebühr, dem sechswöchigen Verdienstausfall, Reise- und Unterbringungskosten und zahllosen anderen Ausgaben kostet dieses Programm die Studenten 10.000 Dollar, manchmal auch mehr. Dementsprechend motiviert sind die Menschen, die dieses Angebot annehmen.

Jeder Schüler erhält nacheinander verschiedene Tierheimhunde, die er trainiert. Und jetzt kommt der interessante Teil: Wir Ausbilder sagen den Studenten immer wieder, dass sie irgendwann auch mal Schluss machen müssen und nicht so viel trainieren sollen. Ohne diese tägliche Ermahnung würden sie nicht nur mehr trainieren, als strategisch sinnvoll wäre, sondern auch bis weit in den Abend hinein. Und das obwohl diese Hunde oft sehr undankbare Trainingspartner sind: schmutzig, leicht abzulenken, noch völlig unerfahren, gestresst durch den Verlust ihrer Besitzer, und oft vollkommen desinteressiert an ihrem Trainer. Aber egal. Studenten der Akademie sind Trainings-Junkies.

Entwicklung vs. Ergebnis

Was ich mit all dem sagen will ist, dass Hunde zu lieben und das Üben zu lieben zwei ganz unterschiedliche Dinge sind. Menschen, die sich zum Trainer eignen, finden den ganzen Vorgang des Trainierens an sich belohnend – sie lieben die Entwicklung, die stattfindet, und sind von ihr total fasziniert. Der Nicht-Trainer-Typ hingegen übt nur, um ein Ergebnis zu erhalten. Den Weg dahin findet er oft langweilig, frustrierend, oder er ist ihm gar völlig schleierhaft. Diese Menschen tun gut daran, sich Unterstützung von einem professionellen Trainer zu holen.

Wenn man näher darüber nachdenkt, ist das nicht überraschend. Manche Menschen lieben es, zu kochen, während andere sich nur an den Herd stellen, weil sie etwas essen müssen, aber es sich nicht jeden Tag leisten können, in ein Restaurant zu gehen. Manche lieben es, zu nähen, an Autos zu basteln, zu lesen oder Sport zu treiben. Andere sehnen sich nur nach dem Ergebnis dieser Anstrengungen. Fakt ist: Die Ergebnissucher, also die, die nicht einmal ein kleines bisschen Begeisterung für den durchaus zeitaufwändigen Weg bis zum Endergebnis aufbringen können, geben irgendwann auf, es sei denn sie verfügen über eine überirdische, eiserne Disziplin. Was man als erfolgreicher Tiertrainer aber braucht ist vor allem Ausdauer.

MEIN PLAN

Ich habe drei vorrangige Ziele mit meinem Programm:

1. **Ich möchte Sie dazu bringen, es durchzuführen.** Sie sollen nicht nur das technische Verständnis erlangen, sondern auch die tatsächliche Arbeit machen. Hunde zu trainieren ist für Menschen sehr zeit- und energieaufwändig. Es gibt mehr als ein Verhalten, was dem Hund beigebracht werden soll. Jedes davon braucht viele Schritte und noch viel mehr Wiederholungen. Diese Anstrengungen werden Früchte tragen, allerdings nicht sofort. Es handelt sich um genau die Art von Ziel, die es einem leicht macht, seine Aufgaben erst immer wieder aufzuschieben und schlussendlich ganz aufzuhören. Sie brauchen also eine ganze Menge Disziplin und Durchhaltevermögen.
2. **Ich möchte Sie dazu bringen, jegliches schädliche Gepäck, was sie über das Training von Hunden noch mit sich herumschleppen, abzuwerfen.** (Siehe auch »Die nicht ganz so schlimme Wahrheit über Motivation« später in dieser Einführung.) Keine Motivation, kein Training. Gut meinende, aber schlecht informierte Trainer haben Generationen von Hundebesitzern bezüglich dieses Themas in die Irre geführt. Vielen Trainern mangelt es auch heute noch an ausreichendem Wissen im Bereich der Lernbiologie von Tieren, obwohl das ein Gebiet ist, auf dem seit über sechzig Jahren geforscht wird. Hundebesitzer haben aber Anspruch auf allergrößte Kompetenz bei ihrem Trainer.
3. **Ich möchte Ihnen narrensichere Schritte für die wichtigsten Verhaltensweisen nahebringen, die die meisten Menschen von ihren Hunden erwarten.** Viele Menschen haben keine Zeit, sich alle wichtigen Lernprinzipien von Tieren anzueignen und aus ihnen relevante Trainingspläne abzuleiten. Zum Glück gibt es bereits bestehende Erfolgsrezepte für die meisten Kommandos: Sitz, Platz, Bleib, Komm und so weiter. Diese sind an Hunderten Hunden in unserer Akademie und in Tausenden Einzelstunden mit Privathunden getestet worden, so dass Sie das Rad nicht neu erfinden müssen.

Ausreichend trainieren

Ich schätze, dass einige – vielleicht sogar viele – von Ihnen ein klitzekleines bisschen Trainer in sich haben. Sie sind zumindest ein wenig von dem Prozess des Ausbildens fasziniert, ansonsten hätten Sie sich wohl kaum dieses Buch gekauft. Die gute Nachricht ist, sobald man sich einmal darauf eingelassen hat, kann man sich der Magie des Tiertrainings kaum mehr entziehen. Bisher erscheint Ihnen vieles vielleicht noch sehr rätselhaft und kompliziert, aber im Verlauf dieses Buches werde ich versuchen, es so klar und einfach wie möglich zu erklären. Und ich habe keinen Zweifel, dass sich dann viele von Ihnen von der Faszination des Trainierens anstecken lassen.

Für diejenigen unter Ihnen, die sich resistent gegen das Trainer-Virus erweisen, habe ich mir vorgenommen, Sie auf den ersten Schritten so weit zu unterstützen, dass Sie ein kompetenter Trainer werden, auch wenn Sie die Hintergründe nicht sonderlich interessieren. Denn für Sie liegt der Erfolg nicht auf dem Weg, sondern am Ziel. Für Sie brauchen wir also genauso einen Trainingsplan wie für Ihren Hund.

Ich empfehle Ihnen, zusätzlich zum Buch die DVD (s. S. 7) anzuschauen – Sie werden sofort Lust bekommen, die gezeigten Übungen selbst auszuprobieren. Menschen sind sehr gut darin, sich von Vorbildern animieren zu lassen. Aber auch wenn es Ihnen nicht so geht: Als ergebnisorientierter Mensch haben Sie genau das gleiche Recht auf einen gut erzogenen Hund wie als entwicklungsorientierter Halter.

WARUM SICH AUSDAUER LOHNT

Die meisten Früchte Ihrer Anstrengungen im Hundetraining werden nicht sofort sichtbar sein, was in absolutem Gegensatz zu unserem alltäglichen Leben steht. Mit ein paar Klicks kann jeder in der westlichen Welt im Internet jedes gewünschte Thema recherchieren, sich alles bestellen, oder zu jeder Tages- und Nachtzeit mit Menschen auf der ganzen Welt über alles und jedes chatten. Wenn man dringend einen bestimmten Film sehen will, holt man ihn sich in der Videothek um die Ecke. Mit dem Handy hat man jederzeit Kontakt zu Familie, Freunden und Kollegen, und wenn man Hunger hat, gibt es genügend Fast-Food-Restaurants, die rund um die Uhr geöffnet haben.

  Wenn Sie diesem Symbol im Buch sehen, bedeutet dies, dass es auf der zum Buch erhältlichen DVD (s. S. 7) Videobeispiele zum entsprechenden Thema gibt.

Das Lernverhalten von Hunden bewegt sich jedoch mit biologischer Geschwindigkeit. Aus diesem Grund denke ich oft, dass Hundetraining ein charakterbildendes Unterfangen ist. Es zwingt uns, von Techno-Geschwindigkeit auf Bio-Geschwindigkeit zurückzuschalten. Aber so gut das auch für Sie sein mag, es ist definitiv eine große Herausforderung. Ich habe unzählige Leute mit den besten Absichten gesehen, die es dann doch nicht geschafft haben, das Training mit ihren Hunden wirklich durchzuziehen. Um Sie so gut wie möglich gegen das mögliche Versanden Ihrer besten Absichten zu wappnen, muss ich Sie in die richtige Gemütsverfassung bringen, Sie mit dem richtigen Wissen ausstatten und Ihnen dann einen Anreiz bieten, durchzuhalten. Wenn Sie es schaffen, die ersten Schritte mitzumachen, haben Sie echte Chancen, dranzubleiben.

DIE NICHT GANZ SO SCHLIMME WAHRHEIT ÜBER MOTIVATION

Motivation im Hundetraining ist schon viel zu lange ein viel zu undurchsichtiges Thema. Vielleicht hat man Ihnen erzählt, dass Hunde den dringenden Wunsch haben, zu gefallen;

dass sie Rudeltiere sind, die nach der Führungsrolle streben, weshalb Unterordnung im Zusammenleben mit Menschen unabdingbar ist; dass man nur die richtige *Energie* ausstrahlen muss; dass man mit dem Hund in seiner eigenen Sprache sprechen soll, und so weiter, und so fort. Dieses ganze Gerede ist meistens nichts weiter als der Versuch eines Einzelnen, Ihnen die eine wahre, magische Methode beizubringen, die derjenige aus seiner angeblich natürlichen Gabe, mit Hunden umzugehen, entwickelt hat.

Diese undurchsichtigen Trainer sprechen selten klar über Belohnung und Bestrafung. Futterbelohnung, eine der stärksten »Waffen« in der Tiererziehung, wird von ihnen oft strikt abgelehnt. Sie werden Ihnen anfangs erzählen, dass Lob und die richtige Ausstrahlung alles sind, was man braucht. Wenn man das dann überprüft, indem man alle möglichen Methoden und ihre Ergebnisse miteinander vergleicht, wird man schnell feststellen, dass das Training mit Futterbelohnung allen anderen haushoch überlegen ist. Darauf angesprochen wird der undurchsichtige Trainer meist ein moralisches Argument aus dem Hut zaubern, wie einen Hund mit Futter zu belohnen wäre Bestechung. Vielleicht versucht er auch, an Ihren Narzissmus zu appellieren, wie viel toller es doch wäre, wenn Ihr Hund alles nur *Ihnen* zuliebe täte. Oder vielleicht warnt er auch davor, dass Ihr Hund eine ungesunde Abhängigkeit zu Leckerchen entwickeln wird.

Was dieser Trainer Ihnen jedoch nicht sagen wird – vielleicht, weil er es nicht weiß, vielleicht, weil die Wahrheit sich nachteilig auf sein Geschäft auswirken würde – ist, dass *jegliches* Training von Tieren auf Konsequenzen beruht. Trainer, die keine so starken Belohnungsmotivatoren wie Futter einsetzen, benutzen dafür irgendetwas anderes, z.B. spezielle Halsbänder, körperliche Gewalt oder Einschüchterung. Sie nennen es vielleicht *Energie* oder *Führungsrolle* oder haben ein anderes, undurchsichtiges Schlagwort dafür, aber auch hier gilt: Probieren Sie es aus. Geben Sie so einem Trainer einen Hund in die

Verhaltensökonomie

Alle richtig funktionierenden, lebenden Tiere geben ihr »Verhaltensgeld« weise aus. Würden Sie zum Beispiel jetzt aufstehen und zwei Meter weit laufen, wenn Sie dafür fünf Euro bekämen? Wie wäre es mit zehn Metern? Würden Sie zehn Kilometer für fünfhundert Euro laufen? Oder für fünftausend? Fällt Ihnen auf, dass je »teurer« die Aufgabe wird, desto größer der Lohn dafür sein muss? Dieser angemessene Lohn variiert von Mensch zu Mensch. Einige laufen für weniger Geld als andere. Manche finden das Laufen an sich sogar so belohnend, dass sie keinen externen Lohn mehr benötigen.

Menschen sind sehr komplex wenn es um die unzähligen Gründe geht, die uns dazu bringen, uns zu benehmen. Wir machen Sachen, weil wir »es sollten« oder weil wir es genießen, Gutes, das uns widerfahren ist, zurückzugeben. Gott sei Dank ist die Verhaltensökonomie von Hunden viel einfacher – was uns das Training immens erleichtert. Auch wenn kein Hund etwas tun würde, weil »er sollte«, hat doch jeder Hund seinen Preis für die verschiedenen Dinge, die wir von ihm verlangen – und meistens ist dieser Preis vollkommen angemessen.

Hand und bitten Sie ihn, diesem Hund ein neues Kommando beizubringen, ohne ihn dabei auf den Boden zu drücken, ihn zu schlagen oder an seinem Halsband zu zerren, und sehen Sie, ob es funktioniert. Solche Trainer nutzen Ihren Wunsch aus, ihren Hund nicht motivieren zu müssen, aber es ist alles nur Betrug. Alle Hunde müssen motiviert werden. Keine Motivation, kein Training. Das kann eine bittere Pille sein, wenn man erzählt bekommen hat, dass alles so einfach läuft wie bei Lassie im Fernsehen. (Kleine Bemerkung am Rand: Lassie wurde von mehreren, mit Futterbelohnung trainierten Hunden gespielt, die durchaus auch mal mehrere Einstellungen für eine Szene benötigten.)

Das hier ist eine wichtige Diskussion, denn sie führt uns zum Kern des Themas: Technische Kompetenz. Von einem Trainer in die Irre geführt zu werden, der sich nicht damit auskennt, wie Hunde lernen, ist nichts anderes als sich in die Hände eines Zahnarztes zu begeben, der behauptet, keine Ausbildung zu benötigen, weil er eine natürliche Gabe für Zähne mitbekommen habe. Auf jedem anderen Gebiet würde man es ungeheuerlich finden – Maurer, Klempner, Flugzeugbau. (Würde man lieber in einem Flugzeug fliegen, das von jemandem entwickelt wurde, der eine *natürliche Gabe* für Flugzeugdesign hat, oder in einem, das von echten Ingenieuren gebaut wurde?) Aber in der Ausbildung unserer Hunde fallen wir wieder und wieder darauf hinein.

Um zum Thema zu kommen, nämlich Motivation, stellen Sie sich vor, dass Ihnen Ihr Hund ganz unschuldig zwei Fragen stellt, wenn Sie ihn bitten, etwas zu tun:

1. Warum sollte ich?
2. Was genau willst du von mir?

Die Reihenfolge der Fragen ist sehr wichtig. Um ein Verhalten zu ändern, müssen wir Konsequenzen anbieten. Dafür gibt es, grob gesagt, drei Möglichkeiten: man arbeitet mit Belohnungen, man arbeitet mit Strafe, oder man nutzt eine Kombination aus beidem. Die Menschen neigen normalerweise zu dem, was sich für sie richtig anfühlt. Wenn wir unseren Hunden jedoch einen Gefallen tun wollen, müssen wir besser darin werden, uns nicht von undurchsichtigen Schlagwörtern einlullen zu lassen, sondern eine klare Antwort auf die Frage zu verlangen: Motiviert der Trainer mit dem Zuckerbrot, der Peitsche, oder beidem?

Früher habe ich mit beidem gearbeitet, aber seit ungefähr zwanzig Jahren habe ich den Zwang komplett aus meinem Repertoire gestrichen. Hauptgrund dafür war, dass ich mich nicht wohl dabei fühle, Hunden weh zu tun oder sie einzuschüchtern, um sie zu trainieren. Zum Glück musste ich meine Ansprüche an die Ergebnisse meines Trainings dennoch nicht herunterschrauben.

Die Methode, die Sie in diesem Buch lernen werden, ist völlig gewaltfrei. Das bedeutet, dass wir als Erstes herausfinden, was Belohnungen sind. Dann übernehmen wir die Kontrolle über sie und lernen, sie zur rechten Zeit einzusetzen, um das Verhalten unseres Hundes zu formen. Dieser erste Schritt, die Identifizierung der Belohnung, ist notwendig, weil Hunde sich sehr darin unterscheiden, wovon sie sich ausreichend motivieren lassen. Und wir müssen die Belohnung unter unsere Kontrolle bringen, weil sie an Wert verliert, wenn sie frei zur Verfügung steht.

Ich wiederhole mich gerne: Ihr Hund wird nicht umsonst arbeiten. Kein normales Tier wird umsonst arbeiten. Seit Generationen wird Hundebesitzern die Lüge erzählt, dass Hunde für nichts mitarbeiten oder einfach nur, um Ihnen zu gefallen. Das stimmt nicht. Wenn man genau hinschaut, gab es immer Motivatoren: Belohnungen, Strafen oder die Androhung von Gewalt.

BASISBELOHNUNG

Um einen effizienten Gehorsam zu erreichen, müssen Sie viele Wiederholungen produzieren und Ihren Hund nach jeder Wiederholung belohnen. In dieser Hinsicht ähnelt Hundetraining ein wenig dem Gewichtheben – je mehr man tut, desto stärker wird das Verhalten (oder der Muskel). Am Anfang einer neuen Übung braucht man also eine Belohnung, von der der Hund nicht genug bekommen kann.

Tiertrainer nutzen traditionell Futter für diesen Zweck, weil es in kleinsten Portionen ausgegeben werden kann und alle Tiere bereit sind, dafür zu arbeiten (die Tiere, die sich von Futter überhaupt nicht motivieren lassen, sind tot – vermutlich verhungert). Futter ist also bei der Einführung eines neuen Befehls unser Ass im Ärmel. Probieren Sie ruhig verschiedene Sachen aus, um zu sehen, wofür Ihr Hund am ehesten bereit ist, etwas zu tun. Das Futter sollte von einer Beschaffenheit sein, dass man es in kleine Stückchen zerteilen kann. Außerdem sollte es sich um etwas handeln, das sie ruhigen Gewissens in großen Mengen über den Tag verteilt ausgeben mögen. Einige Hunde arbeiten für ihr Trockenfutter. Einige akzeptieren das für Basiskommandos, brauchen aber etwas Anspruchsvolleres, um »teureres« Verhalten auszuführen. Das ist vollkommen in Ordnung. In der Infobox »Welches Leckerchen darf's denn sein« habe ich Ihnen ein paar Vorschläge zusammengestellt.

Als Nächstes erstellen Sie eine Liste aller Berührungen, die Ihr Hund mag. Denn auch Körperkontakt kann für einige Hunde von Zeit zu Zeit die richtige Belohnung sein.

Welches Leckerchen darf's denn sein?

Das hier sind die Leckerchen, die von Trainern am häufigsten eingesetzt werden. Probieren Sie einfach aus, was davon Ihren Hund am besten motiviert.

- Hundesalami, in dünne Scheiben geschnitten
- Getrocknetes Hühnchen (erhältlich in den meisten Zoogeschäften), in kleine Stückchen gebrochen
- Alle kleinen, im Supermarkt erhältlichen Hundesnacks
- Trockenfleisch in kleine Stücke geschnitten
- Aufschnitt/Wurst in kleine Stücke geschnitten
- Kleine Käsewürfel

Ein weiterer schneller, sauberer Motivator, den man nicht vergessen darf, ist das verbale Lob. Versuchen Sie es mit hoher Stimme, Babysprache, Gesäusel und was Ihnen sonst noch einfällt. Einige Hunde arbeiten für verbales Lob. Einige tun es zeitweise, benötigen dann aber eine Steigerung in Form von Streicheln oder Futter, und wieder andere mögen es vielleicht, gelobt zu werden, finden es aber als Belohnung für schwierige Übungen vollkommen unzureichend. Und auch das ist vollkommen in Ordnung. Wenn nötig, werden wir ohne zu zögern die Belohnung erhöhen. Denken Sie daran: Benutzen Sie immer Motivatoren, die wirklich funktionieren.

Manche Hunde sind Spielzeug-Junkies, was uns eine weitere Belohnungsmöglichkeit eröffnet. Hunde, die gerne apportieren oder ab und zu Spaß an einem Zerrspiel haben, sind allerdings nicht die, die ich mit »Spielzeug-Junkies« meine. Ich meine die Hunde, die besessen davon sind, den Ball wieder und wieder zu holen, ohne dass es ihnen langweilig wird. Die noch weiter wilde Zerrspiele veranstalten wollen, wenn wir den Arm vor Muskelkater kaum noch heben können. Diese Hunde könnte man auch als »hochtourig« bezeichnen. Border Collies sind ein großartiges Beispiel für diese Hunde, aber es gibt genügend andere Rassen und Mischlinge, die ebenfalls Spielzeug-Junkies sind.

Wenn Sie Spielzeug als Belohnung einsetzen, wird das Ihr Training ein wenig verlangsamen, da Sie erst einmal eine Runde Spielzeit einlegen müssen, bevor Sie sich an die nächste Wiederholung machen können. Spielzeug einzusetzen ist schwerfälliger, als zu loben oder ein Leckerchen zu geben, aber wenn Ihr Hund dafür bereit ist, viele, viele Wiederholungen zu machen, dann ist es durchaus ein brauchbarer Motivator. Wenn Sie jedoch das Gefühl haben, dass es Sie zu sehr ausbremst, wechseln Sie zu Futter und verbalem Lob und nutzen das Spielzeug später, um die einzelnen Übungen zu festigen.

Professionelle Trainer haben für ihre Belohnungen meistens einen kleinen Beutel, den sie am Hosenbund oder Gürtel festmachen können. Er sieht ein bisschen aus wie eine Bauchtasche, ist aber innen mit einem abwaschbaren Stoff gefüttert, so dass man Futter hineintun kann. Da es wichtig ist, dem Hund die Belohnung sehr schnell zu geben (damit er in der Zwischenzeit nicht etwas anderes tut und denkt, das Leckerchen sei dafür) und trotzdem möglichst natürlich auszusehen (Sie ohne Futter in der Hand), ist so eine Tasche auch für den Nicht-Profi sehr handlich und bequem. Wenn Ihr Hund weiter fortgeschritten ist, werden Sie nur noch Belohnungen zur Festigung des Verhaltens geben, die sie nicht bei sich tragen müssen, und ab und zu ein Leckerchen, das Sie aber auch gut und gerne in der Hosen- oder Jackentasche mit sich tragen können. Aber für einen effizienten Anfang sollten Sie sich einen Leckerlibeutel zulegen.

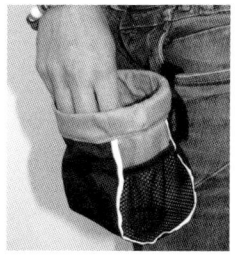 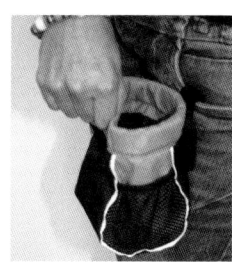 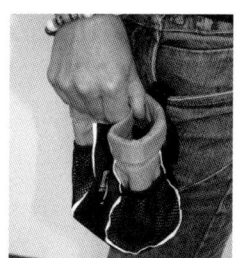 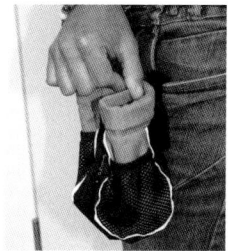

DEN SCHWIERIGKEITSGRAD SYSTEMATISCH ERHÖHEN

Ein Geheimnis wirklich erfolgreicher Trainer ist ihr Augenmerk auf den richtigen Schwierigkeitsgrad des Trainings. Was genau soll der Hund tun, um bezahlt zu werden (Trainersprache für belohnt)? Wenn es zu leicht ist, hat der Hund Erfolg und versucht es immer wieder, aber der Fortschritt ist nur minimal. Wie bei einem Kind, das zwar das Alphabet gelernt hat, aber nie motiviert wurde, ganze Wörter oder gar ein Buch zu lesen. Wenn es zu schwer ist, hat der Hund selten Erfolge, wird selten bezahlt und hat bald keine Lust mehr. Beide Extreme sind ineffizient. Der Goldene Schnitt im Hundetraining besteht darin, die Schwierigkeit der Übung so zu erhöhen, dass der Hund gefordert wird, aber ausreichend erfolgreich ist, um motiviert zu bleiben. Anders ausgedrückt, wir wollen einen stetig ansteigenden Schwierigkeitsgrad, ohne dabei den Hund zu verlieren – also dass er aufhört, weil es ihm zu schwer wird.

Viele Trainer nutzen ihre Erfahrung, um zu bestimmen, wann sie den Schwierigkeitsgrad erhöhen. Ich empfehle Ihnen aber, systematischer vorzugehen und Regeln dafür aufzustellen, wann etwas schwieriger werden soll, wann weiter auf dem bestehenden Level geübt wird, und wann man einen Schritt zurückgeht und die Übung wieder einfacher macht. Wir benutzen daher ein System, dass ich *Vor, Zurück, Noch einmal* nenne. Sie wiederholen eine Übung fünf Mal und notieren sich, wie oft Ihr Hund sie richtig ausgeführt hat. Auf Basis dieser fünf Wiederholungen (Versuche), werden Sie sich für eine dieser Möglichkeiten entscheiden:

Vor – Aufstieg zum nächsten Schwierigkeitsgrad
Zurück – zurück zum vorherigen Schwierigkeitsgrad
Noch einmal – auf dem derzeitigen Level bleiben und weitere Wiederholungen durchführen, bis die Übung sich gesetzt hat.

Die Tabelle auf der nächsten Seite zeigt das System im Überblick.

Wenn Sie also eine der Übungen machen und da steht etwas in der Art wie »Falls Ihr Hund das nicht macht, geben Sie ihm kein Leckerchen, sondern versuchen Sie es noch ein Mal« zählt das als »Null«. Passiert das beim ersten Versuch, steht es »Null von eins« – einmal versucht, keinmal geschafft. Wenn Ihr Hund es beim zweiten Mal schafft, zählen Sie »eins von zwei« und so weiter.

Wichtig ist, dass Sie sich an dieses System halten. Organisiert und objektiv zu sein ist eine Voraussetzung für effektives Tiertraining. Wenn Sie zu früh einen Schritt nach vorne machen, weil Sie subjektiv der Meinung sind, Ihr Hund kann es schon, wird es im besten Falle ineffizient sein, im schlimmsten Fall macht Ihr Hund nicht mehr mit. Sind Sie hingegen zu vorsichtig, bleiben Sie möglicherweise ewig auf einer zu niedrigen Stufe stehen, was auch nicht effektiv ist. Am besten üben Sie also jeweils fünf Wiederholungen. Zählen Sie mit, wie viele davon Ihr Hund korrekt ausgeführt hat, und gehen Sie dann einen Schritt vor, einen zurück, oder bleiben Sie, wo Sie sind.

	Wie viele der fünf Wiederholungen hat der Hund richtig gemacht?	Was tue ich jetzt?	Und warum?
Vor	Fünf von fünf	Schwierigkeitsgrad erhöhen.	Der Hund hat ausreichend bewiesen, dass er dieses Level der Übung beherrscht
Zurück	Null, eine oder zwei von fünf	Es leichter machen.	Der Hund ist kurz davor, aufzugeben – diese Stufe ist für ihn im Moment noch zu schwer.
Noch einmal	Drei oder vier von fünf	So lange auf diesem Level bleiben, bis er fünf von fünf richtig macht.	Sie müssen nicht zurückstufen, aber Ihr Hund ist auch noch nicht ganz bereit, einen Schritt weiter zu gehen.

Bevor Sie mit einer Übung beginnen, lesen Sie sie am besten einmal komplett durch, damit Sie wissen, was auf Sie zukommt. Auf der DVD zum Buch können Sie sich auch Beispiele anschauen, damit Sie ein Gefühl für die Reihenfolge der Abläufe bekommen. Unter dem Link www.kynos-verlag.de/profi-coaching.htm finden Sie Hausaufgabenzettel zum Herunterladen und Ausdrucken, um sich besser zu organisieren. Für jede Gehorsamkeitsübung gibt es einen eigenen Zettel und außerdem eine Blankovorlage für Tricks oder andere Übungen, die Sie machen wollen.

Aber am wichtigsten ist: Seien Sie nachsichtig mit sich und Ihrem Hund. Perfektionismus ist der Feind einer jeden neu zu erlernenden Fähigkeit. Sie lässt Sie angespannt und verkrampft sein, wenn Sie entspannt und relaxt sein müssen. Das Schöne an einer gewaltfreien Erziehung wie dieser ist, dass man keine tödlichen Fehler machen kann.

KURZDARSTELLUNG DES PROGRAMMS

Wir üben in vier Schritten. Eine ideale Übungsstunde beinhaltet ein bisschen Arbeit an jedem Kommando in dem jeweiligen Schwierigkeitsgrad, in dem Sie sich befinden. Unsere erste Einheit könnte zum Beispiel aus *Sitz I, Sitz II, Platz I, Platz II und Komm I* bestehen, je nachdem, wie viel Zeit Sie haben. Sie können jeden Tag üben, zwei Mal die Woche, einmal die Woche oder wie es gerade passt. Ihr Hund wird die vorhergegangenen Übungen nicht vergessen. Die einzige festen Regeln sind:

- Sie halten sich ehrlich an das Vor-Zurück-Noch einmal-System.
- Ihr Hund hat wenigstens ein Schläfchen oder eine Nachtruhe zwischen zwei Trainingseinheiten gehalten. Stellen Sie sich das Training als die »Datenerfassung« des Projekts vor und die nachfolgende Schlafphase als die »Verarbeitung« der Daten aus der Übungseinheit. Es gibt viele Hinweise, dass bei einigen Spezies, unter anderem Menschen, das Lernen auf diese Art optimal vonstattengeht.

TEIL EINS: GRUNDLEGENDES VERHALTEN
- Sitz und Schau
- Platz
- Komm
- Ein wenig Hilfe, wenn Sie kämpfen müssen

TEIL ZWEI: IMPULSKONTROLLE
- Sitz-Bleib und Platz-Bleib
- Warte und Lass es
- Gehen an der Leine

TEIL DREI: ERHALTEN UND VERBESSERN
- Neue Kombinationen
- Neue Wege gehen
- Soziale Anwendungen
- Festigen und erhalten

TEIL VIER: FORTGESCHRITTENE ÜBUNGEN
- Bei Fuß
- Geh auf deinen Platz
- Apportieren
- Fein Sitz und Roll dich

TEIL EINS:
Grundlegendes Verhalten

Die vier Kommandos, mit denen wir anfangen, stehen auf der Wunschliste der meisten Hundebesitzer ganz oben und sind ganz einfach beizubringen:

◆ **Sitz** ◆ **Schau** ◆ **Platz** ◆ **Komm**

Das Üben dieser Befehle bringt eine Menge Vorteile:

Selbst wenn Sie nicht mehr trainieren als diese vier Grundkommandos, hat Ihr Hund ein Repertoire, das Sie in verschiedenen Alltagssituationen anwenden können. Sitz oder Platz kann als Alternative zum Anspringen von Besuch oder zum Betteln am Tisch eingesetzt werden. Ihrem Hund ein Sitz und Schau abzuverlangen kann Sie auf Spaziergängen aus schwierigen Situationen retten. Er wird nicht auf Leute oder andere Hunde auf der Straße zulaufen oder sie anbellen, wenn er sitzt und Sie anschaut. Und wenn Ihr Hund kommt, wenn Sie ihn rufen, können Sie ihm Freilauf ohne Leine gewähren, was ihn körperlich und geistig mehr auslastet – ein wichtiger Eckpfeiler beim Vorbeugen von Verhaltensproblemen.

Sowohl Sie als auch Ihr Hund werden »lernen zu lernen«, und zwar anhand der am einfachsten beizubringenden Kommandos. Timing, Bewegungsabläufe und andere Fähigkeiten werden an diesen Übungen trainiert und verfeinert, so dass die schwierigeren Aufgaben in diesem Programm – und überhaupt alles, was Sie üben wollen – gar nicht mehr so schwierig erscheinen. Und Ihr Hund wird bald das Stadium des Grünschnabels hinter sich lassen und bereit sein, sich umfangreicheren Kommandos zuzuwenden.

Sitz und Platz sind unbedingte Voraussetzungen für Bleib.

Ich gehe davon aus, dass Sie wie viele Trainer mit Futterbelohnung arbeiten. Wenn nicht, können Sie jedes Mal, wenn in den folgenden Übungen von Futter oder Leckerchen die Rede ist, stattdessen einfach Ihre Belohnung einsetzen. Wie ich schon angemerkt habe, gibt es Hunde, die für eine Runde Zerrspiel arbeiten oder dafür, den Ball geworfen zu bekommen. Und es gibt immer noch viele Hundebesitzer, die Futterbelohnungen widerwillig gegenüberstehen und es lieber mit Lob versuchen möchten. Das ist auch vollkommen in Ordnung, allerdings nur unter einer Voraussetzung: Wenn Sie feststellen, dass Ihre Belohnungen nicht sonderlich gut funktionieren – sprich, Ihr Hund nicht höchst aufmerksam mitmacht und begierig darauf ist, seine Belohnung zu erhalten – dann wechseln Sie bitte zu etwas, das funktioniert.

1. KAPITEL

SITZ UND SCHAU

Mit der einfachen Bitte an Ihren Hund, zu sitzen und zu schauen, können Sie unangenehme Verhaltensweisen im Keim ersticken. Zum Beispiel das Anspringen von Menschen, das Ziehen an der Leine zu anderen Hunden und andere Ablenkungen.

SITZ

Einige Hunde bieten bereits im frühen Welpenalter das Sitz an. Manchmal ist es angeboren, manchmal schon vom Züchter geübt. Oder vielleicht sind Sie auch einfach nur ein Zauberer als Trainer! Egal wie, wenn Ihr Hund fünf von fünf Sitz auf Kommando korrekt ausführt, gehen Sie bitte gleich zu Sitz VII weiter und fahren von dort mit dem Training fort.

SITZ I
1. Halten Sie ein Leckerchen über den Kopf Ihres Hundes, so dass er seinen Hals strecken muss, um daran schnüffeln oder knabbern zu können. Er soll sich durchaus auf die Zehenspitzen stellen müssen, um es zu erreichen, aber halten Sie es nicht so hoch, dass der Hund springt. Halten Sie das Leckerchen ruhig – der Hund soll nicht rückwärtsgehen.
2. Bleiben Sie zwei Sekunden so, dann geben Sie das Leckerchen, während Ihr Hund noch den Kopf nach oben reckt.
3. hr Hund muss jetzt noch nicht sitzen (auch wenn er es vielleicht tut – Glücksfall!). Im Moment belohnen wir einfach nur das Strecken des Halses.

SITZ II
1. Wiederholen Sie die obige Übung, aber halten Sie die Hand diesmal vier Sekunden ruhig über dem Kopf Ihres Hundes. Achten Sie darauf, den Hund nicht mit dem Leckerchen in der Gegend herum zu locken.
2. Wenn Sie sehen, dass Ihr Hund sich in ein teilweises (oder volles!) Sitz bewegt, geben Sie sofort die Belohnung – ein leichtes Beugen des Sprunggelenks, so dass das Hinterteil in Richtung Boden geht, reicht schon.

Kleine Vor-Zurück-Noch einmal-Erinnerung

Es ist sehr wichtig, dass Sie nicht zum nächsten Schritt übergehen, bevor Ihr Hund das Kommando fünf Mal in Folge richtig ausgeführt hat. Folgen Sie dem hier dargestellten Aufbau und der Vor-Zurück-Noch einmal-Regel, um eine sichere Basis für das weitere Training aufzubauen. Jetzt ist der richtige Zeitpunkt, um systematisch zu trainieren, wie es die Profis tun. Bleiben Sie der Regel treu, egal wie großartig Ihr Urteilsvermögen Ihrer Meinung nach ist. Nur eine Quote von fünf Treffern bei fünf Wiederholungen garantiert, dass Sie eine ausreichend starke Basis aufgebaut haben, um zum nächsten Level vorzurücken. Solange die Trefferquote anders aussieht, bleiben Sie beim bestehenden Schwierigkeitsgrad oder gehen Sie einen Schritt zurück, je nachdem, wie viele Wiederholungen richtig waren.

Im Fall von Sitz I führen Sie fünf Zweisekunden-Übungen durch und belohnen jede einzelne davon, bevor Sie zu Sitz II übergehen. Wenn Ihr Hund nur drei oder vier von fünf Wiederholungen mitmacht, probieren Sie es später noch einmal. Das ist der Fall *Noch einmal*. Wenn er nur ein oder zwei Mal oder gar nicht mitmacht, verkürzen Sie die Zeit auf eine Sekunde. Das ist dann *Zurück*. Weil es die Grundstufe der Übung ist, Sie also nicht zu einer Vorstufe zurückkehren können, verringern Sie in diesem Fall die Zeit, in der Ihr Hund seinen Hals strecken soll, auf eine Sekunde. Wenn das fünfmal hintereinander klappt, können Sie wieder auf zwei Sekunden erhöhen. Und machen Sie sich keine Sorgen, noch hat jeder Hund das Sitz gelernt. Üben Sie einfach weiter.

Zur Erinnerung: Wir gehen einen Schritt vor, wenn fünf von fünf Wiederholungen korrekt ausgeführt wurden; wir bleiben auf dem gleichen Level, wenn drei oder vier von fünf Wiederholungen richtig waren, und wir gehen einen Schritt zurück, wenn keine, eine oder zwei Wiederholungen funktioniert haben.

Kann ich meinen Hund nicht einfach ins Sitz drücken?

Den Hund durch die Gabe von Futter nach und nach dazu zu bringen, sich zu setzen, mag nach einer Menge Aufwand für ein geringes Ergebnis aussehen. Doch dieser kurzfristige Schmerz wird auf lange Sicht große Erfolge zeitigen, denn die Methode, ihn mit Futter in die richtige Position zu locken bringt den Hund dazu, seine eigenen Muskeln zu bewegen, um das Kommando auszuführen. Ein weiterer Grund, warum es für den Lernprozess kontraproduktiv ist, den Hund in die gewünschte Position zu drücken oder zu schieben, ist, dass alle Tiere eine natürliche Abneigung dagegen haben, geschoben oder in irgendeiner Art bedrängt zu werden. Gary Wilkes, ein bekannter Trainer, vergleicht das mit einem Menschen, dessen Golflehrer hinter ihm steht, seine Arme um ihn schlingt und ihm die Handgelenke zusammendrückt, um den richtigen Schwung zu demonstrieren. Wenn Sie sich das einmal sehr bildlich vorstellen, konzentrieren Sie sich bald nicht mehr auf den Schwung, sondern denken »Igitt, zu nah, zu eng, lass mich los«. Ihr Hund hat eine ganz ähnliche Reaktion. Er lernt langsamer, weil er zu gestresst ist, um auf die Übung zu achten.

3. Wenn Ihr Hund keinerlei Anzeichen eines Sitz zeigt, geben Sie ihm nach vier Sekunden ein Leckerchen. Entweder gibt es eine frühe Belohnung für ein gebeugtes Sprunggelenk oder das vier Sekunden lange Strecken des Halses zählt als korrekte Ausführung für Ihre Vor-Zurück-Noch einmal-Entscheidung.

Bei fünf richtigen Wiederholungen in Folge geht es mit der nächsten Übung weiter.

SITZ III
1. Wiederholen Sie das Halsstrecken für acht Sekunden.
2. Achten Sie auf ein mögliches Beugen des Knies und belohnen Sie sofort in der Sekunde.
3. Wenn acht Sekunden zu lang sind – was Sie daran merken, dass Ihr Hund versucht, an dem Leckerchen in Ihrer Hand zu schnüffeln und zu knabbern – es aber vier Sekunden lang perfekt klappt, machen Sie einen Zwischenschritt: Versuchen Sie die Sekundenzahl zwischen vier und acht, also sechs Sekunden. Wenn das fünf von fünf Malen gut klappt, steigern Sie die Zeit wieder auf acht Sekunden.

Bei fünf richtigen Wiederholungen in Folge geht es mit der nächsten Übung weiter.

SITZ IV
1. Halten Sie das Leckerchen so lange über den Kopf Ihres Hundes, bis er die hinteren Sprunggelenke beugt. Egal, wie lange es dauert.
2. Achten Sie auf kleine Steigerungen in der Beugung des Sprunggelenks und versuchen Sie, in der tiefsten Beugestellung die Belohnung zu geben. Seien Sie sehr aufmerksam, weil es wirklich auf das Timing ankommt. Belohnen Sie genau in dem Moment, wo Ihr Hund sein Sprunggelenk beugt. Wenn er keine Lust mehr hat, gehen Sie zurück zu Sitz II oder Sitz III.

Bei fünf richtigen Wiederholungen in Folge geht es mit der nächsten Übung weiter.

SITZ V
1. Belohnen Sie weiter gebeugte Sprunggelenke.
2. Wählen Sie den Moment der Belohnung sorgfältig – im Hundetraining ist das richtige Timing die halbe Miete.

  SITZ

SITZ VI
1. Warten Sie auf ein volles Sitz.
2. Denken Sie daran, nicht zu belohnen, wenn Ihr Hund springt oder zurückweicht.

SITZ VII
1. Jetzt nehmen Sie das Leckerchen in die andere Hand und verbergen diese hinter Ihrem Rücken.
2. Machen Sie mit der anderen Hand (die ohne Leckerchen) die gleiche Handbewegung wie in SITZ VI.
3. Loben Sie Ihren Hund und geben Sie ihm die Belohnung sofort aus der anderen Hand, sobald er sitzt.
4. Geben Sie die Belohnung, während der Hund noch sitzt – er soll das Futter im Sitzen essen. Das nennt man »die Position anfüttern«.
5. Ignorieren Sie den Hund (bleiben Sie einfach stur stehen) wenn er anfängt, an der Hand hinter Ihrem Rücken zu schnüffeln

Bei fünf richtigen Wiederholungen in Folge geht es mit der nächsten Übung weiter.

Die Hörzeichen – nur keine Hast

Einer der größten Fehler von Neulingen im Hundetraining ist, dass sie dazu neigen, konstant auf den Hund einzureden (»Sitz, sitz, sitz, SITZ!«). Erfahrene Trainer führen erst ein verbales Kommando (Hörzeichen) ein, wenn das Verhalten des Hundes schon sehr gut sitzt – im Falle von Sitz bei Sitz IX. Sobald Ihr Hund also verlässlich auf ein Handzeichen reagiert, können Sie anfangen, das verbale Kommando einzuführen. Und zwar vor – immer vor, niemals während und schon gar nicht nach – dem Handzeichen. Auf diese Weise ist der gesprochene Befehl die Ankündigung des gelernten Signals und führt somit nach einer gewissen Zeit zum Pavlov'schen Effekt: Der Hund fängt an, auf den verbalen Hinweis genauso zu reagieren wie auf das Handzeichen. Später, wenn wir uns um die fortgeschrittenen Verhaltensweisen kümmern, werden Sie merken, dass ein Großteil des Trainings stattfindet, bevor wir der Übung einen Namen geben, also bevor wir anfangen, ein verbales Kommando einzuführen.

SITZ VIII
1. Die Belohnung ist immer noch in der Hand hinter Ihrem Rücken.
2. Führen Sie die Bewegung mit Ihrer anderen Hand etwas schneller aus – wie ein Schwung nach oben – das ist das Handzeichen für Sitz.
3. Loben und belohnen Sie Ihren Hund, sobald er sitzt.

Bei fünf richtigen Wiederholungen in Folge geht es mit der nächsten Übung weiter.

SITZ XI
1. Bevor Sie die Handbewegung machen, sagen Sie »Sitz«.
2. Warten Sie eine oder zwei volle Sekunden.
3. Jetzt machen Sie die Handbewegung.
4. Loben und belohnen Sie Ihren Hund, wenn er sitzt.

Bei fünf richtigen Wiederholungen in Folge geht es mit der nächsten Übung weiter.

SITZ X
1. Sagen Sie »Sitz«.
2. Wenn Ihr Hund sich setzt, belohnen Sie ihn und geben ihm weitere Leckerchen zum Anfüttern der Position.
3. Wenn er sich nicht innerhalb von drei Sekunden setzt, schicken Sie das Handzeichen hinterher. Setzt er sich nun, gibt es verbales Lob, aber kein Leckerchen. Wenn Sie das

Handzeichen hinterher geben müssen, zählt das nicht als richtige Reaktion. Belohnen Sie nur, wenn der Hund sich alleine auf das Hörzeichen hin setzt.

Üben Sie solange weiter, bis fünf Wiederholungen in Folge korrekt ausgeführt werden.

SCHAU

Schau wird wie folgt definiert: Der Hund stellt zum Trainer Blickkontakt her und hält ihn, bis der Trainer den Blickkontakt auflöst. Das hat den großen Vorteil, mit kleinen Mitteln eine große Wirkung zu erzielen, die viele praktische Anwendungen hat.

SCHAU I
Nehmen Sie in jede Hand ein Leckerchen.
1. Sagen Sie Ihrem Hund »Sitz« (ohne Handzeichen) und geben Sie ihm ein Leckerchen, wenn er sich setzt.
2. Führen Sie das zweite Leckerchen an der Nase Ihres Hundes vorbei in Richtung Ihrer Augen. Sobald der Blick des Hundes Ihren trifft, lächeln Sie, loben Sie und geben Sie ihm die Belohnung.
3. Wenn der Hund aufsteht, um zum Beispiel nach dem Leckerchen zu springen, brechen Sie die Übung ab und fangen von vorne an. Der Hund soll sowohl den Blickkontakt in der Sitzposition herstellen als auch seine Belohnung im Sitz erhalten.

Bei fünf richtigen Wiederholungen in Folge geht es mit der nächsten Übung weiter.

SCHAU II
1. Nehmen Sie nun in die Hand, mit der Sie keine Handzeichen geben, zwei Leckerchen. Halten Sie diese Hand hinter Ihrem Rücken verborgen.
2. Verlangen Sie von Ihrem Hund ein Sitz und loben Sie ihn, wenn er folgt.
3. Führen Sie Ihre Signalhand zu Ihren Augen, wie Sie es in Schau I gemacht haben, aber dieses Mal ohne Leckerchen darin. Sobald der Blick Ihres Hundes Ihren trifft, lächeln Sie, loben Sie und geben Sie ihm ein Leckerchen aus der anderen Hand. Füttern Sie in der Position; der Hund soll mit leicht erhobenem Kopf vor Ihnen sitzen.
4. Wenn der Hund sein Sitz aufhebt, um vielleicht hinter Ihrem Rücken nach weiteren Leckerchen zu suchen, brechen Sie die Übung ab und fangen von vorne an.
5. Wiederholen Sie diese Übung in jedem Raum Ihres Hauses. Seien Sie nicht zu gierig, was die Dauer des Blickkontakts angeht. Belohnen Sie, sobald der Blickkontakt hergestellt ist.

Wie sieht eine optimale Übungseinheit aus?

Egal, wie gut der Wissensstand Ihres Hundes ist, jede Trainingsstunde sollte mit einer kleinen Aufwärmübung anfangen, in der bereits Gelerntes wiederholt wird. Bevor Sie mit irgendwelchen neuen Schritten anfangen, machen Sie ein paar Wiederholungen auf dem Level, auf dem Ihr Hund sich am Ende der letzten Übungseinheit befunden hat. Mal angenommen, Ihre Trainingseinheit bestand aus den folgenden Übungen:

> Sitz VII, VIII und IX
> Platz I, II, III und IV
> Schau I

Am Anfang der nächsten Übungsrunde machen Sie ein paar Mal Sitz IX, bevor Sie Sitz X probieren. Und genauso wärmen Sie Ihren Hund mit Platz IV oder Schau I auf, bevor Sie zu Platz V oder Schau II weitergehen.

Es ist am besten, in kleinen Einheiten von fünf bis zehn Minuten zu üben und dem Hund zwischen den Sitzungen eine Pause zu gönnen. Achten Sie darauf, aufzuhören, bevor Sie oder der Hund keine Lust mehr haben.

Es gibt unterschiedliche Auffassungen darüber, ob es wichtig ist, die Trainingseinheit mit einem Erfolg abzuschließen – also nach einer besonders gelungenen Wiederholung. Einige Trainer finden, dass der Hund die Übung besser in Erinnerung behält. Andere fürchten, dass der Hund so viel Spaß am Training hat, dass ein Ende der Sitzung nach einer besonders gut gemachten Übung ihm wie eine Strafe vorkommt. Aus diesem Grund solle man lieber nach einer schlecht ausgeführten Wiederholung aufhören, damit der Hund sich nächstes Mal mehr anstrengt, um länger trainieren zu dürfen. Wieder andere Trainer legen vorher fest, welche Schritte sie in dieser Sitzung üben wollen und hören einfach auf, wenn sie ihr Ziel erreicht haben.

Meine Empfehlung ist, die Einheiten kurz zu halten, sich nicht den Kopf darüber zu zerbrechen, bei welcher Wiederholung Sie am besten aufhören sollten, und so lange an dem zu arbeiten, was Sie sich vorgenommen haben, wie Sie wollen. Solange Sie sich an die Vor-Zurück-Noch einmal-Regel halten und die Übungen der Reihe nach angehen, können Sie damit nichts verkehrt machen.

Kurze Frage: Sind Sie infiziert oder nicht?

Nach ein paar Übungseinheiten haben Sie ein Gespür dafür, ob der Prozess des Trainierens für Sie belohnend ist oder nicht. Wenn Sie einige dieser Anzeichen bei sich feststellen, sind Sie auf dem besten Weg, ein wahrer Trainer zu werden:

- Sie merken, dass Sie das Training nicht aufschieben, sondern sich sogar schon darauf freuen.
- Sie legen zwei oder mehr Übungseinheiten pro Tag ein.
- Die Sitzungen dauern oft länger, als Sie eingeplant hatten, weil die Zeit nur so verfliegt.
- Sie erzählen jedem, der zuhört, wie Tiere lernen und wie schön es ist, Ihrem Hund beim Lernen zuzusehen.
- Sie ertappen sich dabei, im Supermarkt oder Zoogeschäft nach neuen Leckerchen zu suchen, um noch weitere Übungseinheiten einschieben zu können.
- Sie lesen alles über Hundetraining, was Ihnen in die Finger kommt.

Wenn das vage vertraut klingt, ist die Wahrscheinlichkeit hoch, dass Sie keine äußeren Motivatoren brauchen, um Ihre Trainingseinheiten zu absolvieren. Sie müssen nur aufpassen, nicht zu viel zu trainieren, da das kontraproduktiv für einen stabilen und fixen Gehorsam ist.

SCHAU III – zwei für eins
1. Nehmen Sie ein Leckerchen in Ihre Nicht-Signalhand.
2. Bitten Sie Ihren Hund ins Sitz. Sobald er sitzt, verlangen Sie ein Schau – ohne ihn für das Sitz zu belohnen.
3. Machen Sie das Handzeichen aus Schau II. Sobald sich Ihre Blicke treffen, lächeln, loben und belohnen. Dann die Position – den Blickkontakt – weiter anfüttern. Der Hund sitzt und schaut zu Ihnen auf.

Belohnungen, wenn Sie das Training immer wieder aufschieben oder es als Belastung empfinden.

Es kann sein, dass Sie das Training vermeiden, »niemals Zeit haben« oder von der ganzen Sache frustriert und gelangweilt sind. Dazu vorab: Keine Schuldgefühle! Sie sind kein schlechter Mensch, nur weil wir etwas finden müssen, das Sie motiviert, Ihren Hund zu erziehen. Das Training ist ein praktisches Unterfangen, kein moralischer Wettbewerb, und aus welchen Gründen man trainiert, ist vollkommen egal.

Also lassen Sie uns ein externes Belohnungssystem aufstellen, das Sie animiert, ein wenig mehr zu trainieren. Sobald Ihr Hund bei den folgenden Übungen den »Fünf von fünf richtig«-Meilenstein erreicht hat, haken Sie das entsprechende Kästchen ab und sammeln den verdienten Preis ein. Für einige Preise müssen Sie mehr als nur eine Schwierigkeitsstufe bewältigen. Es versteht sich von selbst, dass die Belohnungen für Sie eine Bedeutung haben sollen, also ersetzen Sie meine Vorschläge gerne mit etwas Passenderem. Vielleicht werden Sie feststellen, dass dieses Sachen viel mehr Spaß machen, wenn man sie sich verdient hat, als wenn man sie sich einfach so gönnt.

BELOHNEN SIE SICH!

	Sitz I, II & III	Sitz IV & V	Sitz VI	Sitz VII, VIII & XI	Schau I, II & III
Abgehakt					
Ihre Belohnung	Rufen Sie einen Freund an oder schicken Sie eine E-Mail und beklagen Sie sich ausführlich darüber, wie anstrengend es ist, den Hund zu erziehen – seien Sie sehr ausführlich.	Ansehnliche Portion der Lieblingsschokolade oder sonstiger Süßigkeit.	Surfen Sie auf eine neue Website.	Zehnminütige Rücken- oder Kopfmassage vom Partner	Gemütlich auf dem Sofa eine Zeitschrift lesen, die Sie sich sonst nie gönnen.

Es ist wichtig, dass Sie in diesen ersten Tagen dran bleiben, an denen Sie neue Kommandos trainieren, in denen Sie noch unsicher sind.

2. KAPITEL

Bitte fangen Sie erst mit Platz an, wenn Sie mindestens Sitz VI erreicht haben.

PLATZ

Das Hinlegen auf Kommando ist nach dem Kommen auf Zuruf der zweite Befehl, der ganz oben auf der Wunschliste der Hundebesitzer steht. Ich gehe sogar soweit zu sagen, wenn man eine Umfrage machen würde, wie das Idealbild eines gut erzogenen Hundes aussieht, würden die meisten Menschen antworten, er liegt brav im Platz, während seine Menschen fernsehen, zu Abend essen oder sich unterhalten. Außerdem bringt es Spaß, es zu üben.

  **PLATZ**

PLATZ I
1. Halten Sie zwei Belohnungen parat. Eine für Sitz und eine für Platz.
2. Bitten Sie Ihren Hund ins Sitz und geben Sie ihm ein Leckerchen, sobald er sitzt.
3. Nutzen Sie nun das zweite Leckerchen, um die Nase Ihres Hundes in Richtung Fußboden und zwischen seine Pfoten zu führen. Bewegen Sie Ihre Hand ganz langsam und halten Sie still, sobald Ihre Hand den Fußboden berührt.
4. Wenn Ihr Hund im Sitz bleibt und dem Leckerchen mit seiner Nase bis zum Boden folgt, belohnen Sie ihn.
5. Wenn er aufsteht, brechen Sie die Übung ab und fangen von vorne an, wobei das Sitz jedes Mal belohnt wird. Am Anfang wird Ihr Hund ein paar Mal aufstehen. Seien Sie bereit, die Übung dann sofort abzubrechen, damit er einen Zusammenhang zwischen seinem Aufstehen und dem Verschwinden des Leckerchens herstellen kann. Das richtige Timing gehört zu den wichtigsten Fähigkeiten eines Trainers.

Bei fünf richtigen Wiederholungen in Folge geht es mit der nächsten Übung weiter.

PLATZ II
1. Bringen Sie Ihren Hund ins Sitz und belohnen Sie die Ausführung (damit stärken Sie das Sitz).
2. »Ziehen« Sie seine Nase mit dem Leckerchen in Richtung Boden und lassen ihn da

an der Belohnung schnüffeln oder knabbern – füttern Sie also diese Haltung an. Geben Sie ihm das ganze Leckerchen, während die Nase noch am Boden ist.
3. Unterbrechen Sie sofort, sollte Ihr Hund aufstehen.

»Vorausschauen«: Nach Anzeichen für den nächsten Vorwärtsschritt Ausschau halten

Achten Sie einmal darauf, wie sie bei Platz III bereits nach Annäherungen an das richtige Platz Ausschau halten, während Ihr Hund noch das »Nase runter im Sitz«-Spiel spielt. Auch wenn Sie ihn offiziell für das viersekündige Halten der Position belohnen, achten Sie gleichzeitig schon darauf, ob erste Anzeichen für die nächsten Schritte zu erkennen sind. Dieses Vorausschauen wird in späteren Übungen noch mehr eingesetzt, um mögliche Fehler vorherzusehen oder zu beheben und schwierigere Kommandos aufzubauen.

PLATZ III
1. Bringen Sie Ihren Hund ins Sitz und belohnen Sie ihn.
2. Lassen Sie ihn die Belohnung am Fußboden vier Sekunden lang beschnüffeln, bevor Sie sie ihm geben. Halten Sie dabei Ausschau nach Anzeichen dafür, dass er seine vorderen Beine beugt oder den vorderen Teil des Körpers in Richtung Boden bewegt. Sie müssen Ihren Blick für diese kleinsten Bewegungen schärfen.
3. Belohnen Sie nach vier Sekunden.
4. Brechen Sie ab, sobald der Hund aufsteht.

Bei fünf richtigen Wiederholungen in Folge geht es mit der nächsten Übung weiter.

Halten Sie die Futterbelohnung auf dem Fußboden, um den Hund ins Platz zu locken.

PLATZ IV
1. Bringen Sie Ihren Hund ins Sitz und belohnen Sie ihn.
2. Lassen Sie ihn acht Sekunden an der von Ihnen am Boden gehaltenen Belohnung schnuppern, während Sie nach Anzeichen für ein Platz Ausschau halten.
3. Wenn er die Beine beugt oder den Körper nach unten neigt, belohnen Sie ihn sofort, auch wenn noch keine acht Sekunden vergangen sind.
4. Wenn er keinerlei Anzeichen zeigt, ins Platz zu gehen, belohnen Sie ihn nach acht Sekunden.
5. Brechen Sie ab, sobald der Hund aufsteht.

Bei fünf richtigen Wiederholungen in Folge geht es mit der nächsten Übung weiter.

PLATZ V
1. Bringen Sie Ihren Hund ins Sitz und belohnen Sie ihn.
2. Warten Sie auf ein Beugen der Beine oder ein nach unten Neigen des Körpers, egal, wie lange es dauert.
3. Belohnen Sie sofort, sobald die Sprunggelenke sich leicht beugen oder der Körper sich bewegt (das können minimale Bewegungen sein, also passen Sie gut auf).
4. Vergessen Sie nicht, die Übung abzubrechen, wenn der Hund aufsteht.

Bei fünf richtigen Wiederholungen in Folge geht es mit der nächsten Übung weiter.

PLATZ VI
1. Bringen Sie Ihren Hund ins Sitz und belohnen Sie ihn.
2. Warten Sie auf eindeutigere Bewegungen in Richtung Platz.
3. Belohnen Sie, sobald Ihr Hund Anzeichen macht, sich zu legen.
4. Brechen Sie ab, wenn er aufsteht.

Bei fünf richtigen Wiederholungen in Folge geht es mit der nächsten Übung weiter.

PLATZ VII
1. Bringen Sie Ihren Hund ins Sitz und belohnen Sie ihn.
2. Warten Sie nun auf ein vollständiges Platz.

3. Belohnen Sie Ihren Hund reichlich, sobald er sich hinlegt, und brechen Sie ab, wenn er aufsteht.

Bei fünf richtigen Wiederholungen in Folge geht es mit der nächsten Übung weiter.

PLATZ VIII
1. Bringen Sie Ihren Hund ins Platz und belohnen Sie ihn.
2. Bewegen Sie Ihre Lockhand nun schneller in Richtung Boden.

Teilen der Übung: Wenn Sie einen Zwischenschritt benötigen

Lassen Sie uns annehmen, Ihr Hund braucht bei Platz VII zu lange, um sich hinzulegen, und hört deshalb lieber ganz auf. So lange an der Belohnung zu arbeiten, wie Trainer das Knabbern und Schnüffeln nennen, war für ihn ein »zu teures« Verhalten. Also gehen Sie zurück zu Platz VI, was er schon gut beherrscht. Im nächsten Schritt gehen Sie wieder vor zu Platz VII, aber es ist immer noch zu schwer. Das ist dann ein Zeichen dafür, dass Sie einen Zwischenschritt zwischen Platz VI und Platz VII finden müssen.

Ein guter Zwischenschritt ist hier zum Beispiel, sich mit drei Leckerlis zu bewaffnen. Eins fürs Sitz, eins für das finale Platz, und eins, das Sie während des Prozesses des Hinlegens verfüttern können, damit Ihr Hund dranbleibt. Dazu wählen Sie entweder einen Moment, wo er besonders schön die Beine beugt, oder Sie belohnen sein Durchhaltevermögen, wenn er das Leckerchen zehn Sekunden und länger bearbeitet hat.

3. Wenn Ihr Hund sich innerhalb von zwei Sekunden hinlegt, belohnen Sie ihn noch während er liegt. Wenn er an der Belohnung arbeitet, aber sich nicht hinlegt – oder gar aufsteht – brechen Sie die Übung ab.

Bei fünf richtigen Wiederholungen in Folge geht es mit der nächsten Übung weiter.

PLATZ IX
1. Bringen Sie Ihren Hund ins Sitz und belohnen Sie ihn.
2. Nehmen Sie die Belohnung in die Hand, mit der Sie nicht das Sichtzeichen ausführen, und verstecken diese hinter Ihrem Rücken. Führen Sie dann mit Ihrer Signalhand ohne Leckerchen die gleiche Bewegung wie in Platz VIII aus – Sie etablieren das Sichtzeichen.
3. Belohnen Sie Ihren Hund aus der anderen Hand, sobald er sich hinlegt.
4. Füttern Sie ihn, solange er liegen bleibt, aber hören Sie sofort auf, sobald er Anstalten

macht, aufzustehen. Sie können die Position – der Hund liegt im Platz – so lange anfüttern, wie sie Zeit und Lust haben.

Bei fünf richtigen Wiederholungen in Folge geht es mit der nächsten Übung weiter.

PLATZ X
1. Bringen Sie Ihren Hund ins Sitz und belohnen Sie ihn.
2. Die Belohnung verstecken Sie wieder in der Hand hinter Ihrem Rücken. Mit der Signalhand geben Sie das Sichtzeichen, aber dieses Mal führen Sie die Hand nicht ganz bis zum Boden – Sie hören ungefähr auf Kniehöhe auf und lassen Ihrem Hund die Zeit, die er braucht, um sich hinzulegen. Dann wird er natürlich wieder belohnt. Legt er sich nicht hin oder steht er wieder auf, gibt es kein Leckerchen.
3. Warten Sie, bis er sich hinlegt, und belohnen Sie ihn in der Sekunde, in der er liegt. Füttern Sie die Position aus Ihrer anderen Hand weiter an.

Bei fünf richtigen Wiederholungen in Folge geht es mit der nächsten Übung weiter.

Er steht nach dem Platz nicht wieder auf. Wie soll ich weiterüben?

Einige Hunde stehen nach erfolgreichem Platz sofort wieder auf. Das ist natürlich gut fürs Weiterüben. Andere Hunde bleiben auch nach Erhalt der Belohnung liegen. Sie bekommt man am besten mit aufmunternden Bewegungen und hoher, fröhlicher Stimme dazu, wieder aufzustehen. Fangen Sie die nächste Wiederholung einfach ein paar Schritte von der vorherigen Stelle entfernt an, so dass Ihr Hund aufstehen muss. Ich kann Sie beruhigen, wenn Ihr Hund nach jedem Platz liegen bleibt, ist das ein sehr angenehmes Problem. Das wird das noch kommende Platz-Bleib erheblich vereinfachen. Sich hinzulegen und liegen zu bleiben ist für Ihren Hund offensichtlich kein sehr »teures« Verhalten.

PLATZ XI
1. Bringen Sie Ihren Hund ins Sitz und belohnen Sie ihn.
2. Minimieren Sie Ihre Bewegung zum Platz noch weiter – hören Sie ungefähr auf halber Oberschenkelhöhe auf.
3. Belohnen Sie Ihren Hund, sobald er sich hinlegt, und füttern Sie ihn weiter im Liegen. Brechen Sie die Übung ab, wenn er aufsteht.
4. Wenn Ihr Hund hiermit Probleme hat (er schafft nur null bis zwei richtige Wiederholungen), teilen Sie die Übung. Versuchen Sie eine Handbewegung bis zwischen Knie und Oberschenkelmitte (zwischen Platz X und Platz XI). Wenn das fünf Mal geklappt hat, probieren Sie es wieder mit Platz XI.

Bei fünf richtigen Wiederholungen in Folge geht es mit der nächsten Übung weiter.

PLATZ XII
1. Bringen Sie Ihren Hund ins Sitz und belohnen Sie ihn.
2. Sagen Sie »Platz« und warten Sie eine Sekunde oder zwei.
3. Reduzieren Sie Ihr Handzeichen noch ein bisschen mehr. Gehen Sie nur noch bis auf Hüfthöhe mit der Hand. Dabei stehen Sie sehr gerade.
4. Belohnen Sie Ihren Hund, wenn er sich hinlegt, füttern Sie die Position an. Hören Sie auf, wenn der Hund aufsteht.

Bei fünf richtigen Wiederholungen in Folge geht es mit der nächsten Übung weiter.

PLATZ XIII
1. Bringen Sie Ihren Hund ins Sitz und belohnen Sie ihn.
2. Sagen Sie »Platz« und warten Sie ein bis zwei Sekunden.
3. Geben Sie nur ein kleines Sichtzeichen – schneller und mit geringerer Bewegung.
4. Belohnen Sie, sobald Ihr Hund sich hinlegt. Geben Sie ihm weitere Leckerchen, solange er liegt. Hören Sie auf, wenn er aufsteht.

Bei fünf richtigen Wiederholungen in Folge geht es mit der nächsten Übung weiter.

Die richtige Reihenfolge

1. Sagen Sie »Platz«.
2. Warten Sie eine bis zwei Sekunden.
3. Geben Sie das Sichtzeichen.
4. Warten Sie auf die Ausführung des Kommandos.
5. Der Hund legt sich hin.
6. Sie belohnen ihn, während er liegt.

PLATZ XIV
1. Bringen Sie Ihren Hund ins Sitz und belohnen Sie ihn.
2. Sagen Sie »Platz« und warten Sie, dass er sich hinlegt.
3. Belohnen Sie Ihren Hund, sobald er liegt.
4. Wenn er sich nicht innerhalb von drei Sekunden hinlegt, machen Sie das Sichtzeichen.

Legt er sich daraufhin hin, loben Sie ihn, aber geben ihm kein Leckerchen. Dann wiederholen Sie die Übung.

Wenn Ihr Hund sich alleine auf das Hörzeichen bei fünf von fünf Versuchen hinlegt, können Sie mit der nächsten Aufgabe weitermachen.

PLATZ AUS DEM STAND

Bisher haben Sie Ihren Hund aus dem Sitz ins Platz gebracht. Nun ist es an der Zeit, ihm beizubringen, sich aus einer stehenden Position ins Platz zu begeben, was für ihn eine ganz neue Übung ist. Für uns Menschen ist Platz das Ergebnis, wenn unser Hund sich auf den Boden legt, egal, welche Position er vorher innehatte. Doch für Ihren Hund bedeutet das Hinlegen eine bestimmte Folge von Muskelbewegungen. Die Bewegungen, die ein Hund ausführen muss, um sich vom Sitz ins Platz zu begeben sind ganz anders als die, wenn er sich aus dem Stand ins Platz legt.

PLATZ AUS DEM STAND I
1. Halten Sie eine Handvoll Leckerchen hinter Ihrem Rücken bereit.
2. Wenn Ihr Hund sich automatisch setzt, sobald Sie mit dem Training beginnen, treten Sie ein paar Schritte zurück, um ihn aus der sitzenden Position zu locken, bevor Sie ihm das Kommando für Platz geben.
3. Sobald Ihr Hund steht, machen Sie das Handzeichen für Platz, wobei Sie die Hand bis ganz zum Boden führen, wie Sie es schon bei Platz IX getan haben.
4. Wenn Ihr Hund sich setzt, nehmen Sie Ihre Hand weg, treten ein paar Schritte zurück, um ihn aus der sitzenden Position zu holen, und versuchen es noch einmal.
5. Sobald er sich hinlegt, loben und belohnen Sie ihn; füttern Sie die Position an.
6. Locken Sie ihn aus dem Platz und wiederholen Sie die Übung.

Bei fünf richtigen Wiederholungen in Folge geht es mit der nächsten Übung weiter.

Es ist in Ordnung, wenn Ihr Hund sich auf dem Weg ins Platz ganz kurz hinsetzt. Manche Hunde legen sich mit dem hinteren Teil des Körpers zuerst hin, andere senken den vorderen Teil zuerst. Wenn Ihr Hund jedoch ein vollständiges Sitz einlegt oder gar im Sitz bleibt, brechen Sie die Übung ab und versuchen es noch einmal.

PLATZ AUS DEM STAND II
1. Halten Sie Leckerchen hinter Ihrem Rücken bereit.
2. Bringen Sie Ihren Hund dazu, zu stehen, und führen Sie dann das Handzeichen für Platz aus, wobei Sie die Hand nur bis in Kniehöhe senken.
3. Wenn Ihr Hund gar nichts tut oder sich hinsetzt, brechen Sie ab und fangen noch ein-

mal von vorne an.
4. Sobald er sich hinlegt, loben Sie und belohnen ihn aus der Hand hinter Ihrem Rücken; füttern Sie die Position weiter an.

PLATZ AUS DEM STAND III
1. Wiederholen Sie die Übung, aber dieses Mal führen Sie das Handzeichen aus, ohne sich in der Hüfte zu beugen.
2. Brechen Sie den Versuch ab, wenn Ihr Hund sich hinsetzt, und versuchen Sie es noch einmal.
3. Sobald er sich hinlegt, loben und belohnen Sie ihn.

Bei fünf richtigen Wiederholungen in Folge geht es mit der nächsten Übung weiter.

PLATZ AUS DEM STAND IV
1. Sagen Sie »Platz« und warten Sie eine bis zwei volle Sekunden, bevor Sie das kleine Handzeichen geben.
2. Wenn Ihr Hund sich auf das verbale Kommando hinlegt, belohnen Sie ihn sofort und füttern die Position an.
3. Wenn er das Handzeichen benötigt, ist das auch okay; belohnen Sie auch dieses Ausführen des Kommandos.
3. Wenn er sich setzt, brechen Sie die Übung ab, bringen ihn zurück in den Stand und versuchen es noch einmal.

Bei fünf richtigen Wiederholungen in Folge geht es mit der nächsten Übung weiter.

PLATZ AUS DEM STAND V
1. Sagen Sie »Platz« und warten.
2. Wenn Ihr Hund sich innerhalb von drei Sekunden hinlegt, loben und belohnen Sie ihn und füttern die Position an.
3. Wenn er sich nicht hinlegt (also stehen bleibt oder sich setzt), brechen Sie die Übung ab und versuchen es noch einmal.

Wenn fünf von fünf Wiederholungen richtig waren, machen Sie mit Platz-Bleib im zweiten Teil auf Seite 72 weiter.

SITZ AUS DEM PLATZ

Sitz aus dem Platz ist ganz anders als *Sitz aus dem Stand*. Anstatt seine Beine zu beugen, muss Ihr Hund jetzt seinen Vorderkörper aufrichten. Hier der Übungsablauf, um es ihm beizubringen.

Hand mit Leckerli

Hund im Platz

Halten Sie ein Leckerli auf der Höhe, in der sich der Kopf Ihres Hundes befinden wird, sobald er sich hinsetzt.

SITZ AUS DEM PLATZ I
1. Bringen Sie Ihren Hund mit dem verbalen Kommando ins Platz und belohnen ihn, wenn er sich hinlegt.
2. Während er liegt, halten Sie ihm ein Leckerchen vor die Nase und führen es in einer gerade Linie nach oben und leicht nach hinten (auf gar keinen Fall das Leckerchen nach vorne, also vom Hund weg bewegen, weil man ihn so dazu bringt, aufzustehen).
3. Halten Sie das Leckerchen bewegungslos auf der Höhe, auf der sich der Kopf des Hundes befinden würde, wenn er säße. Haben Sie etwas Geduld.
4. Sobald Ihr Hund sich setzt, belohnen Sie ihn und achten darauf, dass er wirklich sitzt, während er das Leckerchen frisst.

5. Falls er aufsteht, gibt es keine Belohnung, sondern Sie fangen noch einmal von vorne an.

Bei fünf richtigen Wiederholungen in Folge geht es mit der nächsten Übung weiter.

SITZ AUS DEM PLATZ II
1. Bringen Sie Ihren Hund mit dem verbalen Kommando ins Platz und belohnen ihn, wenn er sich hinlegt.
2. Nehmen Sie die Leckerchen in Ihre Nicht-Signalhand und halten Sie diese hinter Ihrem Rücken verborgen.
3. Ohne Leckerchen in der Signalhand geben Sie nun das gleiche Handzeichen wie in Sitz aus dem Platz I.
4. Bleiben Sie in der Position, bis Ihr Hund sich hinsetzt – geben Sie ihm so viel Zeit, wie er braucht.
5. Wenn er sich setzt, loben und belohnen Sie ihn, füttern Sie die Position an.
6. Wenn er sich hinstellt, brechen Sie die Übung ab und fangen noch einmal von vorne an.

Bei fünf richtigen Wiederholungen in Folge geht es mit der nächsten Übung weiter.

Denken Sie auch daran, wenn nötig einen Schritt zurückzugehen?

Einen Schritt zurückzugehen ist ein ganz normaler Teil des Trainingsprozesses und kein Anzeichen dafür, dass etwas nicht richtig läuft. Wenn Ihr Hund null bis zwei Wiederholungen einer Übung richtig macht, gehen Sie einen Schritt zurück und wiederholen Sie die vorherige Übung.

SITZ AUS DEM PLATZ III
1. Bringen Sie Ihren Hund ins Platz und belohnen Sie ihn.
2. Sagen Sie »Sitz« und warten Sie zwei volle Sekunden, bevor Sie das Handzeichen von Sitz aus dem Platz II geben. Halten Sie die Position.
3. Wenn er sich aufsetzt, sofort loben und belohnen und die Position anfüttern.
4. Machen Sie nach zwei Mal fünf richtigen Wiederholungen in Folge mit Sitz aus dem Platz IV weiter, also in anderen Worten nach zehn richtigen von zehn Wiederholungen.

Bei zehn richtigen Wiederholungen in Folge geht es mit der nächsten Übung weiter.

3. KAPITEL

KOMM

Komm oder *Hierhin* ist eigentlich sehr einfach beizubringen – viel weniger kompliziert als *Sitz, Platz* oder *Bleib.* Der Schlüssel liegt in der üppigen Belohnung und der Einführung der Neu-gleich-neu-Konditionierung ganz früh im Training. Die üppige Belohnung bedeutet, dass der Hund eine viel größere und tollere Belohnung bekommt als im sonstigen Training. Und die Neu-gleich-neu-Konditionierung ist ein neues Geräusch, das Sie einführen werden und das eine reichliche Entlohnung ankündigt.

Heranrufen
(Lektion 1-3)

KOMM I
1. Finden Sie ein Leckerchen, das Ihr Hund noch nie in seinem Leben gefressen hat und von dem Sie wetten, dass er es über alles lieben wird. Ich empfehle eine Handvoll kleingewürfeltem Pecorino-Käse, eine großzügige Portion Grillhähnchenbrust mit Haut, eine Packung Gorgonzola oder dünne Scheiben Roastbeef. Denken Sie großzügig!
2. Suchen Sie sich für den Rückruf ein Signal aus, das Ihr Hund noch nie gehört hat – zum Beispiel ein trillerndes Dschungelgeräusch oder eine Vogelimitation. Es ist wichtig, dass dieses Geräusch für Ihren Hund ganz neu ist. Probieren Sie es nicht aus, denn wenn Ihr Hund es das erste Mal hört, muss die Monsterbelohnung erfolgen, die Sie ausgesucht haben.
3. Packen Sie fünf Ihrer Belohnungspakete in Plastiktüten oder -dosen.
4. Verstecken Sie einmal am Tag eine dieser Superbelohnungen in Ihrer Nähe (und außer Reichweite Ihres Hundes). Wenn Ihr Hund davor steht und winselt oder bellt, warten Sie so lange, bis er aufgibt. Dann warten Sie noch einmal mindestens eine halbe Stunde.
5. In dem Moment, wo Ihr Hund gerade nicht aufmerksam ist, machen Sie das neue Geräusch – laut und lang. Warten Sie eine Sekunde oder zwei. Dann geben Sie ihm die Belohnung, egal wo er sich gerade befindet – vielleicht kommt er zu Ihnen, um zu schauen, was es mit dem Geräusch auf sich hat, vielleicht ist er aber auch in einem ganz anderen Zimmer. Egal wo er ist, Sie gehen zu ihm und geben ihm die ganz neue, umwerfende Belohnung. Loben Sie ihn, während er sie frisst. Danach drehen Sie sich einfach um und gehen. Wenn Sie in der Stimmung sind, können Sie auch ein paar Minuten mit ihm spielen. Warten Sie mindestens einen Tag, bevor Sie die Übung wiederholen.

Neu-gleich-neu-Konditionierung

Der erste Schritt in fast jedem Training besteht darin, dem Hund das gewünschte Verhalten zu entlocken. So wie Sie es bei Sitz und Platz gemacht haben. Im Fall des Rückrufs – Komm – machen wir aber noch einen Schritt davor, der auf der Palov'schen Konditionierungstheorie beruht. Erst danach verlangen wir vom Hund das gewünschte Verhalten. Diese Neu-gleich-neu-Konditionierung besteht darin, dass das neue Geräusch, das Sie ausgesucht haben, als Bote für eine neue und unglaublich tolle Belohnung dient. In einigen Fällen bekommen Sie so mit ganz wenig Arbeit von Ihrer Seite einen freiwillig kommenden Hund. Und in allen anderen Fällen legen wir damit auf jeden Fall eine supersolide Basis für das zuverlässige Befolgen eines der wichtigsten Kommandos, nämlich Komm.

Nach fünf Wiederholungen machen Sie mit der nächsten Übung weiter.

KOMM II: Der »Premack-Rückruf«
Für diese Übung brauchen Sie entweder:

- einen Helfer
- oder einen Tisch oder Tresen der hoch genug ist, dass Ihr Hund nicht herankommt (der Hund sollte riechen können, was da oben ist, aber nicht in der Lage sein, durch Springen oder ähnliches dran zu kommen).

Am besten ist es, wenn Sie diese Übungen auf beide Arten durchführen – umso schneller erfolgt die Generalisierung des Kommandos.

Mit einem Helfer
1. Der Helfer nimmt Leckerchen oder ein Spielzeug in die Hand und lässt den Hund daran schnüffeln, ohne ihm die Belohnung schon zu geben. Sie brauchen also einen Helfer, der damit umgehen kann, dass ein Hund an seiner Hand herumschnüffelt und knabbert.
2. Stellen Sie sich ohne Leckerchen ungefähr sechs Meter entfernt auf. Sie haben nichts in der Hand und nichts in Ihren Taschen.
3. Geben Sie einmal das neue Geräusch von sich und locken Ihren Hund dann zu sich. Sehr wahrscheinlich wird er Sie mehrere Minuten lang ignorieren. Lassen Sie sich davon nicht stören, locken Sie Ihren Hund weiter in den höchsten Tönen, während er Ihren Helfer bedrängt, aber wiederholen Sie auf keinen Fall das Rückrufsignal.
4. Irgendwann – nach einer Zeit, die Ihnen wie eine Ewigkeit vorkommen wird – wird

Ihr Hund von Ihrem Helfer ablassen und zu Ihnen kommen. Egal wie lange das gedauert hat und wie gereizt Sie sind, loben Sie ihn, sobald er zu Ihnen kommt.
5. Wenn Ihr Hund bei Ihnen angekommen ist, halten Sie ihn am Halsband fest und streicheln und loben ihn. Ihr Helfer eilt sofort an Ihre Seite und belohnt Ihren Hund mit den Leckerchen. Es ist in Ordnung – sogar gut – wenn Ihr Helfer und nicht Sie den Hund mit dem Futter belohnt, vorausgesetzt, die Position des Hundes wird richtig angefüttert: Er steht an Ihrer Seite, während Sie ihn berühren.
6. Nehmen Sie Ihre Originalpositionen wieder ein – also ca. sechs Meter voneinander entfernt. Ihr Hund darf sich wieder von den mit Leckerchen gefüllten Händen Ihres Helfers anziehen lassen, während Sie die Übung noch einmal durchführen. Wiederholen Sie die Übung wieder und wieder, auch wenn Sie keine Verbesserung beim Kommen Ihres Hundes merken. Ihr Hund wird irgendwann damit aufhören, den Helfer zu belästigten, weil er damit keinen Erfolg hat.

Üben Sie so lange, bis Ihr Hund fünf Mal in Folge ohne zu zögern kommt.
Es kann sein, dass hierfür sehr viele Wiederholungen an mehreren, aufeinanderfolgenden Tagen nötig sind. Ein kleines Schläfchen oder eine ganze Nacht zwischen den Übungen können hilfreich sein.
Ihr Hund wird sehr wahrscheinlich irgendwann schon zu Ihnen laufen, bevor Sie ihn gerufen haben. Das ist in Ordnung, belohnen Sie ihn auch dafür.

Warum wird dieses Übung Premack-Rückruf genannt?

Der Premack-Rückruf ist nach dem Psychologen David Premack benannt. Premack konnte Labortiere dazu bringen, unübliches Verhalten zu zeigen, indem er ihnen als Belohnung die Möglichkeit gab, ihr bevorzugtes Verhalten auszuüben. Wenn eine Ratte zum Beispiel in der Stimmung war, in ihrem Laufrad zu laufen, konnte er sie dazu bringen, aus einer Wasserflasche zu trinken, um damit das Laufrad aufzuschließen, selbst wenn die Ratte nicht durstig war. Später hatte die gleiche Ratte vielleicht Durst, war aber nicht in der Stimmung für eine Runde auf dem Laufrad. Sie führte sie aber trotzdem durch, weil sie damit den Weg zur Wasserflasche aufschließen konnte. Wir Menschen kennen die Regel unserer Großmütter: »Wenn du aufisst, bekommst du noch einen Nachtisch.« Komm II ist Premacks Hundeversion davon.

Mit einer erhöhten Oberfläche
1. Legen Sie einen Haufen leckerer Belohnungen auf eine erhöhte Oberfläche – sie muss so hoch sein, dass Ihr Hund die Leckerchen bemerkt, aber nicht drankommt.
2. Stellen Sie sich ca. sechs Meter entfernt hin, ohne etwas bei sich zu haben – keine Leckerchen in der Hand oder Hosentasche, und auch kein Leckerchenbeutel am Gürtel.

3. Machen Sie einmal das neue Geräusch und geben Sie dann alles, um Ihren Hund zu sich zu locken. Er wird Sie sehr wahrscheinlich mehrere Minuten lang vollkommen ignorieren. Rufen Sie ihn mit hoher Stimme, ohne jedoch das Rückrufsignal zu wiederholen. Halten Sie durch, egal wie sehr er sich auf das Fressen auf dem Tisch konzentriert und Sie ignoriert.
4. Irgendwann wird Ihr Hund aufgeben und zu Ihnen kommen. Egal, wie lange das gedauert hat und wie genervt Sie inzwischen vielleicht sind, loben Sie ihn, sobald er sich auf den Weg zu Ihnen macht. Vielleicht dreht er auf halbem Weg zu Ihnen um, weil er sieht, dass Sie ja gar nichts bei sich haben. Das ist okay. Locken Sie ihn weiter. Irgendwann wird er wirklich kommen. Seine Versuche, auf direktem Weg an das Futter zu kommen, werden weniger, weil er merkt, dass er sein Ziel nicht alleine erreicht.
5. Wenn Ihr Hund bei Ihnen angekommen ist, halten Sie ihn fest und loben Sie ihn. Dann gehen Sie gemeinsam mit ihm zu dem Tisch oder Tresen, auf dem die Belohnung liegt, nehmen einen Brocken davon und gehen zurück an Ihren alten Platz. Dort erst geben Sie ihm die Belohnung. Achten Sie darauf, die richtige Position anzufüttern: Der Hund steht oder sitzt an Ihrer Seite, während Sie ihn berühren.
6. Sobald dieser Teil der Belohnung aufgegessen ist, wiederholen Sie die Übung.

Üben Sie so oft, bis Ihr Hund fünf Mal hintereinander ohne zu zögern zu Ihnen kommt.

Das kann viele, viele Wiederholungen über einige Trainingseinheiten benötigen. Wenn er zwischendurch die Möglichkeit hat, ein Nickerchen zu machen oder eine Nacht zu schlafen, hilft das, die Übung zu verarbeiten und zu verinnerlichen.

Wenn Ihr Hund irgendwann anfangen sollte, zu Ihnen zu kommen, bevor Sie das Signal gegeben haben, ist das okay. Loben und belohnen Sie ihn auch dafür.

Was lernt Ihr Hund von dieser Übung?

Wenn man recht darüber nachdenkt, widerspricht es der Intuition eines Hundes völlig, sich von etwas zu entfernen, um es zu bekommen. Seine gesamte Lebensgeschichte hat ihn gelehrt, dass der beste Weg, um etwas zu erhalten, der ist, sich darauf zuzubewegen. Bei Komm II wird dieser Gedanke vollkommen auf den Kopf gestellt. Ihr Hund lernt etwas ganz Seltsames: Geh fort von dem, was du willst, um es zu bekommen. Die Schlüsselbotschaft hierbei ist, dass Sie nicht nur die Kontrolle über die Belohnungen haben, die Sie bei sich führen, sondern alle Belohnungen in der weiten Welt da draußen kontrollieren. Wenn Ihr Hund gerne etwas von dem Guten da draußen in der Welt abhaben würde, liegt die Lösung nicht darin, Sie zu ignorieren und zu versuchen, es sich einfach zu nehmen. Sondern in Gehorsamkeit.

»Das kann unmöglich funktionieren!« – Ein paar Anfeuerungen für Sie

Bei einer Übung, die so viel Beharrlichkeit verlangt wie diese hier, besteht das Risiko, dass Sie als Trainer und wichtigster Spieler zu früh aufgeben. Die Belohnung für Ihr Durchhaltevermögen kommt bei dieser Übung definitiv sehr, sehr spät. Sie üben wieder und wieder, aber Ihr Hund scheint nicht besser zu werden. Manchmal meinen Sie, eine leicht bessere Wiederholung zu sehen oder sogar mal einen wirklich guten Rückruf, aber dann verfällt er wieder in sein altes Verhalten und ignoriert Sie, wenn Sie ihn rufen. Die Versuchung, aufzugeben, ist groß. Aber widerstehen Sie ihr! Geben Sie nicht auf! Wenn Sie dranbleiben, wird es funktionieren.

Anfangs werden Sie mal eine bessere Wiederholung inmitten vieler Fehlschläge sehen. Nach und nach werden diese guten Wiederholungen immer mehr zunehmen, auch wenn es weiterhin welche geben wird, wo Ihr Hund Sie scheinbar eine Ewigkeit ignoriert. Endlich kommt er dann jedes Mal sofort, wenn Sie das Signal geben. Ein Grund, warum Trainer bei dieser Übung hartnäckig bleiben, ist – abgesehen von ihrer Liebe zum Trainingsprozess –, dass sie schon so oft gesehen haben, dass es funktioniert. Wenn Sie es zum ersten Mal üben, müssen Sie einfach auf mein Wort vertrauen, dass auch Ihr Hund es lernt.

KOMM III
1. Wiederholen Sie Komm II an einem anderen Ort.
2. Wiederholen Sie Komm II mit einer anderen Belohnung.
3. Wiederholen Sie Komm II an einem anderen Ort mit einer anderen Belohnung.
4. Wiederholen Sie Komm II mit einer größeren Entfernung zwischen sich und dem Hund.

Wiederholen Sie jeden Schritt fünf Mal.

Jede neue Variante wird das Verhalten kurzfristig zum Wanken bringen. Das ist ganz normal in dem Bereich des Trainings, der Generalisierung genannt wird. Generalisierung bedeutet, dass eine Übung an verschiedenen Orten und zu verschiedenen Zeiten durchgeführt wird, um sie verlässlich im Verhalten des Hundes zu etablieren.

Wenn Ihr Hund bei fünf von fünf Versuchen mit verschiedenen Leckerchen und an verschiedenen Orten in Ihrem Haus verlässlich und ohne zu zögern gehorcht, sind Sie bereit, den Rückruf auch draußen zu üben (s. hierzu Teil III, Seite 142.)

4. KAPITEL

EIN WENIG HILFE, WENN SIE KÄMPFEN MÜSSEN

Bis hierhin haben Sie es schon mal geschafft. Bewerten Sie bitte, wie Ihre momentane Einstellung zum Hundetraining ist:
1. Es ist interessant, einfacher und macht viel mehr Spaß, als ich gedacht hatte – ich glaube, es hat mich gepackt.
2. Ich habe erst bis hierhin gelesen, aber meine Neugierde ist geweckt und ich denke, dass ich bereit bin, meinen Hund zu trainieren.
3. Das ist alles interessant, aber kompliziert.
4. Es ist in Ordnung – ich bin ein Mensch mit Durchhaltevermögen – aber es ist lästig.
5. Ich sterbe hier gerade – ich glaube nicht, dass ich meinen Hund jemals trainieren werde.

Wenn Sie eine 1, 2 oder 3 sind, ist das wirklich sehr gut. Machen Sie genau so weiter wie bisher. Wenn Sie eine 2 sind, wird es interessant sein herauszufinden was passiert, wenn Sie erst einmal mit dem Training angefangen haben. Werden Sie ganz schnell zu einer 1? Oder werden Sie erst ein wenig bei der 3 bleiben, bevor das Fieber Sie packt? Oder finden Sie das tatsächliche Tun so viel anstrengender als das Lesen, dass Sie zu einer 4 oder 5 werden? Wenn Sie eine 3 sind, werden Sie das vielleicht noch eine Weile bleiben und dann feststellen, dass Sie mehr und mehr über Hundetraining nachdenken, Ihre Fortschritte Familie und Freunden vorführen und sich auf die nächste Übungseinheit freuen. Dann sind Sie schon bald eine 1.

Wenn Sie eine 4 oder 5 sind, müssen wir ein wenig Erste Hilfe leisten. Denn Sie laufen Gefahr, aufzugeben. Sogar wenn Sie eine 4 und eine unglaublich disziplinierte Person sind, werden sie statistisch gesehen eher aufgeben als jemand, der zumindest ein kleines bisschen Spaß an den Übungen hat. Wenn Sie eine 5 sind, haben Sie vermutlich schon angefangen, die Übungseinheiten aufzuschieben, ausfallen zu lassen, oder eigene Regeln aufzustellen, um schneller vorwärts zu kommen.

ERSTE HILFE

Als Erstes müssen Sie Ihre Probleme herausfinden – was genau stört sie? (Kreuzen Sie alles an, was auf Sie zutrifft.)
- Die erforderliche Zeit und Arbeit – für mich ist das ein in allen Belangen »teures« Verhalten.
- Ich habe das Gefühl, es nicht hinzubekommen – es ist zu kompliziert und/oder ich stimme mit den Übungen oder der dahinterstehenden Philosophie nicht überein.
- Es ist langweilig – mir persönlich bringt das gar nichts.

- Ich bin frustriert – mein Hund und ich machen nicht so schnelle Fortschritte, wie wir meiner Meinung nach sollten.

Hier ist ein Überblick über die gängigsten Lösungen für diese für neue Trainer typischen Probleme.

Das Problem	Mögliche Lösung
Zeit und Aufwand	Stellen Sie für sich selbst ein Belohnungssystem für regelmäßiges Üben auf. Teilen Sie das Training in handhabbarere Stücke auf. Lassen Sie es sein und engagieren einen Profi. Springen Sie ein paar Kapitel vor und studieren mit Ihrem Hund einen Trick ein; kehren Sie danach wieder zu den Basisübungen zurück. Holen Sie sich Unterstützung – bitten Sie ein Familienmitglied, die Leckerchen vorzubereiten oder andere Pflichten der Hundeversorgung zu übernehmen, wie Spazierengehen und Fellpflege, damit Sie sich ausschließlich aufs Training konzentrieren können.
Das Gefühl, es nicht hinzubekommen	Lesen Sie noch einmal die Einführung dieses Buchs. Hilfreich ist auch, sich die DVD zum Buch mehrmals ganz anzuschauen. Reden Sie mit jemandem, der gut zuhören und Probleme lösen kann. Tragen Sie sich auf einer Hundetraining-E-Mailliste ein, um Unterstützung und Tipps zu bekommen. (S.a. den Punkt »Holen Sie sich Unterstützung« in diesem Kapitel.) Schrauben Sie das aktuelle Training ein wenig zurück und lesen Sie eine der Empfehlungen zum Thema Hundetraining im Punkt »Mehr Hintergrundwissen« in diesem Kapitel.

Das Problem	Mögliche Lösung
Gelangweilt	Stellen Sie für sich selbst ein Belohnungssystem für regelmäßiges Üben auf. Springen Sie ein paar Kapitel vor und studieren mit Ihrem Hund einen Trick ein; kehren Sie danach wieder zu den Basisübungen zurück. Trainieren Sie in ganz kurzen Übungseinheiten, wie z.B. in den Werbepausen beim Fernsehen. Lassen Sie es sein und engagieren Sie einen Profi.
Frustration wegen mangelnder Fortschritte	Vergewissern Sie sich, ob alles so abläuft, wie es sollte und nur nicht Ihren Geschwindigkeitsansprüchen genügt, oder ob die Fortschritte tatsächlich langsamer als im Durchschnitt verlaufen. Wenn Letzteres der Fall ist, sollten Sie Ihre Technik überprüfen. Setzen Sie ausreichend wirksame Motivatoren ein? Haben Sie die Vor-Zurück-Noch einmal-Regel schon in den Wind geschrieben? Lassen Sie Zwischenschritte aus? Üben Sie in ausreichend ruhiger Umgebung? (Ihr Hund ist noch nicht soweit, unter Ablenkung zu trainieren.)

Lassen Sie uns die einzelnen Lösungen im Detail anschauen.

Erstellen eines Belohnungssystems für den Trainer

Wenn das Training an sich für Sie nicht belohnend ist, dann müssen wir äußere Anreize schaffen, die Ihnen das Training schmackhaft machen. So wie Sie sehr wahrscheinlich nicht jeden Tag zur Arbeit gehen würden, wenn Sie dafür kein Gehalt bekämen, oder das Geschirr nicht abspülten, wenn es dadurch nicht sauber würde, werden Sie sich nicht mit dem Training Ihres Hundes beschäftigen, wenn für Sie kein Gewinn dabei herausspringt. Und zwar ein Gewinn, der Ihnen gefällt.

Gibt es in der folgenden Liste irgendetwas, das Sie mögen und wovon Sie gerne mehr hätten?

> Ein Nachmittag im Buchladen
> Eine neue Jeans
> Ein Stück Schwarzwälderkirschtorte
> Eine Kosmetikbehandlung
> Ein Abendessen in einem neuen Restaurant
> Neue, kuschelige Flanellbettwäsche
> In der Mittagspause nach Hause gehen und ein Nickerchen machen.
> Eine Innen- und Außenreinigung für Ihr Auto
> Sonstiges: _____

Interessanterweise fühlten sich selbst Sachen, die man sich regelmäßig gönnt und genießt, oft noch besser an, wenn man sie sich verdient hat. Der Mensch ist ein faszinierendes Tier, dem die kleinen Vergnügungen des Lebens nach getaner Arbeit noch einmal so gut schmecken. Wählen Sie sich aus der obigen Liste ein oder zwei Dinge aus – oder irgendetwas anderes, auf das Sie sich freuen würden – und geben Sie sich das Versprechen, sie zu genießen, sobald Sie ein überschaubares Stück Hundetraining erfolgreich absolviert haben. Was uns zum nächsten Punkt bringt:

Teilen: Kürzere Einheiten

Eines der am meisten untersuchten Phänomene im Bereich des Lernens ist die Ökonomie zwischen einem Verhalten und dem daraus folgenden Ergebnis. Umfangreiche Projekte ohne feste Zwischenziele wurden in diversen Studien von allen Probanden unisono aufgeschoben. Aus diesem Grund haben Sie es während Ihres Studiums vielleicht geschafft, jeden Morgen anzufangen, sich die Zähne zu putzen, aber mit dem Schreiben des Aufsatzes anzufangen haben Sie immer wieder hinausgezögert. Das Aufschieben ist weder rational noch logisch, aber es ist sehr weit verbreitet.

Wenn Sie das Üben immer wieder aufschieben, ist das Projekt Hundetraining für Sie einfach zu groß. Es muss in machbare Einheiten heruntergebrochen werden. Deswegen also eine neue Regel für Sie: Sie bekommen Ihre Belohnung und haben dazu eine ganze Woche trainingsfrei, sobald Sie fünf Übungen komplett absolviert haben. Wenn Sie noch nicht angefangen haben, nehmen Sie sich Sitz I-Sitz V vor. Wenn Sie angefangen haben, das Üben aber im Sand verlaufen ist, nehmen Sie fünf Übungen ab dem Punkt, wo Sie aufgehört haben. Legen Sie die erste Trainingseinheit gleich jetzt ein. Machen Sie Nägel mit Köpfen und legen Sie los.

In einer Woche (oder früher, wenn Sie der Drang überkommt), machen Sie weitere fünf Übungen für ein anderes klar erklärtes Ziel. Danach ziehen Sie Bilanz. Fühlen Sie sich in Bezug auf das Training schon ein wenig besser? Gehen Sie ruhig noch einmal die Erste-Hilfe-Sektion oben durch.

Eine weitere Strategie, das Training in machbare Einheiten aufzuteilen ist es, ein täglich wiederkehrendes Ereignis als Aufforderung zum Üben zu nehmen. Der Verhaltensforscher Dr. Ian Dunbar empfiehlt den Menschen, während der Werbepausen im Fernsehen zu trainieren. Durch digitale Videorecorder sind Umfang und Dauer von Werbepausen zwar nicht mehr so vorgegeben wie früher, aber Sie können das System trotzdem noch nutzen, indem Sie zum Beispiel jedes Mal, wenn Sie zur Toilette gehen oder sich etwas zu trinken holen bei Ihrer Rückkehr eine kleine Trainingseinheit von ein bis zwei Minuten Länge einlegen.

Die Übungen noch einmal lesen

Wenn man das Training gut ausführen will, muss man seine Aufmerksamkeit auf viele Details richten. Das heißt, Sie haben eine ganze Menge Material durchzuarbeiten. Ich zum Beispiel weiß, dass ich fast alle neuen Dinge besser mache, wenn ich mir die Anleitungen mehr als ein Mal durchgelesen habe, bevor ich mich an die praktische Umsetzung mache. Überlegen Sie sich, ob Sie nicht einen kompletten Abschnitt eines Verhaltens – wie z.B. Sitz-Bleib – noch einmal ganz lesen, bevor Sie sich an eine neue Übungseinheit machen.

Wenn Sie mechanische Schwierigkeiten haben - wohin mit meinen Händen, oder wie führe ich diese Bewegung richtig aus - hilft auch das Anschauen der DVD zum Buch. Wir Primaten sind gut darin, durch Nachahmen zu lernen, und die visuellen Beispiele werden schneller mehr erklären, als jede noch so ausführliche Beschreibung es könnte. Vielen Menschen juckt es auch in den Fingern, selber mit dem Training anzufangen, wenn sie jemand anderem beim Trainieren zusehen. Und wenn Sie Schwierigkeiten haben, sich zu motivieren, könnte das genau der Kickstart sein, den Sie brauchen.

Holen Sie sich Unterstützung

Üben ist grundsätzlich eine einsame Tätigkeit, was einigen Menschen gut zupass kommt und andere dazu bringt, es immer wieder aufzuschieben. Wenn Sie sich wie gelähmt fühlen, weil Ihnen nicht klar ist, was Sie genau tun sollen, oder wenn Sie lustlos sind kann es helfen, diese Gefühle und Gedanken mit anderen zu teilen. Es kann sehr befreiend sein, einfach mal laut auszusprechen, was einen stört. Dazu muss die andere Person sich noch nicht einmal mit Hundetraining auskennen, es reicht, wenn sie ein guter Zuhörer ist.

Wenn Sie die Antwort auf eine Ihrer Fragen weder in diesem Buch noch auf der DVD finden, dann gibt es Unmengen an Foren und E-Mail-Listen zu allen Themen rund um den Hund. Hier tummeln sich verschiedenste Experten, die ihr Wissen sehr großzügig teilen. Der Nachteil daran ist, dass Sie im Zweifel viele verschiedene Antworten zu einer Frage erhalten, was Sie möglicherweise noch mehr verwirrt. Aber wenn es Ihnen nichts ausmacht, die vielen Meinungen durchzugehen, um ein besseres Gefühl für Ihr Training zu bekommen, kann das Internet eine hervorragende Informationsquelle sein.

Verschaffen Sie sich Hintergrundwissen

Meine Kollegin Janis Bradley, die mit mir an der Academy lehrt, hat dreißig Jahre Erfahrung in der Erwachsenenbildung und kennt die verschiedenen Lerntypen sehr genau. Über die Jahre habe ich eine ganze Menge von ihr gelernt, unter anderem, dass es Menschen gibt, die sich nicht wohlfühlen, wenn sie einfach nur Anweisungen bekommen, wie sie etwas tun sollen. Diese Menschen wollen den (lern)theoretischen Hintergrund verstehen, bevor sie sich an die Praxis machen. Diesen Lerntyp bezeichnet man als »Assimilator«. Er besitzt eine endlose intellektuelle Neugierde und will wissen, warum die Dinge so funktionieren, wie sie funktionieren. Er möchte die Theorie hinter der Anleitung verstehen. Wenn Ihnen das bekannt vorkommt, dann wird das Training für Sie sehr wahrscheinlich viel spannender, wenn Sie sich mit dem Gebiet des tierischen Lernverhaltens auseinandersetzen. Mein Lieblingsbuch ist *Psychology of Learning and Behavior,* Fifth Edition, von Barry Schwartz, Edward A. Wasserman und Stephen J. Robbins (W. W. Norton, 2001). Dieses umfassende Werk ist eine wahre Goldmine. Wenn Sie der Gedanke an ein ganzes Lehrbuch über Lerntheorie eher abschreckt, versuchen Sie es mit *Excel-Erated Learning: Explaining in Plain English How Dogs Learn and How Best to Teach Them* von Pamela J. Reid (James and Kenneth Publishers, 1996). Es ist nicht so theoretisch und enthält viele Beispielübungen. (In deutscher Sprache gibt es in ähnlicher Richtung: *Verstärker verstehen – Über den Einsatz von Belohnung im Hundetraining* von Viviane Theby, Anm. d. dt. Verlages.)

Versuchen Sie eine andere Methode

Hundetraining ist derzeit ein vollkommen unreglementierter Bereich. Es gibt keine staatlichen Standards oder Ausbildungen. Was den Nachteil hat, dass es für Kunden keinen wirksamen Schutz vor inkompetenten Trainern und für die Hunde keinen Schutz vor missbräuchlichen Methoden gibt. Der Vorteil besteht allerdings darin, dass es so viele verschiedene Methoden der Ausbildung gibt, dass für jeden etwas dabei sein müsste. Wenn Sie sich trotz all meiner Bemühungen, Sie vom Vorteil einer auf Belohnung aufbauenden Erziehungsmethode zu überzeugen, damit unwohl fühlen, gibt es immer noch irgendwo einen Trainer, der mit Zwang arbeitet. Machen Sie sich keine Illusionen: Die Alternative zur Belohnung sind Schmerzen und Angst. Auch wenn es da draußen Menschen gibt, die Ihnen für viel Geld weismachen wollen, dass Sie alleine durch Energie, Führungskraft, Kommunikation in Hundesprache oder einfach durch die Stärke Ihrer Verbindung mit Ihrem Tier Ergebnisse erzielen, bleibt es eine unbestreitbare Tatsache, dass es ohne entsprechende Motivation keine Verhaltensänderungen geben kann. Meine große Hoffnung ist, dass Sie sich auch dafür entscheiden, Verhaltensveränderungen durch Belohnungen zu erzielen. Aber wenn Sie es nicht ertragen, Ihren Hund so viel zu belohnen, können Sie sich auch für eine mehr auf Zwang ausgerichtete Variante entscheiden. Noch ist das legal.

Delegieren Sie andere Aufgaben rund um den Hund

Vor zwanzig Jahren war man allgemein der Ansicht, die einzige Voraussetzung, die man für das Halten eines Hundes bräuchte, wäre ein eingezäunter Garten. Heute wissen wir es besser. Hunde brauchen nicht viel Platz, sie brauchen viel Zeit. Was ein heftiger Widerspruch zu unserem Leben im einundzwanzigsten Jahrhundert ist. Im Laufe meiner Karriere habe ich immer wieder gestaunt, wie Leute das alles schaffen. Sie arbeiten Vollzeit, haben Kinder mit vollen Terminkalendern und auch sonst viele Verantwortlichkeiten. Doch trotz der daraus unweigerlich resultierenden Erschöpfung schaffen Sie es noch, ihren Hund im Großen und Ganzen erfolgreich in die Familie zu integrieren.

Meistens ist ein Familienmitglied die treibende Kraft hinter dem Wunsch, einen Hund zu haben. Die hauptsächliche Bezugsperson für den Hund ist dann auch diese Person – oder Mutti. Das Training ist, was den Zeitaufwand angeht, gleichbedeutend mit den notwendigen Spaziergängen. Der einzige Unterschied besteht darin, dass die Spaziergänge eine nie enden wollende Aufgabe sind – wenn man Glück hat, muss man sie seinem Hund viele Jahre lang jeden Tag anbieten – wo hingegen es sich beim Training um eine temporäre Angelegenheit handelt. Wenn man die Grundlagen einmal geschaffen hat, muss man nur dafür sorgen, dass sie erhalten bleiben, mehr nicht. Wenn Sie also die Bezugsperson für den Hund sind, sollten Sie überlegen, ob Sie nicht einige der anderen Aufgaben rund um den Hund an Ihre Familienmitglieder delegieren, um sich die notwendige Zeit fürs Training freizuschaufeln. Auch wenn Ihre Familie sich weniger Gedanken um den Hund macht als Sie, kann die Aussicht darauf, nach kurzer Zeit einen gut erzogenen Hund zu haben, sie oft doch dazu motivieren, Ihnen zur Hand zu gehen.

Probieren Sie ein schnellere Ergebnisse zeigendes Projekt aus

Im Hundetraining gibt es den Spruch: »Alles nur Tricks.« Das will sagen, auch wenn wir Sitz, Platz etc. als Unterordnung bezeichnen und Roll dich und Gib Pfötchen als Tricks, unterscheiden sich die praktischen Grundlagen dieser Übungen kein bisschen. Aus Hundesicht sind Sitz und Roll dich beides gleich willkürliche Handlungen. Aus diesem Grund können Sie also, wenn Sie von den Grundübungen gelangweilt sind, sich einfach einen Trick aus den hinteren Kapiteln dieses Buchs aussuchen und diesen üben. Das steigert die Lernfähigkeit Ihres Hundes, und Sie können Ihre Technik verbessern und haben dabei noch viel Spaß. Danach kehren Sie zu der Grundübung zurück, die Ihnen am meisten liegt, und üben diese weiter. Erst wenn Ihr Hund und Sie in diesen Übungen richtig gut sind, packen Sie die für Sie lästigeren Kommandos an.

Erwartungen

Ich kann Ihnen gar nicht sagen, wie oft ich schon von einem meiner Schüler gebeten wurde, mir anzuschauen, was er beim Training verkehrt macht, weil es seiner Meinung nach nicht schnell genug vorwärts ging. In den meisten Fällen stellte sich heraus, dass das Training hervorragend funktionierte und durchschnittliche bis überdurchschnittliche

Erfolge zeigte. Anfangs sind die Schüler oft verblüfft, wenn ich ihnen sage, dass erfolgreiches Training genauso aussieht wie das, was sie gerade durchmachen. Sie erwarten eine nicht enden wollende Steigerung zu immer neuen Schwierigkeitsgraden. Stattdessen erhalten Sie eine ihrer Meinung nach unendliche Folge an »Noch einmal« und »Zurück«, für sie ein Zeichen, dass irgendetwas fürchterlich schief läuft. Es ist jedoch so, dass kaum ein Hund, selbst wenn er nach einem noch so ausgefeilten Plan trainiert wird, ständig nur Fortschritte macht und von Übung zu Übung und Mal zu Mal besser wird. Machen Sie sich also keine Gedanken, wenn Sie eine gesunde Mischung aus »Vor«, »Zurück« und »Noch einmal« erleben.

Unarten (Ihrerseits)

Der häufigste Grund dafür, dass Menschen ob des langsamen Fortschritts im Training ihrer Hunde frustriert sind, ist mangelhafte Technik. Sie ignorieren oder beugen die Regeln (denn Regeln sind für andere gut und schön, aber Sie wissen ja schließlich, was Sie tun!) Das ist eine Unart. Regeln zu brechen weil man weiß, was man tut, scheint Teil der menschlichen Natur zu sein. Hier sind die fünf größten Fehler im Hundetraining:

1. Mit der Belohnung geizen.
2. Zu schnell zu viel verlangen.
3. Den Überblick verlieren.
4. Schritte auslassen.
5. Sich weigern, einen Schritt zurückzugehen.

1. Mit der Belohnung geizen

Geiz entstammt unserer Kultur und Erziehung. Wieder und wieder haben wir die Botschaft gehört, dass Belohnungen unsere Hunde verwöhnen, dass es in irgendeinem moralischen oder kosmischen Sinne besser ist, ihnen gar nicht erst beizubringen, eine handfeste Antwort auf ihr Verhalten zu erwarten. Das ist so, als würde ein Flugzeugingenieur beim Bau eine Düsenjets die Schwerkraft außer Acht lassen oder Eltern ihrem Baby keine größere Kleidung kaufen, weil sie annehmen, dass es nicht mehr wächst. Wenn Flugzeuge und alles Lebendige im Einklang mit bekannten Prinzipien operieren, ist es keine moralische Frage. Aber wenn es ums Verhalten geht, wollen wir die bekannten Gesetze ignorieren. Ein Trainer, der den Hund, den er oder sie trainieren soll, nicht motiviert, zieht keinen moralisch überlegenen Hund heran. Er ist einfach nur inkompetent.

2. Zu schnell zu viel verlangen

Wie ich schon erwähnt hatte, fühlt sich das Training mit Tieren in unserer Hochgeschwindigkeitswelt unglaublich langsam an. Eine Art, wie die Menschen versuchen, schneller ans Ziel zu kommen, ist, dass sie den Schwierigkeitsgrad der Übung erhöhen, sobald der Hund sie ein oder zwei Mal richtig ausgeführt hat. Unsere Ungeduld entstammt der Projektion, dass der Hund genauso lernt wie wir, nämlich durch ein plötzliches Erkennen. Wir Menschen kennen diesen Moment, indem wir auf einmal etwas verstehen, wie zum Beispiel einen Witz oder den Grund dafür, warum unser Soufflé immer zusammenfällt. Hunde lernen aber nicht so. Hunde lernen Unterordnung so, wie wir Samba tanzen oder Trompete spielen lernen. In den ersten Tanzstunden bekommt man ab und zu die Schrittfolge richtig hin. Das heißt aber nicht, dass man nun zukünftig vor jedem Fehler gefeit ist. Die meisten von uns brauchen viele Wiederholungen, bevor der Tanzlehrer einen neuen Schritt hinzufügt. Zu früh weitere Schritte zu lernen kann sogar dazu führen, dass selbst die wenigen, die man anfangs sicher konnte, nicht mehr sitzen. Das entspricht eher der Art und Weise, wie ein Hund z.B. Platz lernt. Außerdem verstehen wir als Menschen, dass wir in einer Tanzstunde sind. Ihr Hund hingegen lernt nicht nur die Befehle, die Sie ihm beibringen, sondern er lernt, dass er überhaupt irgendwas tun soll.

Also selbst wenn es so aussieht, als wenn Ihr Hund es verstanden hat, bleiben Sie bei dem vereinbarten Trainingsrhythmus. Gehen Sie nicht zum nächst schwierigeren Level über, bevor nicht fünf Wiederholungen in Folge richtig gewesen sind.

3. Den Überblick verlieren

Es ist nicht fein, sich im Training abzumühen und sich treu an die Regeln zu halten (»Ich gehe erst weiter, wenn es fünf richtige Wiederholungen gegeben hat ...«), ohne wirklich mitzuzählen. »Ungefähr« fünf können auch drei oder fünf aus den letzten neun Wiederholungen sein. Nachlässigkeiten machen jedes Training ineffektiv. Gewöhnen Sie sich an, wirklich den Überblick zu behalten.

4. Schritte auslassen

Ein weitere Variante des »Ich ertrag es nicht, das geht viel zu langsam«-Themas. Sie springen vom zweiten gleich zum fünften Schritt, um Zeit zu sparen, denn immerhin sind Sie und Ihr Hund Wunderkinder, und der lange Weg ist nur für die Normalsterblichen gedacht. Beim ersten Mal kommen Sie damit noch durch. Es lohnt sich, denn schnelle Erfolge wirken auf Menschen immer belohnend. Genau wie das Gefühl, dass Sie und Ihr Hund überdurchschnittlich schnell lernen. Also tun Sie es noch einmal. Früher oder später – meistens früher – kommt dann die wohlverdiente Strafe. Ohne feste Basis ist die Gehorsamkeit Ihres Hundes nur ein Kartenhaus, das beim kleinsten Lufthauch zusammenfällt. Weil Sie ja aber die steile Lernkurve Ihres Hundes von Anfang an verfolgt haben, kommen Sie zu dem für Sie einzig logischen Schluss: Ihr Hund ist absichtlich ungehorsam. Aber leider war von Anfang an vorhersehbar, dass es so kommen würde. Kein guter Tiertrainer kürzt so extrem ab.

5. Sich weigern, einen Schritt zurückzugehen

Auch erfahrene Tiertrainer hassen es manchmal, einen Schritt zurückgehen zu müssen. Niemand will eine Holzarbeit schmirgeln, grundieren und streichen, um es danach gleich noch einmal zu machen. Und niemand will im Hundetraining einen Schritt zurückgehen. Aber sich zu weigern, diesen notwendigen Rückschritt zu machen, hat meistens katastrophale Folgen.

Selbst wenn Sie jede einzelne Kleinigkeit genau richtig machen, braucht der Hund manchmal einfach noch einmal einen Schnelldurchlauf. Was gar nicht so überraschend ist, wenn man darüber nachdenkt. Sie wachen auch nicht jeden Morgen auf und fühlen sich genauso wie am vorherigen Tag. Manchmal ist man richtig gut drauf und manchmal nicht. Es ist mehr als wahrscheinlich, dass es Hunden genauso geht. Sie haben ihre guten und ihre schlechten Tage, ihr guten und ihre nicht so guten Trainingssitzungen. Wenn Sie es schrecklich finden, einen Schritt zurückzugehen, befinden Sie sich in guter Gesellschaft. Aber wenn Sie Ergebnisse erzielen wollen, dann üben Sie wie ein echter Profi: Wenn von fünf Wiederholungen nur zwei oder weniger richtig ausgeführt wurden, gehen Sie zur vorherigen Übung zurück.

Holen Sie sich einen Profi an die Seite

Als ich anfing mit Hundetraining lautete das Mantra, dass jeder Besitzer seinen eigenen Hund trainieren soll. Die Ausbildung des eigenen Hundes an einen professionellen Trainer auszulagern wurde als unverantwortlich angesehen, und Trainern, die einen solchen Service anboten, haftete ein leicht anrüchiger Ruf an. Diese Einstellung hat dazu geführt, dass viele Hunde unerzogen blieben, deshalb abgegeben wurden und keine neuen Besitzer fanden. In dieser Zeit legten Hundeschullehrer es nicht darauf an, Spezialisten für die Ausbildung von Hunden zu werden. Sie kamen meist aus dem Bereich der wettbewerbsmäßig betriebenen Unterordnung, auch Obedience genannt, was bedeutete, dass sie mit ihren eigenen Hunden relativ viel trainierten. Das Training war ihr Hobby. Sie liebten den Prozess des Übens und hatten wohl formulierte, konkrete Ziele, sprich Titel, die ihr Hund gewinnen konnte, wenn sie nur ausreichend übten.

Heute stellt sich die Situation ganz anders dar. Hundetraining hat sich zu einer Sache auf Treu und Glauben entwickelt, deren Mittel und Ziele sich sehr von denen der Hundesport-Enthusiasten unterscheiden. Ein Teil dieser neuen Ausrichtung ist, dass ein gewisser Pragmatismus Einzug gehalten hat. Gut meinende Besitzer, die das Richtige tun wollen – ihren Hund erziehen – es aber alleine nicht schaffen oder schaffen wollen und deshalb jemanden engagieren, der das für sie übernimmt, müssen sich nicht länger schuldig fühlen.

Also wenn es trotz ihrer besten Absichten nicht funktioniert, haben Sie im Hinterkopf, dass es da draußen professionelle Trainer gibt, die kompetent sind und zwangsfreie Trainingsmethoden einsetzen. So ein professioneller Trainer bietet vielleicht an, Ihren Hund auszubilden, während Sie bei der Arbeit sind – was Ihrem Hund somit einen langweiligen Tag allein zu Haus erspart – oder nimmt den Hund gar für eine gewisse Zeit ganz bei sich auf, um ihm die gewünschte Grundausbildung angedeihen zu lassen. *(Diese Art des Trainings, in dem der Hund zeitweise an den Trainer abgegeben wird, ist in den USA häufiger, in deutschsprachigen Ländern aber noch so gut wie gar nicht anzutreffen. Hier werden meist nur Hund und Halter gemeinsam trainiert, Anm.d.dt. Verlages).*

TEIL ZWEI:
Impulskontrolle

Hunde sind nicht gerade für ihre angeborene Vorsicht bekannt. Sie sind Nachfahren der Wölfe, die opportunistisch genug waren, sich an den Abfällen in den Randzonen der menschlichen Behausungen gütlich zu tun. Und nichts in ihrem Leben hat sie gelehrt, dass Gutes kommt, wenn man geduldig wartet. Hunde, die sich an der Tür vordrängeln, kommen schneller durch die Tür. Hunde, die sich auf ihr Ziel zubewegen, kommen ihrem Ziel näher.

In diesem Abschnitt will ich Ihnen Möglichkeiten vorstellen, die folgenden Verhaltensweisen mit Ihrem Hund zu trainieren:

- **Sitz-Bleib**
- **Platz-Bleib**
- **Warte**
- **Aus**
- **Gehen an der Leine**

Wenn Sie an diesen Verhaltensweisen arbeiten, wird es sich für Sie auf vielerlei Weise lohnen:

- Sie erhalten einen Hund, der sich in einer Vielzahl von Situationen höflicher verhält – etwas, was auf jeder Wunschliste ganz oben steht.

- Ihr Hund verinnerlicht eine umgekehrte Philosophie, um das zu bekommen, was er haben möchte: Anstatt zu drängeln, knabbern, sich selbst zu bedienen und so weiter, wartet er ab, hält sich zurück und erwartet Ihre Kommandos.

- Sie werden ein Trainer mit rasiermesserscharfem Timing.

5. KAPITEL

SITZ-BLEIB UND PLATZ-BLEIB

Sitz-Bleib und Platz-Bleib sind zwei Kommandos, die den Hund dafür belohnen, dass er sich nicht bewegt. Der einzige Unterschied besteht in der unterschiedlichen Position des Hundes. Es kann durchaus reichen, nur eines der beiden Kommandos zu üben, um für alle Alltagssituationen gerüstet zu sein, aber wenn man den einen Befehl erst einmal geübt hat, geht das Erlernen des zweiten wesentlich schneller, sprich in größeren Trainingsschritten. Gerade für Anfänger im Hundetraining ist es so faszinierend zu sehen, wie der Hund hierbei »lernt zu lernen«, dass ich empfehle, beide Kommandos zu trainieren.

SITZ-BLEIB

SITZ-BLEIB
(Lektion 1)

Sitz-Bleib bedeutet, der Hund sitzt und bleibt sitzen – er steht nicht auf, dreht sich nicht um, krabbelt nicht vorwärts, egal, was um ihn herum passiert. Es ist das beste Kommando, um als Trainer das richtige Timing zu üben. Der Trainer muss nicht nur gezielt die Belohnungen streichen, wenn der Hund einen Fehler macht, sondern er muss vor allem den genauen Augenblick identifizieren, in dem der Hund seinen Teil des Bleib erfüllt, sprich sich entscheidet, das Sitz beizubehalten, und genau diesen Moment belohnen. Zudem ist es ein gutes Beispiel für das Anfüttern der Position, da der Hund während der korrekten Ausführung des Sitz-Bleib immer wieder belohnt wird.

SITZ-BLEIB I
1. Bringen Sie Ihren Hund ins Sitz und belohnen Sie ihn dafür.
2. Direkt nachdem er die Belohnung erhalten hat, halten Sie ihm ein weiteres Leckerchen ungefähr zwei Zentimeter entfernt vor die Nase. Das wird ihn dazu bringen, aufzustehen und sich in Richtung des Leckerchens zu bewegen.
3. Wenn er aufsteht, sagen Sie »Schade« und streichen die Belohnung, indem Sie die Hand mit dem Leckerchen schnell zu sich hinaufziehen.
4. Wiederholen Sie diese Übung. Ihr Hund soll lernen, dass sein Aufstehen das Leckerchen verschwinden lässt.
5. Nach einigen Wiederholungen wird Ihr Hund für vielleicht eine Sekunde sitzen bleiben, während Sie ihm das Leckerchen vor die Nase halten. Genau in dem Moment belohnen Sie ihn und füttern seine Position weiter an (er darf die Belohnung nur bekommen, solange er sitzt).

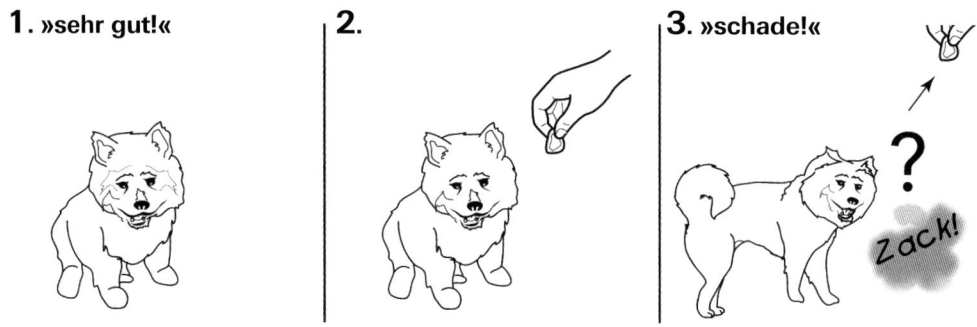

Erinnern Sie sich, wie Ihr Hund beim Premack-Rückruf gelernt hat, dass er sich von etwas wegbewegen muss, um es zu bekommen? Bleib funktioniert insofern auf die gleiche Weise, als dass es kontraproduktiv für den Hund wäre, aufzustehen, auch wenn es für ihn ganz anders wirkt. Das richtige Verhalten, um an seine Belohnung zu kommen, ist sitzen bleiben. Und wir zeigen Ihrem Hund, dass es sich wirklich lohnen kann, sich nicht zu bewegen.

Üben Sie weiter, bis fünf von fünf Wiederholungen fehlerfrei funktioniert haben.

SITZ-BLEIB II
1. Beginnen Sie wie bei Sitz-Bleib I.
2. Dieses Mal muss Ihr Hund drei Sekunden lang sitzen bleiben, während Sie ihm das Leckerchen vor die Nase halten.
3. Nach den drei Sekunden belohnen Sie ihn sofort und füttern die Position weiter an.
4. Wenn der Hund sich innerhalb der drei Sekunden in irgendeiner Weise aus dem Sitz bewegt, nehmen Sie die Belohnung weg.

Bei fünf richtigen Wiederholungen in Folge machen Sie mit dem nächsten Schritt weiter.

SITZ-BLEIB III
1. Bringen Sie Ihren Hund ins Sitz und belohnen ihn.
2. Bewegen Sie das Leckerchen in Ihrer Hand in Richtung Fußboden, ungefähr einen halben Meter von der Nase Ihres Hundes entfernt. (Wenn er das als Aufforderung zum Platz nimmt, ist das kein Problem. Bringen Sie ihn einfach wieder ins Sitz und versuchen Sie es ein kleines Stückchen weiter weg.)
3. Wenn Ihr Hund trotz des Leckerchens auf dem Boden eine Sekunde sitzen bleibt, belohnen Sie ihn und füttern Sie seine Position an.
4. Wenn er das Sitz unterbricht, streichen Sie die Belohnung und fangen noch einmal von vorne an.

Bei fünf richtigen Wiederholungen geht es mit der nächsten Übung weiter.

SITZ-BLEIB IV

1. Versuchen Sie jetzt das Gleiche, aber dieses Mal bleibt die lockende Belohnung drei Sekunden auf dem Fußboden liegen.
2. Nicht vergessen, nach den drei Sekunden zu belohnen und die Position anzufüttern.
3. Wenn Ihr Hund das schwierig findet (weniger als zwei richtige von fünf Wiederholungen), gehen Sie zurück zu Sitz-Bleib III oder verringern Sie die Zeit auf zwei Sekunden.

Bei fünf richtigen Wiederholungen geht es mit der nächsten Übung weiter.

SITZ-BLEIB MIT UMRUNDEN

  **SITZ-BLEIB MIT UMRUNDEN**

1. Bringen Sie Ihren Hund ins Sitz und belohnen Sie ihn. Treten Sie einen Schritt nach links und ohne Verzögerung direkt wieder vor Ihren Hund.
2. Wenn er still sitzen bleibt (nicht aufsteht und sich nicht mit Ihnen dreht), belohnen Sie ihn und füttern die Position an. Dann treten Sie sofort wieder einen Schritt zur Seite, ohne ihm erneut den Befehl »Sitz« zu geben.
3. Wenn Ihr Hund seinen Kopf dreht, um Sie weiter anschauen zu können, ist das in Ordnung. Wenn er jedoch aufsteht oder sich dreht, sagen Sie »Schade«, stellen sich sofort wieder in die Ausgangsposition und fangen erneut bei Schritt 1 an.
4. Sobald Ihr Hund fünf Wiederholungen in Folge geschafft hat, ohne sich zu bewegen, wiederholen Sie die Übung, machen jetzt aber zwei Schritte, bevor Sie sich wieder vor Ihren Hund stellen.
5. Wenn auch hier fünf Wiederholungen problemlos klappen, machen Sie drei Schritte. Sie arbeiten sich also Schritt für Schritt einmal um Ihren Hund herum, als wenn er der Mittelpunkt eines Uhrenzifferblatts wäre.
6. Haben Sie es fünf Mal in Folge halb um Ihren Hund herum geschafft, so dass Sie direkt hinter ihm stehen, vollziehen Sie beim nächsten Mal in einem Rutsch einen vollständigen Kreis um Ihren Hund.

Beobachten Sie Ihren Hund genau, und streichen Sie die Belohnung (»Schade«), sobald er sich bewegt.

Denken Sie daran, einen Schritt zurückzugehen, wenn Sie keine, eine oder nur zwei richtige Wiederholungen schaffen.

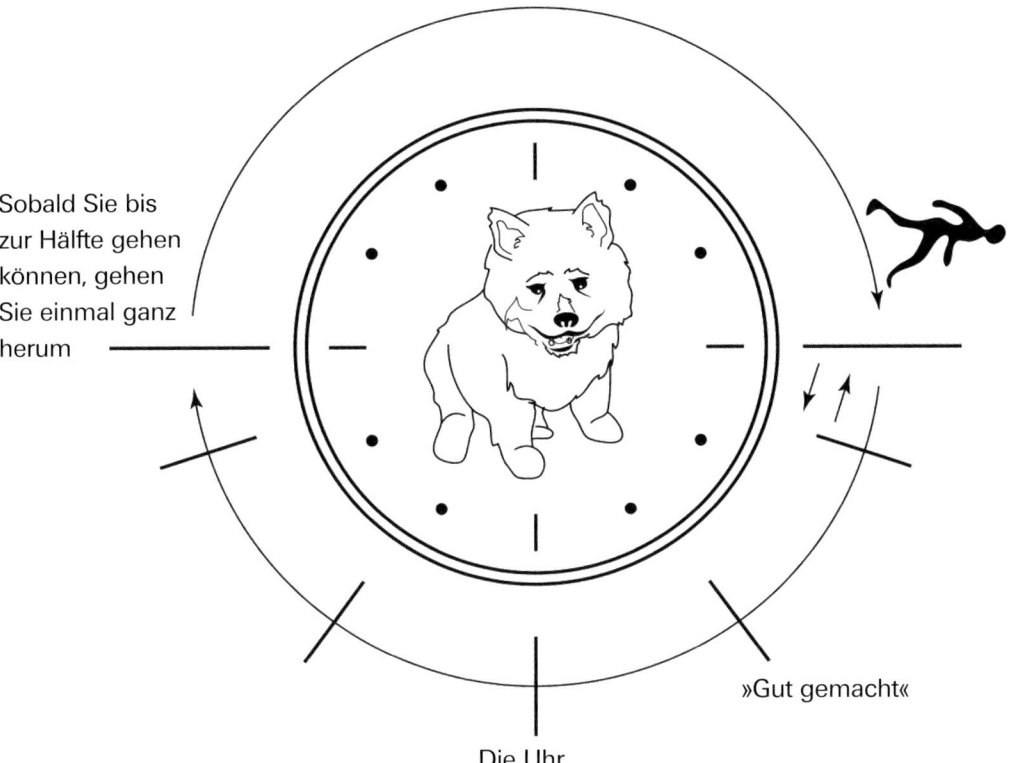

Die Uhr

SITZ-BLEIB V
1. Wiederholen Sie das Umrunden in der anderen Richtung.
2. Beginnen Sie auch hier mit nur einem Schritt nach rechts und fahren erst fort, wenn Sie fünf richtige Wiederholungen in Folge hatten.
3. Achten Sie auf Ihr Timing: Wenn Sie Ihren Hund konstant im Blick haben, können Sie auf jede noch so kleine Berührung mit »Schade« antworten, was ihm hilft, zu verstehen, was genau Sie von ihm wollen.

SITZ-BLEIB VI
Umrunden Sie Ihren Hund jetzt einmal in jede Richtung, bevor er eine Belohnung erhält.

Und dann belohnen Sie sich.
Sie haben ein Schlüsselkommando gemeistert!
Tragen Sie Ihre Belohnung in das folgende Kästchen ein.

Dafür, dass ich ein Sitz-Bleib mit doppeltem Umkreisen meines Hundes geschafft und damit eine hervorragende Basis für weitere Kommandos zur Impulskontrolle gelegt habe, belohne ich mich mit:	(Tragen Sie hier Ihre Belohnung ein.)

Warum trainiert man im Bleib zuerst die Ablenkung?

Die drei Parameter des Bleib sind:
- **Entfernung:** wie weit entfernt von Ihnen
- **Dauer:** wie lange
- **Ablenkung:** unter welcher Ablenkung

Ich übe die Ablenkungen aus folgenden Gründen zuerst:
1. **Die Schnelligkeit, mit der der Hund belohnt wird.** Innerhalb weniger Sekunden kann man eine kleine Ablenkung präsentieren, den Hund belohnen oder ihm mit »Schade« sagen, dass er einen Fehler gemacht hat und die Übung wiederholen. Damit erreiche ich eine hohe Schlagzahl an Belohnungen, was für einen Hund am Anfang sehr wichtig ist, damit er die Lust am Training nicht verliert. Das Üben der Entfernung zum Beispiel ist weitaus zeitintensiver, und beim Trainieren der Dauer sinkt Ihre Belohnungsrate auf ein sehr niedriges Niveau, auch wenn Ihr Hund durchgehend korrektes Verhalten zeigt. Aus diesem Grund übt man die Dauer am besten zum Schluss, wenn der Hund schon auf einem fortgeschrittenen Level ist und längere Durststrecken zwischen den Belohnungen besser erträgt.
2. **Das Timing des Trainers.** Wenn Sie nah an Ihrem Hund dran sind, ist es einfacher, die kleinsten Muskelbewegungen zu sehen und somit zu erkennen, wann Ihr Hund das Sitz auflösen will und anstatt einer Belohnung ein »Schade« zu hören bekommt.
3. **Überlappung mit anderen Kommandos zur Impulskontrolle.** Die Forschung hat gezeigt, dass Tiere neue Sachen schneller lernen, wenn sie Aufgaben ähneln, die sie schon kennen. Indem wir Bleib so üben (also auf aktive Weise), hat es mehr gemeinsam mit und fühlt es sich ähnlich an wie Warte, Aus, An der Leine gehen und sogar dem Premack-Rückruf.
4. **Jetzt belohnen vs. später Belohnen als Trainingsstrategie.** Für die meisten Menschen ist das Meistern von Ablenkungen der wichtigste Teil des Bleib, aber auch der schwierigste. Früher oder später müssen Ablenkungen eingebaut werden. Indem man sie in sanfter Dosierung gleich zu Anfang mit einplant, kann man die hohe Belohnungsrate erhalten, die am Anfang jeder neuen Übung wichtig ist. Gleichzeitig schafft man so eine solide Basis für die weitere Arbeit.
5. **Kostenloses Durchhaltetraining.** Indem die Sitz-Bleib-Übungen in einem Rutsch durchgezogen werden, ohne den Hund vor jedem neuen Schritt wieder ins Sitz zu bringen, erhält der Hund ganz nebenbei auch gleich ein wenig Durchhaltetraining.

SITZ-BLEIB VII

1. Bringen Sie Ihren Hund ins Sitz, treten Sie einen Schritt zurück und sofort wieder vor.
2. Wenn Ihr Hund sitzen bleibt, belohnen Sie ihn und füttern die Position an.
3. Wenn er das Sitz unterbricht, sagen Sie »Schade« und fangen noch einmal an.
4. Wenn Ihr Hund fünf Mal in Folge sitzen bleibt, probieren Sie es mit zwei Schritten. Behalten Sie ihn die ganze Zeit im Auge, damit Sie sofort sehen, wenn er anfängt, das Sitz aufzulösen. Machen Sie dann mit drei Schritten, vier und so weiter fort, bis Sie die maximale Entfernung im Raum erreicht haben.

Denken Sie daran, erst einen weiteren Schritt hinzuzufügen, wenn Ihr Hund fünf von fünf Malen sitzen bleibt.

Bungee-Bleib

Stellen Sie sich vor, dass Sie durch ein Bungee-Seil mit Ihrem Hund verbunden sind. Sobald Sie ihre gewünschte Entfernung erreicht haben, schießen Sie sofort zurück zu Ihrem Hund. Somit vermeiden Sie, im Training zwei Dinge miteinander zu vermischen (hier: Distanztraining und Dauer).

Was soll das »Schade«?

Im Hundetraining ist das richtige Timing alles entscheidend. Belohnungen müssen innerhalb einer Sekunde gegeben werden, nachdem das gewünschte Verhalten gezeigt wurde. Genauso verhält es sich mit Feedback für Fehler. »Schade« zeigt dem Hund an, dass er mit dem, was er gerade getan hat, seine Chancen auf eine Belohnung vermasselt hat. Dieses Signal, das man auch einen »no-reward marker« nennt, kündigt an, dass es keine Belohnung gibt. Gerade bei den Bleib-Übungen ist es sehr wertvoll. Sobald der Hund anfängt, sich zu bewegen, können Sie ihn informieren, dass das nicht das richtige Verhalten war. Er wird lernen, wann immer er »Schade« hört, gibt es keine Belohnung und die Übung fängt von vorne an.

SITZ-BLEIB VIII

1. Machen Sie ein kurzes Bungee-Bleib (vier oder fünf Schritte Entfernung), und wenn Sie zu Ihrem Hund zurückkehren, umrunden Sie ihn einmal, bevor Sie ihn belohnen.
2. Wenn er das Sitz abbricht, sagten Sie sofort »Schade«, bringen ihn wieder ins Sitz und fangen von vorne an.

Bei fünf richtigen Wiederholungen in Folge geht es mit der nächsten Übung weiter.

SITZ-BLEIB IX
1. Kombinieren Sie ein Bungee-Bleib aus maximal möglicher Entfernung mit einer Umrundung des Hundes.
2. Machen Sie ein kurzes Bungee-Bleib (vier oder fünf Schritte) mit je einer Umrundung links und rechts herum am Ende.
3. Machen Sie noch ein Bungee-Bleib mit maximaler Entfernung und zwei Umrundungen.
4. Belohnen Sie Ihren Hund jetzt, wenn er sich bin hierhin nicht gerührt hat.

SITZ-BLEIB X
1. Zum Aufwärmen machen Sie ein Bungee-Bleib mit maximaler Entfernung und einer Umrundung am Schluss.
2. Nach der Umrundung entfernen Sie sich wieder, aber nur bis zur Hälfte der vorherigen Distanz – warten Sie dort fünf Sekunden, dann gehen Sie zum Hund zurück und umkreisen ihn einmal. Belohnen Sie ihn und füttern Sie die Position an.
3. Behalten Sie Ihren Hund im Auge, für den Fall, dass er das Sitz auflösen will. Dann bedeuten Sie ihm mit einem »Schade« sofort, dass das Verhalten nicht gewünscht war.

Bei fünf richtigen Wiederholungen in Folge geht es mit dem nächsten Schritt weiter.

Zur Erinnerung

- Trainieren Sie immer in Fünferblöcken.
- Vorwärts: Gehen Sie zur nächsten Übung vor, wenn fünf Wiederholungen in Folge richtig waren.
- Noch einmal: Bleiben Sie auf dieser Schwierigkeitsstufe, wenn nur drei oder vier der fünf Wiederholungen richtig waren.
- Zurück: Gehen Sie zur vorhergehenden Übung zurück, wenn nur zwei oder weniger der fünf Wiederholungen richtig waren.

SITZ-BLEIB XI
1. Wiederholen Sie Sitz-Bleib X für:
    - Zehn Sekunden
    - Fünfzehn Sekunden
    - Zwanzig Sekunden
    - Dreißig Sekunden
    - Eine Minute
    - Zwei Minuten

2. Sobald Sie bei dreißig Sekunden angekommen sind, wird es komplizierter. Denn nun müssen Sie anfangen, die Zeiten zu vermischen. Werfen Sie zwischen den langen Bleibs immer mal wieder kurze Bleibs mit einer Dauer von einer bis zehn Sekunden ein, damit Ihr Hund nicht lernt, dass Bleib immer lang ist. Anstatt also fünf mal dreißig Sekunden hintereinander könnte Ihre Trainingseinheit stattdessen so aussehen:

Zeit	Hat geklappt (O) Hat nicht geklappt (x)	Vor, zurück oder noch einmal?
30 Sekunden	O	
4 Sekunden	x	
6 Sekunden	O	
30 Sekunden	O	
2 Sekunden	O	
30 Sekunden	x	
30 Sekunden	O	
9 Sekunden	O	
3 Sekunden	O	
2 Sekunden	O	
30 Sekunden	O	
Wie viele 30 Sekunden-Bleibs im Sitz?	Vier von fünf	Noch einmal

Der Hund hat vier von fünf Punkten in Bezug auf die Zieldauer, hier dreißig Sekunden, erhalten. Das bedeutet, dass diese Art Übung noch ein weiteres Mal durchgeführt wird. Die kurzen Bleibs zwischendrin zählen nicht. Es mag den Eindruck erwecken, dass diese Extra-Bleibs eine ganze Menge Mehrarbeit verursachen, aber da sie nur so kurz sind, sind sie schnell vorüber und somit sowohl aus Ihrer als auch aus der Sicht Ihres Hunde »billig«.

Achten Sie einmal auf das Fehlen eines Musters in der obigen Tabelle. Wenn Sie immer kurz-kurz-lang machen würden, würde Ihr Hund diese Reihenfolge schnell lernen und vermutlich bei jedem dritten Versuch eines längeren Bleibs sein Sitz aufheben. Hunde sind sehr, sehr gut darin, Muster zu erkennen, also sollte man sie von vorneherein vermeiden.

3. Einen Schritt zurückzugehen oder die Länge des Bleibs zu teilen ist bei dieser Übung ganz normal. Wenn Ihr Hund weniger als zwei richtige Wiederholungen schafft, gehen Sie eine Stufe zurück oder wählen Sie eine etwas kürzere Dauer, die zwischen der Zeit, die er schon gut beherrscht, und der gewünschten Zielzeit liegt. Wenn Sie zum Beispiel Schwierigkeiten haben, von dreißig Sekunden auf eine Minute zu steigern, versuchen Sie erst einmal eine Reihe von fünfundvierzig Sekunden langen Sitz-Bleibs.

Es ist das Kennzeichen eines guten Trainers, dass er gewillt ist, einen Schritt zurückzugehen oder die Übung zu splitten.

Bei fünf richtigen Wiederholungen machen Sie mit der nächsten Übung weiter.

SITZ-BLEIB XII
1. Sie haben an der Dauer des Sitz-Bleib auf halber Entfernung gearbeitet. Jetzt praktizieren Sie Sitz-Bleib mit der größten Distanz, die Ihnen der Raum erlaubt, und mit folgenden Zeiten (die Sie natürlich splitten, wenn nötig):
   - fünfzehn Sekunden
   - dreißig Sekunden
   - zwei Minuten
2. Mischen Sie Sitz-Bleibs von einer bis zehn Sekunden Länge wahllos dazwischen.

Bei fünf richtigen Wiederholungen der Zielzeiten machen Sie mit der nächsten Übung weiter.

Warum sind die Schritte jetzt größer?

Ihnen ist sicher aufgefallen, dass in Sitz-Bleib XII die Steigerung der Verweildauer stärker ist als bei Sitz-Bleib XI, obwohl sich gleichzeitig auch die Entfernung vergrößert hat. Hierfür gibt es zwei Gründe. Zum einen üben Sie die Dauer bereits zum zweiten Mal, auch wenn Sie die Entfernung vergrößert haben. Der andere Grund ist, dass Ihr Hund langsam von einem Anfänger zu einem fortgeschrittenen Schüler wird und so immer mehr bereit ist, längere Trockenperioden auf der Leckerchenseite zu tolerieren. Genau wie Kinder oft gar nicht genug vom Lesen bekommen können, wenn sie einmal verstanden haben, wie es geht, kann Ihr Hund langsam nicht mehr genug von dem bekommen, was wir »Unterordnung« nennen.

SITZ-BLEIB XIII
1. Üben Sie Sitz-Bleib mit weiten Entfernungen für eine und zwei Minuten (dazwischen immer wahllose Bleibs von einer bis zehn Sekunden Länge eingestreut) in einem anderen Zimmer.
2. Behalten Sie Ihren Hund im Auge. Wenn die Dauer ansteigt, neigt der Geist des Trainers zum Abschweifen, was das ganze Timing ruinieren kann.
3. Wenn Ihr Hund schlapp macht (drei oder mehr Fehlversuche in Folge), sobald Sie die Umgebung ändern, bleiben Sie in dem neuen Zimmer, aber wärmen Sie ihn mit ein paar kürzeren Sitz-Bleibs auf.

Bei fünf richtigen Wiederholungen in Folge geht es mit der nächsten Übung weiter.

SITZ-BLEIB XIV
1. Üben Sie eine Minute mit mittlerer Distanz und eingebauten Ablenkungen. Halten Sie Ihr »Schade« bereit für den Fall, dass Ihr Hund das Sitz verlässt – was er sehr wahrscheinlich bei den ersten paar Versuchen tun wird. Werfen Sie auch hier zwischen den einminütigen Sequenzen immer mal wieder kürzere Zeiten ein, wie Sie es zuvor gemacht haben. Als Ablenkung können Sie es mit Folgendem probieren (oder sich etwas eigenes ausdenken):
   - Lassen Sie einen Tennisball springen.
   - Rollen Sie einen Ball über den Boden.
   - Quietschen Sie mit einem neuen Spielzeug, das Ihr Hund noch nie gesehen hat.
   - Setzen Sie sich in einen Sessel.
   - Setzen Sie sich auf einen Stuhl und essen etwas.
   - Legen Sie sich auf den Boden.
   - Machen Sie ein paar Hampelmänner.

2. Weite Entfernung, eine Minute, gleiche Ablenkungen.
3. Weite Entfernung, zwei Minuten, neue Ablenkungen. Ihr Hund schafft diese doppelte Erhöhung des Schwierigkeitsgrades (in Dauer und Ablenkung) vielleicht schon. Wenn nicht, teilen Sie die Übung: Entweder verkürzen Sie die Zeit, oder Sie nehmen weniger neue Ablenkungen dazu.
4. Wenn Sie ein ganz tolles neues Spielzeug als Ablenkung einsetzen, können Sie dieses Ihrem Hund immer, wenn er fünf richtige Wiederholungen in Folge geschafft hat, gemeinsam mit der Belohnung geben. Dabei achten Sie darauf, es ihm zu geben, während er noch im Sitz ist – eine andere Form des Anfütterns einer Position. Dann ist es an der Zeit, eine kleine gemeinsame Spielpause einzulegen. Diese Stufe der Impulskontrolle ist nicht leicht, und sie hat eine ganz besondere Belohnung verdient.

Wenn Sie Ihren Hund im Haus nicht mehr verblüffen können, ist es an der Zeit, mit Teil drei weiterzumachen. Im Haus können Sie weiter trainieren, indem Sie die Zeit in Dreißig - Sekunden - Schritten erhöhen.

PLATZ-BLEIB

Sie werden merken, dass der Platz-Bleib-Teil dieses Buches identisch mit dem Sitz-Bleib ist, abgesehen davon, dass er in größeren Schritten voranschreitet, sprich einige Übungen entfallen. Da Ihr Hund schon einen ganzen Bleib-Zyklus durchlaufen hat, wird ihm die Platz-Bleib-Übung wesentlich leichter fallen. Ihr Hund lernt gerade, wie man lernt. Dieser Prozess wird von Ihren verbesserten Trainerfähigkeiten noch beschleunigt.

PLATZ-BLEIB I
1. Wärmen Sie Ihren Hund auf, indem Sie ihn fünf Mal nacheinander auf Kommando oder Handzeichen Platz machen lassen (noch ohne Bleib) – und ihn dafür jedes Mal belohnen.
2. Fordern Sie ein weiteres Platz, loben Sie, wenn er gehorcht, und halten Sie ihm dann das Leckerchen vor die Nase, wie Sie es bei Sitz-Bleib gemacht haben.
3. Wenn Ihr Hund sich setzt, aufsteht oder nach vorne krabbelt, ziehen Sie die Belohnung sofort ein, wie Sie es auch beim Sitz-Bleib gemacht haben, und versuchen Sie es noch einmal.
4. Wiederholen Sie die Übung – er muss lernen, dass jegliche Bewegung von ihm die Belohnung verschwinden lässt.
5. Wenn er im Platz bleibt, zählen Sie zwei Sekunden, dann belohnen Sie ihn und füttern die Position an (er muss seine Belohnung im Liegen zu sich nehmen).

Bei fünf richtigen Wiederholungen in Folge geht es mit der nächsten Stufe weiter.

PLATZ-BLEIB II

1. Fordern Sie Ihren Hund auf, sich hinzulegen. Legen Sie ein Leckerchen circa einen Meter entfernt vor seiner Nase auf den Boden – und halten Sie sich bereit, es sofort wegzuschnappen, sollte er auch nur in die Richtung blinzeln (manche Menschen ziehen es vor, Ihren Fuß darauf zu stellen). Sorgen Sie dafür, dass er nicht das Platz-Bleib auflöst und trotzdem das Leckerchen bekommt.
2. Wenn er die Position auflöst (und sei es nur, dass er ein klitzekleines Stück nach vorne kriecht), sagen Sie »Schade« und sammeln die Belohnung ein.
3. Wenn er für zwei Sekunden liegen bleibt, nehmen Sie das Leckerchen, bringen es zu ihm und füttern die Position an.

Nach fünf richtigen Wiederholungen in Folge geht es mit der nächsten Übung weiter.

PLATZ-BLEIB MIT UMRUNDEN
(Lektion 2)

PLATZ-BLEIB III (Platz-Bleib mit Umrunden)

1. Bringen Sie Ihren Hund ins Platz (nutzen Sie dafür ruhig mal das Hand- und mal das Hörzeichen) und loben Sie ihn für die korrekte Ausführung.
2. Gehen Sie einen Viertelkreis um ihn herum – ungefähr drei Schritte. Behalten Sie ihn dabei im Auge und kehren Sie unverzüglich auf Ihre Ausgangsposition zurück.
3. Wenn er sich bewegt oder mit Ihnen dreht, sagen Sie »Schade« und fangen von vorne an. Dass er den Kopf bewegt ist in Ordnung.
4. Wenn Ihr Hund im Platz bleibt, belohnen Sie ihn in der Position und machen Sie die Übung ohne Pause gleich noch einmal.
5. Wenn nötig, gehen Sie zu zwei oder einem Schritt zurück, wie Sie es zu Anfang bei Sitz-Bleib gemacht haben.

Nach fünf richtigen Wiederholungen in Folge machen Sie mit der nächsten Übung weiter.

PLATZ-BLEIB IV (Platz-Bleib mit Umrunden II, s. Abb.)

1. Bringen Sie Ihren Hund ins Platz und loben Sie ihn dafür.
2. Gehen Sie einmal um ihn herum und halten Sie ihn dabei die ganze Zeit im Auge, um jede kleine Regung mitzubekommen und mit einem »Schade« zu beantworten.
3. Wenn er die ganze Zeit ruhig gelegen hat, belohnen Sie ihn und füttern seine Position an.

Weiter geht es nach fünf richtigen Wiederholungen in Folge.

PLATZ-BLEIB V
1. Bringen Sie Ihren Hund ins Platz und loben Sie ihn.
2. Gehen Sie einen Viertelkreis in der anderen Richtung als in Platz-Bleib IV um Ihren Hund herum und behalten ihn dabei im Auge.
3. Wie immer gilt: Wenn er sich bewegt, heißt es »Schade« und Sie beginnen von vorne; wenn er ruhig liegen bleibt gibt es eine Belohnung und die nächste Runde.

Nach fünf einwandfreien Wiederholungen geht es zur nächsten Stufe.

Platz-Bleib III und IV: Sobald ein Viertelkreis fünf von fünf Malen klappt, gehen Sie einen kompletten Kreis.

Was sind die nächsten beiden logischen Schritte, also Platz-Bleib VI und Platz-Bleib VII?

Platz-Bleib VI	
Platz-Bleib VII	

Antwort:
VI: Eine ganze Runde in entgegengesetzter Richtung zu Platz-Bleib V.
VII: Zwei ganze Umrundungen: einmal in jede Richtung ohne Unterbrechung für eine Belohnung am Ende.

Glückwunsch! Wenn Sie die Antworten richtig gewusst haben, fangen Sie langsam an, wie ein echter Trainer zu denken.

PLATZ-BLEIB – Entfernung

1. Üben Sie Bungee-Bleibs mit steigender Entfernung. Gehen Sie dabei rückwärts, um Ihren Hund die ganze Zeit im Auge zu behalten. Kehren Sie sofort nach Erreichen der für die jeweilige Stufe maximalen Entfernung zu Ihrem Hund zurück (keine Pause).
2. Fügen Sie am Ende eine Umrundung ein.
3. Gehen Sie gemäß der folgenden Steigerungen vor, wobei Sie jeweils nach fünf korrekt ausgeführten Platz-Bleibs in Folge zur nächsten Stufe wechseln. Beobachten Sie Ihren Hund genau, damit Sie im entscheidenden Moment »Schade« sagen können, wenn er sich bewegt.
   - Ein Schritt
   - Fünf Schritte
   - Weitestmögliche Entfernung im Zimmer

PLATZ-BLEIB – Dauer

1. Auf der größtmöglichen Entfernung im Zimmer bauen Sie die Dauer des Platz-Bleib wie folgt auf.
   - Zehn Sekunden
   - Dreißig Sekunden
   - Eine Minute
   - Zwei Minuten

Der Grund, warum Sie die Dauer so schnell steigern können, ist, dass Ihr Hund es bereits vom Sitz-Bleib kennt und schneller verknüpft. Wenn Sie das Platz-Bleib üben, bevor Sie das Sitz-Bleib komplett trainiert haben, müssen Ihre Schritte natürlich kleiner sein. Die oben genannten Schritte sind zu groß für einen Hund, der gerade erst lernt, was Bleib heißt. Wenn Sie Sitz-Bleib parallel üben – oder Platz-Bleib als erstes trainieren wollen – nehmen Sie die Angaben aus dem Übungsteil für Sitz-Bleib.

Wenn Sie die dreißig Sekunden erreicht haben, mischen Sie wieder ein paar kurze Intervalle dazwischen. Das könnte wie folgt aussehen:

Zeit	Hat geklappt (0) Hat nicht geklappt (x)	Vor, zurück oder noch einmal?
30 Sekunden	0	
4 Sekunden	x	
6 Sekunden	0	
30 Sekunden	0	
2 Sekunden	0	
30 Sekunden	x	
30 Sekunden	0	
9 Sekunden	0	
3 Sekunden	0	
2 Sekunden	0	
30 Sekunden	0	
Wie viele 30 Sekunden-Bleibs im Platz?	Vier von fünf	Noch einmal

Eine komplette Trainingseinheit könnte so aussehen:

Zeit	Hat geklappt (O) Hat nicht geklappt (x)	Vor, zurück oder noch einmal?
8 Sekunden	O	
60 Sekunden	x	
15 Sekunden	O	
60 Sekunden	O	
12 Sekunden	O	
60 Sekunden	x	
5 Sekunden	O	
22 Sekunden	O	
60 Sekunden	O	
60 Sekunden	x	
9 Sekunden	O	
Wie viele 60 Sekunden-Bleibs im Platz?	Zwei von fünf	Zurück zu dreißig Sekunden

Zeit	Hat geklappt (O) Hat nicht geklappt (x)	Vor, zurück oder noch einmal?
16 Sekunden	O	
3 Sekunden	O	
30 Sekunden	O	
30 Sekunden	O	
12 Sekunden	O	
10 Sekunden	x	
30 Sekunden	O	
20 Sekunden	O	
9 Sekunden	O	
30 Sekunden	x	
30 Sekunden	O	
Wie viele 30 Sekunden-Bleibs im Platz?	Fünf von fünf	Vor auf sechzig Sekunden

Zeit	Hat geklappt (O) Hat nicht geklappt (x)	Vor, zurück oder noch einmal?
15 Sekunden	O	
60 Sekunden	O	
35 Sekunden	O	
60 Sekunden	O	
60 Sekunden	O	
13 Sekunden	x	
22 Sekunden	O	
60 Sekunden	O	
10 Sekunden	O	
60 Sekunden	O	
24 Sekunden	O	
Wie viele 60 Sekunden-Bleibs im Platz?	Fünf von fünf	Vor auf zwei Minuten

Zeit	Hat geklappt (O) Hat nicht geklappt (x)	Vor, zurück oder noch einmal?
2 Minuten	O	
45 Sekunden	O	
6 Sekunden	O	
2 Minuten	x	
18 Sekunden	O	
2 Minuten	x	
2 Minuten	O	
32 Sekunden	O	
4 Sekunden	O	
25 Sekunden	O	
2 Minuten	O	
Wie viele 2 Minuten-Bleibs im Platz?	Drei von fünf	Noch einmal eine weitere Runde mit 2 Minuten

Das Antrainieren der Dauer beim Bleib ist per se sehr zeitintensiv. Wenn Sie durchhalten, haben Sie allerdings auch eine wunderbare Basis mit vielfältigen Anwendungsmöglichkeiten gelegt. Das ist ein guter Zeitpunkt, um sich selber zu belohnen.

1. Üben Sie Platz-Bleib für eine Minute auf großer Distanz und mit diesen Ablenkungen:
   - Lassen Sie einen Tennisball springen.
   - Rollen Sie einen Ball über den Boden.
   - Quietschen Sie mit einem neuen Spielzeug, das Ihr Hund noch nie gesehen hat.
   - Setzen Sie sich in einen Sessel.
   - Setzen Sie sich auf einen Stuhl und essen etwas.
   - Legen Sie sich auf den Boden.
   - Machen Sie ein paar Hampelmänner.
2. Üben Sie zwei Minuten lange Platz-Bleibs auf die gleiche Entfernung und mit ähnlichen Ablenkungen.

Auch hier gilt: Wenn Sie Ihren Hund im Haus durch nichts mehr erschüttern können, ist es an der Zeit, zum dritten Teil des Buches vorzurücken. Sie können allerdings auch weiter am Ausbau der Ausdauer arbeiten, indem Sie die Zeiten in Schritten von dreißig Sekunden immer weiter erhöhen.

Kleine Erinnerung

- Werfen Sie kurze Platz-Bleibs ein, sobald Sie dreißig Sekunden erreicht haben.
- Für ein gutes Timing ist es wichtig, den Hund immer im Auge zu haben, um auf eine Bewegung rechtzeitig mit einem »Schade« zu reagieren.
- Füttern Sie die Position an. Der Hund erhält seine Endbelohnung immer im Platz.
- Halten Sie sich an die Vor-Zurück-Noch einmal-Regel, dann können Sie nichts falsch machen.

Hilfe! Ich muss immer wieder einen Schritt zurückgehen. Ist mein Hund dumm?

Es ist nicht ungewöhnlich, dass man gerade beim Bleib immer wieder einen Schritt zurückgehen oder das gleiche Level wiederholen muss. Das hat nichts mit der Intelligenz oder Persönlichkeit Ihres Hundes zu tun. Als Beispiel mal eine ganz normale Trainingssequenz eines durchschnittlichen Hundes für das Platz-Bleib:

 Sechzig Sekunden – Null von fünf Malen – zurück
 Dreißig Sekunden – zwei von fünf Malen – zurück
 Fünfzehn Sekunden – eins von fünf Malen – zurück
 Fünf Sekunden – vier von fünf Malen – noch einmal
 Fünf Sekunden – fünf von fünf Malen – vor
 Zehn Sekunden – fünf von fünf Malen – vor
 Fünfzehn Sekunden – fünf von fünf Malen – vor
 Schluss für heute – puh!
 (Morgen beginnen wir mit zehn Sekunden.)

In der Schule waren Sie vielleicht hervorragend in Deutsch, einigermaßen gut in Biologie und ganz schlecht in Erdkunde. Ihrem Hund geht es nicht anders – er hat auch unterschiedliche Begabungen für verschiedene Aufgaben. Der Vorteil beim Hundetraining ist jedoch, dass das Training individuell auf den einzelnen Hund zugeschnitten werden kann. Das bedeutet, wenn Sie Vor-Zurück-Noch einmal richtig anwenden, wird Ihr Hund jede Herausforderung früher oder später meistern. Also machen Sie sich keine Gedanken darüber, wie lange es dauert – das tun die Profis auch nie – und halten sich einfach an das System.

6. KAPITEL

WARTE UND LASS ES

Die beiden Kommandos Warte und Lass es führen das Thema fort, Ihrem Hund beizubringen, nicht jedem ersten Impuls nachzugeben, um durch Türen zu stürmen, aus dem Auto zu springen oder alles zu fressen, was auch nur entfernt essbar aussieht.

WARTE

Die meisten Hunde können es gar nicht erwarten, nach draußen zu kommen, wenn man zum Spaziergang aufbricht, die Wagentür öffnet oder sie einfach nur in den Garten lassen will. Das abschließende Verhalten (unser finales Ziel) für die folgenden Übungen ist es, höflich zu warten, wenn irgendeine Tür geöffnet wird. Ihr Hund darf sie nur durchschreiten, wenn Sie es ihm erlauben.

WARTE I
1. Zu der Zeit, zu der Sie normalerweise zu Ihrem Spaziergang aufbrechen, nehmen Sie Ihren Hund an die Leine und stellen sich vor die geschlossene Tür.
2. Halten Sie die Leine locker, so dass Ihr Hund seine Fehler machen kann.
3. Legen Sie Ihre Hand auf den Türgriff und öffnen Sie die Tür ein paar Millimeter.
4. Sobald Ihr Hund versucht, durch die Tür zu drängen, schließen Sie sie abrupt wieder (achten Sie darauf, nicht seine Nase oder Pfoten einzuklemmen).
5. Warten Sie, bis Ihr Hund sich beruhigt hat, und wiederholen Sie das Spiel.
6. Wenn er zwei Sekunden bei millimeterweit geöffneter Tür wartet, öffnen Sie die Tür ganz und lassen den Hund mit einer entsprechenden Aufforderung raus (»Fein gemacht – und los«).
7. Lassen Sie ihn draußen ein paar Sekunden schnüffeln und fangen noch einmal von vorne an.

Die Belohnung ist in diesem Fall die Erlaubnis, durch die Tür zu gehen. Sie wird immer dann gewährt, wenn Ihr Hund höflich wartet. Machen Sie gleich mit Warte II weiter, wenn fünf von fünf Wiederholungen gut funktioniert haben, aber machen Sie Ihren regulären Spaziergang nicht, bevor Sie nicht Warte II komplettiert haben.

WARTE II
1. Stellen Sie sich wieder vor die geschlossene Haustür, wie in Warte I.
2. Halten Sie die Leine locker.

3. Dieses Mal öffnen Sie die Tür dreißig Zentimeter weit, was Ihren Hund vermutlich dazu veranlassen wird, wieder hinausstürmen zu wollen.
4. Sobald er auch nur zuckt, schließen Sie die Tür. Wenn er es doch geschafft hat, hindurch zu huschen, sammeln Sie ihn wieder ein und fangen noch einmal von vorne an.
5. Lassen Sie den Hund nicht raus, bevor er nicht bei einer dreißig Zentimeter weit geöffneten Tür zwei Sekunden lang ruhig gewartet hat.

Wenn die Übung fünf von fünf Malen geklappt hat, machen Sie Ihren Spaziergang.

WARTE III
1. Vor dem nächsten Spaziergang wärmen Sie Ihren Hund mit einer Wiederholung von Warte II auf. Vergessen Sie dabei nicht die lockere Leine.
2. Öffnen Sie die Tür jetzt ganz, und halten Sie sich bereit, sie sofort wieder zu schließen, wenn Ihr Hund losspurtet.
3. Versuchen Sie, den Hund durch das Schließen der Tür oder – falls es nicht anders geht – durch das Blockieren des Weges mit Ihrem Körper aufzuhalten. Sollte er doch durchgerutscht sein, führen Sie ihn kommentarlos an der Leine wieder ins Haus.
4. Wenn Ihr Hund zwei Sekunden bei geöffneter Tür wartet, loben Sie ihn und gehen gemeinsam mit ihm raus.

Nach fünf richtigen Wiederholungen in Folge können Sie auf Ihren Spaziergang gehen. Bauen Sie die Übung sekundenweise immer weiter aus, bis Sie bei fünf Sekunden angelangt sind.

Soll ich immer zuerst durch die Tür gehen?

Als ich in den 1970er Jahren mit dem Hundetraining angefangen habe, wurde uns erzählt, dass Hunde sich vor uns durch Türen drängen, weil sie uns dominieren wollen. Dieses Modell des stetig nach einem höheren Status strebenden Hundes ist zum Glück schon lange verworfen worden (Status ist allerdings für Menschen sehr wichtig, und daher neigen wir dazu, ähnliches Denken auf unsere Hunde zu projizieren). Hunde bewegen sich schneller als Menschen, und sie freuen sich mehr darüber, spazieren zu gehen, also drängeln sie aus der Tür. Für sie ist nicht ersichtlich, was daran falsch sein soll, genauso wenig wie Sie denken würden, dass mit ihrer Gehgeschwindigkeit etwas nicht stimmt oder sie gar ein Versuch sein sollte, andere zu dominieren. Also nein, Sie müssen nicht zuerst durch die Tür gehen, aber wenn Sie es wollen, können Sie es natürlich tun.

WARTE IV
1. Stellen Sie sich vor die geschlossene Tür. Der Hund hat keine Leine an.
2. Sagen Sie »Warte«, bevor Sie die Hand auf die Klinke legen.
3. Führen Sie die Übung wie gewohnt durch.

Nach fünf richtigen Wiederholungen in Folge geht es mit der nächsten Stufe weiter.

WARTE V
1. Wiederholen Sie Warte II-IV mit Ihrer Gartenpforte, wenn Sie eine haben.
2. Sie müssen schnell sein, damit Ihr Hund Sie nicht schlägt und für sein Drängeln auch noch belohnt wird.
3. Wenn Ihr Hund immer schneller ist als Sie, üben Sie erst einmal weiter mit Leine.

WARTE VI
1. Fahren Sie mit Ihrem Hund zu einem Ort, den er gerne mag, wie den Park – die Fahrt über behält er die Leine an.
2. Wenn Sie am Ziel angekommen sind, lassen Sie den Hund im Auto und stellten sich vor die Tür, zu der er aussteigen soll.
3. Öffnen Sie die Tür gerade so weit, dass Sie die Leine greifen können. Danach öffnen Sie die Tür ein Stück weiter.
4. Wenn Ihr Hund rausspringen will, blockieren Sie ihn mit Ihrem Körper (hier ist es zu gefährlich, die Tür zuzuschlagen, weil zu schnell etwas eingeklemmt wird). Sollte er doch durchgeschlüpft sein, bringen Sie ihn an der Leine zurück ins Auto. Lassen Sie ihn erst aussteigen, wenn er zwei Sekunden ruhig gewartet hat. Geben Sie ihm ein paar Sekunden Zeit zum Schnüffeln und wiederholen Sie die Übung dann.

Wenn es fünf Mal in Folge geklappt hat, gibt es als Belohnung einen Spaziergang oder ein leinenfreies Herumtoben oder was Sie sonst gerne an diesem Ort machen.

Quiz!

Nach dem, was Sie bisher übers Hundetraining gelernt haben, was würden Sie sagen, an welcher Stelle sollten Sie das verbale Kommando »Warte« in die Autoübung einbringen?
- a) Sobald mein Hund versucht, sich durchzudrängen.
- b) Sobald ich die Tür weiter öffne.
- c} Bevor ich die Tür weiter öffne.

WARTE VII
1. Bereiten Sie das Futter Ihres Hundes zu und stellen sich mit der Schüssel in der Hand an den üblichen Platz.
2. Bringen Sie den Hund ins Sitz. Sobald er sitzt, loben Sie ihn, sagen »warte« und senken die Futterschüssel langsam in Richtung Boden.
3. Sobald der Hund sich bewegt, geht die Futterschüssel wieder nach oben.
4. Wenn Sie die Schüssel ohne Unterbrechung auf den Boden stellen konnten, und Ihr Hund noch weitere zwei Sekunden sitzen geblieben ist, geben Sie ihn frei (»Okay, und los«). Halten Sie während der zwei Sekunden Ihre Hände in der Nähe der Schüssel, um sie sofort wieder hochzunehmen, falls Ihr Hund sich vor dem Auflösekommando bewegt.

Trainieren Sie diese Übung vor jeder Mahlzeit, bis Ihr Hund Sie immer beim ersten Mal richtig macht. Sobald der Hund einmal freigegeben wurde und zu fressen anfängt, ist die Übung für dieses Mal vorbei. Nehmen Sie die Schüssel nicht für weitere Wiederholungen hoch.

LASS ES

Hunde sind opportunistische Allesfresser, was bedeutet, dass sie darauf programmiert sind, beinahe alles entfernt Essbare zu fressen, was ihnen unter die Nase kommt. Das Kommando »Lass es« soll Ihren Hund davon abhalten, Essen oder andere Dinge zu berühren, wenn Sie es sagen.

LASS ES I
1. Während Ihr Hund eine Position nach Wahl einnimmt, machen Sie es sich auf dem Fußboden gemütlich und legen ein Leckerchen vor sich auf die Erde. Seien Sie bereit, es sofort mit der Hand zu bedecken, damit Ihr Hund es auf keinen Fall wegschnappen kann.
2. Sobald Ihr Hund das Leckerchen bemerkt und sich darüber hermachen will, bedecken Sie es mit Ihrer Hand.
3. Halten Sie die Hand so lange über dem Leckerchen, bis Ihr Hund seine Versuche aufgibt, daran zu kommen.
4. Sobald er aufhört, loben Sie ihn (»Fein gemacht«), nehmen das Leckerchen in die Hand und geben es ihm. Dann folgt eine Wiederholung.

Wenn Ihr Hund fünf Wiederholungen ohne großes Theater geschafft hat, gehen Sie zur nächsten Übung.

LASS ES II
1. Jetzt geht es darum, dass Ihr Hund sich überhaupt nicht in Richtung Leckerchen be-

wegt. Halten Sie sich also bereit, es sofort wieder aufzunehmen, wenn Sie es nun auf den Boden legen.
2. Wenn Ihr Hund sich zurückhält, während Sie das Leckerchen auf den Boden legen, warten Sie noch eine Sekunde, dann loben Sie den Hund, heben die Belohnung auf und geben Sie ihm aus der Hand.

Nach fünf erfolgreichen Wiederholungen in Folge geht es mit dem nächsten Schritt weiter.

Was, wenn der Hund sich hinsetzt oder hinlegt?

Es ist vollkommen in Ordnung, wenn Ihr Hund sich während dieser Übungen hinsetzt oder hinlegt. Einige Hunde heben ihren Kopf und stehen einfach nur da, andere gehen einen oder zwei Schritte zurück, und andere bieten ein Sitz oder Platz an. Alles ist gut, solange der Hund nur keine Versuche unternimmt, ans Leckerchen zu kommen.

LASS ES III
1. Lassen Sie den Hund jetzt zwei Sekunden warten, bevor Sie das Leckerchen aufheben und ihm geben.
2. Wenn das fünf Mal in Folge klappt, erhöhen Sie auf drei Minuten.
3. Lassen Sie Ihren Hund niemals das Leckerchen vom Boden nehmen – belohnen Sie ihn immer aus Ihrer Hand.

Nach fünf erfolgreichen Wiederholungen sind Sie bereit für die nächste Stufe.

LASS ES IV
1. Jetzt stellen Sie sich hin und legen ein Leckerchen direkt vor Ihren Fuß auf den Boden. Seien Sie bereit, den Fuß jederzeit auf das Leckerchen zu stellen, sobald Ihr Hund sich ihm nähern will.
2. Wenn der Hund versucht, an das Leckerchen zu kommen, stellen Sie Ihren Fuß darauf und warten, bis der Hund seine Versuche aufgibt. Dann nehmen Sie den Fuß wieder weg, halten sich aber weiterhin bereit, das Leckerchen sofort wieder zu bedecken.
3. Sobald Ihr Hund seine Versuche einstellt, loben Sie ihn (»So ein guter Hund«), heben das Leckerchen auf und geben es ihm.

Wenn das fünf Mal in Folge geklappt hat, machen Sie mit der nächsten Übung weiter.

LASS ES V
1. Üben Sie das Ganze in einem anderen Zimmer und mit einem anderen Leckerli.
2. Wenn Ihr Hund es fünf Mal in Folge richtig gemacht hat, lassen Sie ihn erst drei, dann fünf Sekunden warten, bevor er belohnt wird.

Nach fünf richtigen Wiederholungen geht es mit der nächsten Übung weiter.

LASS ES VI
1. Bringen Sie Ihren Hund in einem anderen Zimmer unter, damit er nicht sieht, wie Sie Leckerchen verteilen.
2. Legen Sie fünf Leckerlis an fünf verschiedene Stellen, um das »plötzlich an etwas vorbeikommen« mit Ihrem Hund zu üben.
3. Nehmen Sie Ihren Hund zur Sicherheit an die Leine und nähern Sie sich ganz locker dem ersten Leckerchen. Sie werden nun das verbale Kommando einführen.
4. Sobald Ihr Hund das Leckerchen bemerkt, sagen Sie »Lass es« und machen Sie sich bereit, es mit Ihrem Fuß zu bedecken (die Leine ist nur zur letzten Rettung, falls Sie nicht schnell genug sind; der Lerneffekt ist besser, wenn das Leckerchen verschwindet, sobald Ihr Hund sich darauf stürzt. Außerdem erhalten Sie so eine bessere Kontrolle im Freilauf).
5. Wenn Ihr Hund sich dem Leckerchen nähern will, sagen Sie »Schade« und stellen sich darauf. Gehen Sie dann ein paar Schritte zurück und fangen noch einmal von vorne an.
6. Wenn Ihr Hund das Leckerchen zwei Sekunden ignoriert, loben Sie ihn, heben es auf und geben es ihm. Dann gehen Sie zum nächsten ausgelegten Futterbrocken. Achten Sie darauf, wie viele von fünf Versuchen Ihr Hund richtig meistert.

Machen Sie mit Teil drei dieses Buches weiter, sobald Ihr Hund an einem neuen Tag fünf richtige Wiederholungen in Folge schafft.

7. KAPITEL

GEHEN AN DER LEINE

An lockerer Leine gehen ist nicht das Gleiche wie bei Fuß. Bei Fuß ist wesentlich präziser und anspruchsvoller, und obwohl es sehr interessant ist, dieses Verhalten zu trainieren, wird es von den meisten Hundebesitzern während eines Spazierganges doch nicht verlangt. Der Sinn eines Spazierganges ist ja, dem Hund die Gelegenheit zu geben, seine Umgebung ausgiebig per Schnüffeln zu erkunden. Das kann er nicht, wenn er bei Fuß geht. Das Gehen an lockerer Leine ist also ein Kompromiss, mit dem sowohl Hund als auch Halter gut leben können. Es erlaubt dem Hund eine gewisse Freiheit, aber nicht so sehr, als dass er einfach irgendwo läuft (sprich die Seiten wechselt) oder zieht, was den Spaziergang für den Leinenhalter sehr ungemütlich macht.

ÜBUNGEN ZUM GEHEN AN DER LEINE

GEHEN AN DER LEINE I

1. Wenn Ihr Hund verrückt nach Spielzeug ist, nutzen Sie für diese Übung eines. Ist er an Spielzeugen nur mäßig interessiert, kaufen Sie ein neues Spielzeug und zeigen es ihm nur im Zusammenhang mit dieser Übung. Wenn er sich von Spielzeug gar nicht motivieren lässt, setzen Sie feine Leckerchen ein. Sie können auch sein normales Trockenfutter nehmen, wenn ihm das reicht.
2. In einem ruhigen Zimmer nehmen Sie Ihren Hund an die normale Zwei-Meter-Leine und binden ihn so an etwas fest, dass er Sie sehen kann.
3. Zeigen Sie ihm das Spielzeug oder die Handvoll Leckerchen. Legen Sie das dann ungefähr drei Meter entfernt auf den Fußboden.
4. Kehren Sie zu Ihrem Hund zurück, nehmen die Leine in die Hand und gehen Sie sehr langsam in Richtung der Belohnung. Halten Sie das Ende der Leine fest an Ihren Körper gepresst, damit ihre Länge nicht durch unterschiedliche Armbewegungen variiert.
5. Ihr Hund wird die Leine straff spannen, während er sich in Richtung Spielzeug/Leckerchen aufmacht. Das ist für Sie das Zeichen, von vorne anzufangen. Sagen Sie »Schade« und kehren Sie auf die Anfangsposition zurück.
6. Warten Sie, bis der Hund aufhört, an der Leine zu ziehen, und gehen dann langsam wieder los. Sobald er zieht heißt es »Schade« und es geht an den Anfangspunkt zurück.
7. Wiederholen Sie die Übung solange, bis Ihr Hund den gesamten Weg zur Belohnung schafft, ohne auch nur im Geringsten an der Leine zu ziehen. Dann sagen Sie ihm »Lass es«, warten zwei Sekunden, nehmen das Spielzeug oder das Leckerchen auf und geben es ihm. Lassen Sie ihn es nicht selber vom Boden aufnehmen.
8. Fünf Mal in Folge muss das funktionieren, ohne dass die Leine gespannt wird. Die meisten Hunde brauchen dafür sehr viele Wiederholungen. Das hier ist eine der cha-

rakterbildenden Übungen, von denen ich vorher gesprochen habe, also stellen Sie sicher, dass Sie sich in der richtigen Gemütsverfassung befinden, bevor Sie damit anfangen.

Lockere Leine – »fein gemacht« – weiter in Richtung Belohnung gehen.

Straffe Leine – »Schade« – zurück zum Anfangspunkt.

GEHEN AN DER LEINE II
1. Wiederholen Sie Gehen an der Leine I mit einer ganz neuen Belohnung.
2. Seien Sie superstreng. Wenn Sie sich nicht sicher sind, ob Ihr Hund an der Leine gezogen hat oder nicht, fangen Sie im Zweifel noch einmal von vorne an. Ihr Hund wird schneller lernen, wenn der geforderte Standard hoch ist. Ich sage meinen Schülern immer, sie sollen »Gedankenpolizei« sein, sprich »Schade« sagen, wenn der Hund nur daran denkt, zu ziehen.

Weiter geht es, wenn fünf Wiederholungen in Folge ohne straffe Leine geklappt haben.

GEHEN AN DER LEINE III
1. Wiederholen Sie Gehen an der Leine I mit einer weiteren neuen Belohnung und in einem anderen Zimmer.
2. Trotz dieser Veränderungen werden Sie vielleicht feststellen, dass Ihr Hund schneller versteht, worauf es ankommt – nach vielleicht zwei oder drei Fehlern wird er anfan-

gen, es konstant richtig zu machen. Achten Sie darauf, wie viele Versuche er braucht, bevor er es fünf Mal in Folge richtig macht.

Übung	Summe aller Versuche, bevor es fünf Mal in Folge perfekt geklappt hat
III: Neue Belohnung in neuem Zimmer	

Üben Sie so lange, bis Ihr Hund fünf Versuche in Folge ohne irgendwelche Aufwärmfehler meistert (also bis Sie in die Tabelle oben »Null« schreiben können).

DRAUSSEN AN DER LEINE GEHEN

Das Gehen an der lockeren Leine ist draußen viel schwieriger als drinnen. Denn draußen hat man keine Kontrolle über die Belohnung. Im Haus können Sie den Weg zur Belohnung jederzeit unterbrechen und von vorne anfangen, um Ihrem Hund klarzumachen, was Sie von ihm möchten. Draußen jedoch stürmen aus allen Richtungen Geräusche und Gerüche auf Ihren Hund ein, die ihn zu falschem Verhalten animieren. Aus diesem Grund bin ich ein großer Freund von Hilfsmitteln, die Sie vor dem Ziehen an der Leine bewahren und Ihnen helfen, das bereits geübte Verhalten weiter zu festigen.

In der Geschichte der Hundeerziehung neigten die Trainer oft dazu, Schmerz einzusetzen, um einem Hund zu zeigen, dass er nicht ziehen soll. Es gibt eine ganze Reihe von Halsbändern, die würgen, Elektroschocks abgeben oder sich in den Hals des Hundes graben. Ihre primäre Zielgruppe sind verzweifelte Besitzer von an der Leine ziehenden Hunden. Auch wenn ich solche Halsbänder früher ebenfalls eingesetzt habe, tue ich das heute nicht mehr, weil ich mich nicht gut dabei fühle, Hunden weh zu tun. Außerdem gibt es inzwischen ausreichend Beweise dafür, dass diese Halsbänder gefährlich sind, selbst wenn man sie korrekt einsetzt.

Glücklicherweise ist das Hundetraining in den letzten Jahren immer ausgereifter geworden und hat weit harmlosere Hilfsmittel für den ziehenden Hund hervorgebracht. Die beiden Hauptkategorien sind:

- Kopfhalfter oder auch Haltis, die der Hund zusätzlich zum Halsband am Kopf trägt. Sie werden mit einer zusätzlichen Leine verbunden und helfen, den Kopf des Hundes zu führen.
- Brustgeschirre, die auf den gesamten Brustkorb des Hundes einwirken und nicht nur auf den Hals.

Es gibt beides von einer Reihe von Herstellern, und man kann sie in fast jedem Zoofachgeschäft kaufen. Ich will kurz die Vor- und Nachteile von beidem auflisten:

	Kopfhalfter	Brustgeschirr
Grad der Kontrolle	Erhebliche Reduktion des Ziehens bei den meisten Hunden; besonders gute Kontrolle des Hundekopfes	Mittlere Reduktion des Ziehens
Anpassung	Braucht eine sorgfältige, individuelle erste Anpassung an den Hund	Braucht eine sorgfältige, individuelle erste Anpassung an den Hund
Akzeptanz durch den Hund	Die meisten Hunde brauchen eine Eingewöhnungsphase. Einige Hunde hassen das Kopfhalfter.	Die meisten Hunde akzeptieren das Geschirr sofort.
Akzeptanz durch den Besitzer	Für das ungeübte Auge sieht es aus wie ein Maulkorb. Die Eingewöhnungsphase bringt viele Besitzer zum Aufgeben.	Den meisten Besitzern gefällt es.

Es gibt Unterschiede zwischen den einzelnen Marken. Am besten verschaffen Sie sich im Internet einen ersten Überblick, wie welches Produkt an einem Hund aussieht. Dann schauen Sie sich noch einmal die obige Tabelle an und gehen in ein Fachgeschäft, um sich die Hilfsmittel direkt anzusehen und eventuell Ihrem Hund anzuprobieren. Kaufen Sie das, was Ihnen am besten gefällt, und probieren Sie es aus. Wenn Sie damit nicht zurechtkommen, tauschen Sie es. Das erste Anpassen des Brustgeschirrs kann mühsam sein. Aber zum Glück müssen Sie es ja nur ein Mal machen. Wenn Sie eine Hundeschule besuchen oder private Trainerstunden nehmen, sollte Ihr Trainer in der Lage sein, Ihnen dabei zu helfen. Ein Halti sollten Sie nicht einsetzen, ohne sich den korrekten Gebrauch vorher von einem Profi (Trainer) zeigen zu lassen. Es erfordert einiges Geschick, die beiden Leinen an Halti und Halsband gleichzeitig zu händeln. Lassen Sie das Halti niemals am Hund, wenn er nicht an der Leine ist. Für beide Hilfsmittel gilt: Sie müssen richtig sitzen, um effektiv wirken zu können. Zudem sollte der Hund immer auch sein Halsband mit Marke tragen, damit er jederzeit identifiziert werden kann.

TEIL DREI:
Erhalten und verbessern

In diesem Teil geht es darum, die Verhaltensweisen, die Sie bis hierhin mit Ihrem Hund trainiert haben, auf die nächste Stufe zu heben: Wir lehren den Hund, verbale Kommandos zu unterscheiden – was faszinierend, aber auch höllisch schwer ist –, und Schlüsselverhaltensweisen in verschiedenen Situationen sicher zu zeigen – was für Hunde schwieriger ist, als die meisten Leute denken. Außerdem stellen wir sicher, dass Sie das bisher Erreichte nicht wieder verlieren, sondern die Trainingsergebnisse erhalten bleiben.

- **Neue Kombinationen**
    Unterscheidung der Positionen
    Augen offen halten für Verbesserungen

- **Neue Wege gehen**
    Das Training verändern (neue Trainer?)
    Den Trainingsort verändern
    Unter Ablenkung trainieren

- **Zusammenführung**

- **Erhalten der Trainingsergebnisse**

Wenn Sie diesen Teil abgeschlossen haben, können Sie sich u.a. auf diese Vorteile freuen:

- Sie erhalten aus erster Hand einen gründlichen Eindruck über zwei Eigenarten des hundlichen Lernverhaltens:
    Sogar ein ganz gut erzogener, motivierter Hund rät nur, was das gewünschte Verhalten ist. Das Erlernen der verbalen Unterscheidung von Kommandos wird ihm hier Sicherheit bringen.

    Hunde generalisieren nicht sonderlich gut. Wenn Sie einen Teil im Training verändern – ein anderer Ort, eine andere Person gibt die Kommandos – kann das das gesamte Erlernte über den Haufen werfen.

- Sie haben eine Qualitätskontrolle und den Vorteil, dass sie verlässlicheres Verhalten für weniger Belohnungen erwarten können.

8. KAPITEL

NEUE KOMBINATIONEN

Bis hierhin haben Sie die Positionen Sitz und Platz getrennt voneinander trainiert und verfeinert, was auch die beste Art ist, sie einem Hund beizubringen. Nun können Sie jedoch ein weiteres Puzzleteilchen hinzufügen: Sie bringen Ihrem Hund bei, die beiden verbalen Kommandos auseinanderzuhalten. Wie offensichtlich es für Sie auch sein mag, dass »Sitz« gleich Sitz bedeutet und »Platz« Platz heißt, sobald Sie anfangen, die beiden Kommandos zu mischen, anstatt sie in getrennten Sequenzen zu üben, fangen die meisten Hunde an zu raten!

Wenn Ihnen die perfekte Unterscheidung zwischen Sitz, Platz und Steh nicht wichtig ist, machen Sie gleich mit Kapitel 9, »Neue Wege gehen«, auf Seite 107 weiter.

UNTERSCHEIDUNG DER POSITIONEN

Unten sind eine Reihe von Positionswechseln aufgeführt. Ein Sitz aus dem Platz ist ein Wechseln, genau wie ein Platz aus dem Stand. Von jetzt an gibt es kein schlichtes Sitz oder einfaches Platz mehr. Jede Position erfolgt ab sofort aus einer anderen Position heraus. Es gibt also vier mögliche Positionswechsel:

1. Sitz aus dem Stand
2. Sitz aus dem Platz
3. Platz aus dem Sitz
4. Platz aus dem Stand

Soll das etwa heißen, nach all den Trainingseinheiten rät mein Hund einfach nur?

Ja! Auch wenn ein kleiner Prozentsatz an Hunden bei der ersten Übung zu Positionswechseln auf Anhieb fast alles richtig macht (es gibt einen berühmten Hund in Deutschland, der ein Einstein ist in der Unterscheidung von Wörtern), werden die meisten Hunde einfach nur raten, besonders bei allen Positionswechseln, die aus dem Stand heraus erfolgen.

Es scheint, als ob das verbale Kommando für den Hund nur Blah-Blah ist und er sich denkt: »Okay, ich soll mich anscheinend entweder hinsetzen oder legen, also mal sehen, wie es hiermit ausschaut ...« Darauf legt er sich ungerührt hin, ungeachtet der Tatsache, dass Ihr verbales Blah-Blah ihm den Hinweis auf die richtige Verhaltensweise gegeben hat. Wir Menschen sind sehr darauf disponiert, auf das gesprochene Wort zu achten. Aus diesem Grund fällt es uns oft schwer, uns vorzustellen, dass Hunde, die uns in ihren Gefühlen doch so ähnlich sind, überhaupt keinen Sinn für Sprache haben. Hunde können lernen, dass bestimmte Wörter Vorboten für bestimmte Ereignisse sind, wie »Gassi gehen« für den Spaziergang. Aber wenn es um die Unterscheidung von Wörtern geht, wie hier beim Positionswechsel, wo Ihr Hund es doch so gerne auf Anhieb richtig machen möchte, damit er seine Belohnung bekommt, können Sie erkennen, wie schwer es ihm fällt. Bevor sie lernen, auf das gesprochene Wort zu hören, fangen die meisten Hunde auf Basis eines oder mehrerer der folgenden Faktoren erst einmal an zu raten:

1. **Das Letzter-Trick-Syndrom:** Wofür bin ich in letzter Zeit viel belohnt worden? Wenn von den letzten achtzig Belohnungen, die Ihr Hund bekommen hat, fünfundvierzig für das Ausführen des Platz aus dem Stand waren, wird Ihr Hund sich daran erinnern und sich vielleicht dafür entscheiden, sich aus dem Stand ins Platz zu legen. Frei nach dem Motto: »Im Zweifel das machen, was Frauchen in letzter Zeit am häufigsten haben wollte.« Deshalb passiert es auch immer wieder, dass Hunde erst einmal den Trick oder das Kommando zeigen, das man in den letzten Tagen am häufigsten geübt hat, egal, was für einen Befehl man ihnen gibt.
2. **Die übliche Reihenfolge der Ereignisse:** Hunde sind sehr gut darin, Muster zu erkennen. Wenn Sie immer die gleiche Reihenfolge von Sitz, Platz, Sitz, Steh, Platz, Sitz üben, wird ihr Hund dieses Muster lernen und es vermutlich bereits nach Geben des ersten Kommandos komplett einmal durchgehen. Das ist der Grund dafür, warum man öfter Hunde ein ganzes Programm abspielen sieht, nachdem man ihnen nur einen einzigen Befehl gegeben hat. Jemand sagt »Sitz« und der Hund sitzt, gibt Pfötchen, bellt und spielt tot. Genau aus diesem Grund habe ich die Reihenfolge in der folgenden Übungstabelle auch so willkürlich wie möglich gewählt.
3. **Bevorzugtes Verhalten:** Aus Gründen, die so individuell sind wie das Aussehen und die Persönlichkeit von Hunden, mögen einige Hunde Sitz lieber als Platz oder umgekehrt, was sie in ihrer Entscheidungsfindung beeinflusst.

UNTERSCHEIDUNG DER POSITIONEN I

1. Üben Sie die Positionswechsel in der Reihenfolge der unten aufgeführten Tabelle. Für jeden Positionswechsel geben Sie das verbale Kommando, warten eine bis zwei Sekunden und geben dann erst das Handzeichen.
2. In der ersten Runde belohnen wir für die korrekte Ausführung entweder des verbalen Kommandos oder des Handzeichens. Also auch wenn Ihr Hund auf das Hörzeichen gar nichts oder etwas Falsches macht, locken Sie ihn mit dem Handzeichen in die richtige Position, loben ihn und (ganz wichtig!) füttern ihn dort an.
3. Weil wir den Befehl Steh nicht geübt haben – kaum jemand benutzt dieses Kommando im Hundetraining – gilt: Wenn Sie das Wort »Reset« sehen, gehen Sie einfach ein paar Schritte und bringen Ihren Hund so dazu, aufzustehen, um sich für den nächsten Versuch vorzubereiten.

Unterscheidung der Positionen I

Positionswechsel	Hörte auf verbales Kommando (Kreis um das V) oder auf das Hörzeichen (Kreis um das H)	Positionswechsel	Hörte auf verbales Kommando (Kreis um das V) oder auf das Hörzeichen (Kreis um das H)
Platz aus dem Stand	(V) H	Sitz aus dem Stand	V H
Sitz aus dem Platz	V (H)	Platz aus dem Sitz	V H
Platz aus dem Sitz	(V) H	Sitz aus dem Platz	V H
Reset	Bringen Sie den Hund in den Stand	Platz aus dem Stand	V H
Sitz aus dem Stand	(V) H	Reset	Bringen Sie den Hund in den Stand

Platz aus dem Sitz	(V)　　H	Platz aus dem Stand	V　　H
Sitz aus dem Platz	V　　(H)	Sitz aus dem Platz	V　　H
Reset	*Bringen Sie den Hund in den Stand*	Reset	*Bringen Sie den Hund in den Stand*
Platz aus dem Stand	V　　H	Sitz aus dem Stand	V　　H
Sitz aus dem Platz	V　　H	Reset	*Bringen Sie den Hund in den Stand*
Reset	*Bringen Sie den Hund in den Stand*	Sitz aus dem Stand	V　　H
Sitz aus dem Stand	V　　H	Platz aus dem Sitz	V　　H
Reset	*Bringen Sie den Hund in den Stand*	Reset	*Bringen Sie den Hund in den Stand*
Platz aus dem Stand	V　　H	Platz aus dem Stand	V　　H
Reset	*Bringen Sie den Hund in den Stand*	Belohnung für den Trainer –	das war nicht einfach

Gehen Sie zur nächsten Übung weiter, wenn Ihr Hund die gesamte Tabelle ohne einen einzigen Fehler meistert. Denken Sie dran, im Moment ist das Befolgen von sowohl Hör- als auch Handzeichen noch in Ordnung.

UNTERSCHEIDUNG DER POSITIONEN II

1. Üben Sie noch einmal die Reihenfolge der obigen Tabelle.
2. Geben Sie das verbale Kommando und warten Sie ein paar Sekunden.
3. Wenn Ihr Hund die richtige Position einnimmt, loben und belohnen Sie ihn.
4. Wenn Ihr Hund die falsche Position einnimmt oder gar nichts tut, sagen Sie »Schade«, drehen sich um und gehen ein paar Schritte, bevor Sie von vorne anfangen.
5. Führen Sie sorgfältig Buch darüber, wie oft Ihr Hund das verbale Kommando richtig befolgt.

Unterscheidung der Positionen II

Positionswechsel	Richtig auf verbales Kommando (O für ja und x für nein)	Positionswechsel	Richtig auf verbales Kommando (O für ja und x für nein)
Platz aus dem Stand	O	Sitz aus dem Stand	
Sitz aus dem Platz	x	Platz aus dem Sitz	
Platz aus dem Sitz	O	Sitz aus dem Platz	
Reset	*Bringen Sie den Hund in den Stand*	Platz aus dem Sitz	
Sitz aus dem Stand	O	Reset	*Bringen Sie den Hund in den Stand*
Platz aus dem Sitz	O	Platz aus dem Stand	
Sitz aus dem Platz	x	Sitz aus dem Platz	
Reset	*Bringen Sie den Hund in den Stand*	Reset	*Bringen Sie den Hund in den Stand*

Platz aus dem Stand		Sitz aus dem Stand	
Sitz aus dem Platz		*Reset*	*Bringen Sie den Hund in den Stand*
Reset	*Bringen Sie den Hund ein den Stand*	Sitz aus dem Stand	
Sitz aus dem Stand		Platz aus dem Sitz	
Reset	*Bringen Sie den Hund in den Stand*	*Reset*	*Bringen Sie den Hund in den Stand*
Platz aus dem Stand		Platz aus dem Stand	
Reset	*Bringen Sie den Hund in den Stand*	Belohnung für den Trainer	das war nicht einfach

UNTERSCHEIDUNG DER POSITIONEN III: Schwachpunkte ausmerzen
1. Sehen Sie sich die von Ihnen ausgefüllten Tabellen genau an, um zu erkennen, bei welchen Positionswechseln Ihr Hund noch Schwächen hat. (Z.B. scheint der obige fiktive Hund Schwierigkeiten beim Sitz aus dem Platz zu haben.)
2. Notieren Sie sich die schwachen Positionswechsel Ihres Hundes (so er welche hat).
3. Üben Sie ein paar Mal hintereinander ausschließlich diesen Positionswechsel mit dem verbalen Kommando.
4. Wenn Ihr Hund von fünf Wiederholungen zwei oder weniger richtig macht, geben Sie ihm zwei Sekunden, nachdem Sie das verbale Kommando gegeben haben, ein ganz kleines Handzeichen zur Unterstützung. Hier ist ein Beispiel anhand von Sitz aus dem Platz.

Positionswechsel	Richtig auf verbales Kommando? (0 für ja und x für nein)
Sitz aus dem Platz	x
Sitz aus dem Platz	x
Sitz aus dem Platz	x
Sitz aus dem Platz	0
Sitz aus dem Platz	x
Summe korrekter Ausführungen	Eine von fünf – zurück

Sie gehen einen Schritt zurück:

Positionswechsel	Richtig auf winziges Handzeichen? (0 für ja und x für nein)
Sitz aus dem Platz	0
Sitz aus dem Platz	0
Sitz aus dem Platz	x
Sitz aus dem Platz	0
Sitz aus dem Platz	0
Summe korrekter Ausführungen	Vier von fünf – Noch einmal

Nun führen Sie dieselbe Übung noch einmal durch, aber achten Sie genau darauf, wie oft Ihr Hund sich auf das kleine Handzeichen setzt und wie oft er es schon nach dem verbalen Kommando tut. Das bedeutet, dass Sie immer noch Sitz belohnen, für die das Handzeichen benötigt wurde, aber gleichzeitig behalten Sie im Kopf, wie viele Ihr Hund richtig gehabt hätte, wenn er nur auf das verbale Kommando hätte hören sollen. Das könnte dann so aussehen:

Positionswechsel	Richtig auf winziges Handzeichen? (O für ja und x für nein)	Hund setzt sich auf verbales Kommando? (O für ja und x für nein)
Sitz aus dem Platz	O	x
Sitz aus dem Platz	O	x
Sitz aus dem Platz	O	x
Sitz aus dem Platz	O	x
Sitz aus dem Platz	O	O
Summe korrekter Ausführungen	Fünf von fünf – vor	Eins von fünf – noch eine Runde mit kleinem Handzeichen

AUGEN OFFEN HALTEN FÜR VERBESSERUNGEN

Wie Sie sehen, reagiert der obige Hund fünf von fünf Malen auf das kleine Handzeichen, was eigentlich bedeutet, dass man einen Schritt weitergehen sollte. Aber nur einmal war der Hund schneller als das Handzeichen, sprich, er hat sich gesetzt, bevor das Handzeichen gegeben wurde. Wenn der Trainer jetzt den Schwierigkeitsgrad erhöht und ganz auf die Handzeichen verzichtet, wird er sehr wahrscheinlich nur eine Rate von einer, vielleicht zwei richtigen Ausführungen erhalten. Es ist einfach noch zu schwer für den Hund. Ich tue in solchen Moment etwas, das ich »Vorausschauen« nenne: Ich merke mir, wie viele Punkte der Hund auf der nächsten Schwierigkeitsstufe bekommen hätte. Offiziell belohnen Sie das Sitz aus dem Stand nach einem kleinen Handzeichen, aber gleichzeitig halten Sie die Augen offen für die Reaktion Ihres Hundes auf das verbale Kommando, welches Ihr nächster Schritt in den Übungen ist. Man kann nicht immer vorausschauen, weil manche Übungen keine Möglichkeit für eine Über- und Untererfüllung bieten. Aber eine Übung wie diese – verbales Kommando gefolgt von einem Handzeichen – erlaubt Ihnen zu sehen, wie gut Ihr Hund schon auf das verbale Kommando alleine reagieren würde. Stellen Sie es sich als Blick in die Kristallkugel vor, der Ihnen verrät, wie das Ergebnis auf dem nächsten Schwierigkeitsgrad aussehen würde.

Was aber macht ein guter Trainer mit einem Ergebnis wie dem obigen? Der Hund versteht das kleine Handzeichen, aber es scheint zu früh für einen Wechsel zum alleinigen verbalen Signal (das endet nur damit, dass Sie wieder einen Schritt zurückgehen müssten). Ein guter Trainer würde die Übung nun teilen und eine Sequenz einfügen, die zwischen beiden Schwierigkeitsgraden liegt. Die offensichtlichste Teilung wäre, ein noch kleineres Handzeichen zu nehmen. Versuchen Sie das einmal für den problematischen Positionswechsel – und halten Sie dabei die Augen auf, wie oft Ihr Hund auf das verbale Kommando alleine reagiert.

Eine Alternative ist es, die Zeit zwischen dem verbalen Kommando und dem Abbruch des Versuchs zu verlängern. Damit kann der Hund länger überlegen, bevor Sie »Schade« sagen und weggehen.

Eine weitere Möglichkeit ist, in einer Übungssequenz zwischen verbalen Kommandos, denen Handzeichen folgen, und welchen, denen keine Handzeichen folgen, zu wechseln. Das folgende Beispiel dehnt die Denkpause (DP) für den Hund auf fünf Sekunden aus und wechselt zwischen Handzeichen (HZ) und rein verbalen Kommandos. So könnte das Ergebnis für Ihren Hund aussehen:

Problematischer Positionswechsel	Korrekt ausgeführt? (O für ja und x für nein)	Vor dem Handzeichen ausgeführt? (O für ja und x für nein)
Verbal gefolgt von kleinem HZ	O	x
Verbal alleine mit 5 Sekunden DP	x	
Verbal gefolgt von kleinem HZ	O	O
Verbal alleine mit 5 Sekunden DP	O	
Verbal gefolgt von kleinem HZ	O	x
Verbal alleine mit 5 Sekunden DP	x	
Verbal gefolgt von kleinem HZ	O	O
Verbal alleine mit 5 Sekunden DP	O	
Verbal gefolgt von kleinem HZ	O	O
Verbal alleine mit 5 Sekunden DP	O	
Summe richtig mit kleinem HZ	Fünf aus fünf	
Summe richtig verbal alleine	Drei von fünf	
Summe ausgeführt vor HZ	Drei von fünf	

Dieses Ergebnis rechtfertigt ein Vorrücken auf den nächsten Schwierigkeitsgrad, auf dem nur noch mit dem verbalen Kommando gearbeitet wird, denn der Hund hat fünf von fünf bei der einfacheren Variante (mit Handzeichen) und drei von fünf bei der schwierigeren Version geschafft. Außerdem ist er dem Handzeichen drei Mal zuvor gekommen. Wenn das ein rein verbaler Übungsablauf gewesen wäre, hätte der Hund also drei von fünf Malen richtig ausgeführt, was ein Fall für »noch einmal« wäre.

So halten Sie alle Bälle in der Luft

Wenn Sie den problematischen Positionswechsel mit den obigen Übungen in den Griff bekommen haben, ist es an der Zeit, ihn wieder in den ganz normalen Trainingsablauf mit allen vier Positionswechseln zu integrieren. Und nun kann etwas Interessantes passieren: Ihr Hund wird jetzt vielleicht den zuvor problematischen Positionswechseln hervorragend meistern, aber bei anderen Wechseln, die bisher gut liefen, schwächeln. Das liegt daran, dass Sie sich intensiv der einen Übung gewidmet haben, was das allgemeine Ergebnis beeinträchtigen kann. Da kann man schon mal das Gefühl bekommen, das Üben von Kommandounterscheidungen ähnelt dem Jonglieren mit drei Bällen auf einem Einrad. Sobald das eine funktioniert, wird das andere wackelig und umgekehrt. Hier hebt das »Letzter-Trick-Syndrom« sein hässliches Haupt, was aber bei diesem Trainingsstand ganz normal ist. Machen Sie sich also keine Sorgen. Mit ein bisschen Übung halten Sie schon bald alle Bälle gleichzeitig in der Luft.

SO MACHT DAS UNTERSCHEIDEN SPASS

POSITION DES TRAINERS
Wenn Sie einen spaßigen Blick in den Kopf Ihres Hundes werfen wollen, dann nehmen Sie beim Training eine andere Position ein als bisher. Wenn Sie bislang gestanden haben, setzen Sie sich jetzt in einen Sessel und geben verschiedene verbale Kommandos. Diese neue Position von Ihnen wird Ihren Hund mit großer Wahrscheinlichkeit total aus der Bahn werfen. Aber bitte verzweifeln Sie nicht, sondern staunen Sie erst einmal: Sie verstehen das Wort »sitz« egal ob der Sprecher sitzt, steht oder ein Rad schlägt. Ihnen ist sofort klar, dass der wichtigste Teil des Gesamtpakets das Wort ist, und nicht die Stellung, die die sprechende Person eingenommen hat. Für Ihren Hund hingegen gehört das alles zu dem Gesamtbild, das er verinnerlicht hat: das verbale Kommando und die Position, die Sie einnehmen, während Sie es geben. Wenn Sie an diesem Gesamtbild nun etwas ändern, ist das so, als wenn das Wort nicht mehr das Gleiche ist wie vorher. Es ist ein bisschen, als würde ich sagen »sids«, und Sie denken, »Hm, das kommt mir bekannt vor. Ich denke, dass es 'sitz' heißen könnte, bin mir aber nicht sicher ...« Aus diesem Grund werden wir auch bald schon anfangen, neue Trainer und neue Trainingsorte einzuführen. Hund sind wirklich faszinierende Lebewesen.

Das Zweite, was Sie tun können, anstatt deprimiert zu sein, ist ein paar der früheren Schritte im Lernprozess zu wiederholen. Führen Sie eine Reihe Übungen mit schön deutlichen Handzeichen und ganz viel Lob und Leckerchen durch. Dann folgt ein Durchgang mit kleinen Handzeichen. Danach fügen Sie die verbalen Kommandos hinzu. Und auch wenn Ihr Hund Sie erst nicht verstanden hat, nachdem Sie ihre Position geändert haben – achten Sie einmal darauf, wie er jetzt nach nur ein paar Wiederholungen auf dem gewünschten Level ankommt, ohne dass Sie alles noch einmal ganz von vorne in kleinen Schritten üben müssen.

AUF DEM BODEN LIEGEN
Nachdem Ihr Hund nun also auf Ihre gesprochenen Kommandos reagiert, wenn Sie in einem Sessel sitzen, versuchen Sie es mal, indem Sie sich auf den Boden legen. Die meisten Hunde finden das ganz großartig und fangen sofort an, Ihr Gesicht abzulecken oder mit Ihnen zu spielen. Einige Hunde finden es auch unheimlich, wenn sie Sie noch nie zuvor in dieser Position gesehen haben. Wenn Ihr Hund zurückschreckt, lassen Sie ihm ein paar Minuten Zeit, sich an das neue Bild zu gewöhnen, und versuchen Sie es dann mit ein paar Kommandos. Wenn er nur Ihr Gesicht leckt, lassen Sie ihn das eine Minute tun und fangen dann an, Kommandos zu geben.

Der Wiederholungsprozess ist hier ein wenig anders, da es in dieser Position schwierig ist, richtige Handzeichen zu geben. Der Schlüssel liegt darin, dass das unbekannte Signal (das Sie im Liegen geben) ein bereits bekanntes Signal, nämlich das Handzeichen, vorhersagt. Sie tun also Folgendes, während Sie auf dem Boden liegen:

1. Geben Sie das verbale Kommando für Sitz oder Platz.
2. Warten Sie zwei Sekunden.
3. Wenn Ihr Hund das Kommando befolgt, loben und belohnen Sie ihn. Sie können sich aus Ihrem »Platz« bewegen, um seine Position anzufüttern. Wenn Ihr Hund seine Position aufgrund Ihrer Bewegung verlässt, bringen Sie ihn einfach noch einmal ins Sitz/Platz, bevor Sie ihn belohnen. Übrigens Hut ab für Sie beide, wenn Ihr Hund das so schnell richtig macht.
4. Wenn Ihr Hund das Kommando nicht befolgt, richten Sie sich gerade so weit auf, dass Sie ein gut lesbares Handzeichen geben können. Mit großer Wahrscheinlichkeit wird er darauf reagieren.
5. Belohnen Sie ihn, auch wenn Sie eine kleine Hilfestellung geben mussten.

Üben Sie so lange, bis Ihr Hund flüssige Positionswechsel ausführt, während Sie auf dem Boden liegend verbale Kommandos geben.

RÜCKEN ZUM HUND
Eine weitere lustige Variante ist es, sich mit dem Gesicht voran in eine Ecke zu stellen, so dass Ihr Hund sich hinter Ihnen befindet. Das gibt Ihnen einen weiteren Einblick, wie sein Gehirn funktioniert. Er wird anfangs höchst irritiert sein. Das »Bild« Ihres Rückens unter-

scheidet sich enorm von dem »Bild«, das die meisten von uns im Training bieten, nämlich stehend, den Hund in einem sechzig Grad Radius ein paar Meter entfernt. Sobald Sie irgendeinen dieser Faktoren ändern, haben Sie das, was wir eine Generalisierungs-Herausforderung nennen. Und auch hierbei liegt der Schlüssel, dem Hund das verbale Kommando beizubringen, darin, mit einem Kommando ein Signal anzukündigen, das Ihr Hund bereits gut kennt. Deshalb sähe der Trainingsaufbau hier wie folgt aus:

1. Geben Sie das verbale Kommando in der Ecke, ohne Ihren Kopf zu drehen.
2. Warten Sie zwei Sekunden und belohnen Sie Ihren Hund sofort, wenn er es ausführt.
3. Nach zwei Sekunden drehen Sie sich um und geben das Handzeichen für die Position, die Sie eben angekündigt haben.
4. Belohnen Sie Ihren Hund für die Ausführung, auch wenn Sie helfen mussten.
5. Wiederholen Sie so lange, bis es problemlos funktioniert.

9. KAPITEL

NEUE WEGE GEHEN

In diesem Abschnitt geht es darum, das Gelernte zu generalisieren. Gehorcht der Hund auch bei einer fremden Person, wie einem Familienmitglied, das nicht am bisherigen Training teilgenommen hat, oder an neuen Orten? Hunde sind sehr sensibel, was solche Veränderungen angeht. Viel sensibler, als wir es sind. Sie werden staunen, wie das erlernte Verhalten Ihres Hundes vollkommen verschwinden kann, wenn Sie einfach nur in einem anderen Raum Ihres Zuhauses üben.

TRAININGSVERANTWORTUNG ÜBERTRAGEN

In vielen Unterordnungs-Kursen und auf den Hundeplätzen hört man immer wieder, wie wichtig Beständigkeit ist, und dass alle Familienmitglieder am Training teilnehmen sollen. Doch in der Wirklichkeit ist es meiner Erfahrung nach meist so, dass eine Person im Haushalt am leidenschaftlichsten an die Sache herangeht und schlussendlich diejenige ist, die die ganze Arbeit leistet. Es kann sogar kontraproduktiv sein, wenn man versucht, die Trainingseinheiten und Verantwortlichkeiten aufzuteilen. Je mehr Menschen beteiligt sind, desto langsamer geht es voran – ein Phänomen, das wir aus jedem Komitee kennen. Und auch wenn mehrere Trainingspartner die Erfolge nicht unbedingt unterminieren müssen, ist es vollkommen in Ordnung, erst einmal nur einen Trainer zu haben, der die Hauptarbeit leistet und die Verantwortung übernimmt, und weitere Personen erst später einzuführen. Man muss nur die entsprechenden Tricks dafür kennen.

Ab und zu gibt es Hunde, die problemlos alles Gelernte auf jede Person übertragen, die Ihnen Kommandos gibt. Aber die meisten Hunde benötigen ein paar Transfer-Übungen vorab. Das liegt daran, dass Hunde, was Ihr Lernverhalten angeht, sehr fallspezifisch orientiert sind. Das hat zwei Auswirkungen:

- Hunde lernen sehr schnell, wann – und von wem – es wirkliche Konsequenzen gibt und wann nicht. Jeder, der möchte, dass ein Hund auf ihn reagiert, muss anfangen, sich in den Augen des Hundes stark mit Konsequenzen zu verknüpfen.
- Ihr Hund »liest« ein Kommando von einer Person, die bisher nicht mit ihm gearbeitet hat, vielleicht nicht, weil es anders aussieht oder klingt als bei dem bisherigen Trainer.

Die folgende Übung wird sich der beiden Seiten des fallspezifischen Lernverhaltens der Hunde widmen: Der Motivation und dem Verständnis, also dem *warum* und dem *wie* des Hundetrainings.

TRANSFER-TRAINING I
1. Achten Sie darauf, dass es bei Ihnen zu Hause einigermaßen ruhig ist. Dann stellt die neue Person sich irgendwo in Ihre Nähe. Geben Sie ihr den Großteil der Futterbelohnung in dem Leckerlibeutel oder einer kleinen Plastiktüte.

2. Gehen Sie mit dem Hund jetzt alle Basiskommandos durch: Sitz, Platz, Steh, Lass es, Komm, sowie das Abrufen von Futter auf dem Tisch und eine kurze Tour an lockerer Leine durch ein paar ausgelegte Futterbrocken. Belohnen Sie anfangs jedes korrekt ausgeführte Verhalten und zeigen Sie der neuen Person, wie Sie die Position des Hundes anfüttern. Das wird die erste Aufgabe des neuen Trainers sein. Nach ein paar Aufwärmübungen sagen Sie jedes Mal »belohnen« oder »jetzt«, sodass die neue Person die Belohnung zur richtigen Zeit geben kann.

Sie geben die Kommandos, Sie treffen die Entscheidungen, wann belohnt wird, aber der Neue übernimmt die tatsächliche Belohnung. Bringen Sie dem neuen Trainer so gut wie möglich bei, wie man die Position anfüttert, aber vermeiden Sie es, ihn dabei herumzukommandieren oder rechthaberisch zu sein, das schadet nur. »Nein! Doch nicht so, sondern SO!« ist für jemanden, der etwas zum ersten Mal versucht, nicht gerade ermutigend – und wird selten zu einem zweiten Versuch führen. Ihre oberste Priorität liegt darin, dem neuen Trainer zu vermitteln: Hundetraining ist ein Kinderspiel.
3. Machen Sie das für fünf Minuten, danken Sie dem neuen Trainer und verabreden Sie gleich einen neuen Termin für den nächsten Tag.

TRANSFER-TRAINING II
1. Statten Sie die neue Person wieder mit Leckerchen aus, wie in Transfer-Training I. Dieses Mal lassen Sie aber ihn die Kommandos Sitz und Platz geben und ihn auch entscheiden, wann er belohnt und wie er die Position anfüttert.
2. Konzentrieren Sie sich bei Ihrem Coaching auf zwei Dinge:
    - Bestätigen Sie den neuen Trainer darin, großzügig mit den Leckerchen zu sein und den Hund jedes Mal zu belohnen, wenn er etwas richtig gemacht hat. (»Belohne ihn jetzt ... sehr gut.«)
    - Bestätigen Sie den Trainer jedes Mal, wenn er im richtigen Moment die Position anfüttert. (»Perfekt – er erhält seine Belohnung im Sitz.«) Wenn er versäumt, die Position anzufüttern, sagen Sie nichts.
3. Nach ein paar Minuten bedanken Sie sich wieder und machen einen neuen Termin aus.

TRANSFER-TRAINING III
1. Versorgen Sie den Trainer mit Leckerchen und lassen Sie ihn den Hund mit ein paar Sitz und Platz aufwärmen. Loben Sie, wenn er die Position richtig anfüttert. (»Oh, das war ein gutes Anfüttern der Position.«)
2. Fragen Sie ihn, ob er es mit einem Bleib versuchen möchte. Wenn er sagt, klar, zeigen Sie ein Bleib mit einmaligem Umkreisen und füttern Sie die Position am Ende an. Dann laden Sie den Trainer ein, es zu versuchen. Sollte er von Anfang an ablehnen, bleiben Sie erst einmal bei Sitz und Platz.
3. Wenn der Hund seine Position verlässt, wenden Sie sich an ihn, nicht an den Trainer (»Schade. Du musst dein Bleib für Richard genau so halten wie für mich.«), um zu zei-

gen, dass der Hund einen Fehler gemacht hat, und nicht der Trainer. Ermutigen Sie den Trainer, es noch einmal zu versuchen (»Das ist wirklich wichtig für den Hund, aber dem Buch zufolge ist es auch nicht ganz einfach.«). Fordern Sie ihn auf, am Ende der ersten erfolgreichen Durchführung die Position noch einmal ausgiebig anzufüttern.
4. Zeigen Sie dem neuen Trainer ein zweifaches Umrunden (einmal links herum, einmal rechts herum) und lassen Sie es ihn ebenfalls versuchen. Wenn es geklappt hat, gönnen Sie sich gemeinsam einen Piccolo.

Jetzt ist ein guter Zeitpunkt, um den neuen Trainer zu fragen, ob er Lust hätte, mit dem Hund die Kommandos durchzugehen, wenn Sie selber mal nicht im Haus sind. Bereiten Sie einen schönen Beutel mit frischen Leckerchen vor und sagen Sie ihm, dass das alles weg muss. Dann gehen Sie und lassen die beiden alleine. Wenn Sie wiederkommen, fragen Sie, wie es gelaufen ist. Wenn Ihr neuer Trainer berichtet, dass es gut lief, oder wenigstens okay, sagen Sie »Wow«. Wenn er nicht geübt hat, sagen Sie nichts.

VERÄNDERUNG DER TRAININGSUMGEBUNG

Abgesehen von dem offensichtlichen Vorteil, einen Hund zu haben, der überall gehorcht, und nicht nur da, wo Sie mit ihm trainiert haben, schenkt das Üben an unterschiedlichen Orten Ihnen einen unschätzbar wertvollen Einblick, wie das Gehirn Ihres Hundes im Unterschied zu Ihrem arbeitet. Außerdem hat es den Effekt, dass das erlernte Verhalten weiter gefestigt wird.

UMGEBUNG I
1. Bitten Sie einen Freund oder ein Familienmitglied, Ihnen sein Haus für eine fünfzehnminütige Übungseinheit zur Verfügung zu stellen. Am besten wählen Sie jemanden, der keine eigenen Haustiere hat, und möglichst ein Haus oder eine Wohnung, in der Ihr Hund zuvor noch nie gewesen ist. Bringen Sie Ihrer Freundin ein kleines, unerwartetes Geschenk mit. Sie tut Ihnen wirklich einen großen Gefallen.
2. Stellen Sie sicher, dass Ihr Hund alle seine Geschäfte erledigt hat, bevor sie zu Ihrer Freundin gehen. Sogar eigentlich stubenreine Hunde generalisieren nicht immer perfekt auf neue Umgebungen – die gleiche Generalisierung, die Sie mit diesem Training erreichen wollen, gilt auch für die Stubenreinheit.
3. Haben Sie einen gut gefüllten Leckerlibeutel dabei. Lassen Sie den Hund die ersten fünf, sechs Minuten ohne Leine im Haus herumwandern, um sich ein wenig einzuleben. Schließen Sie die Türen zu allen Räumen, die er nicht betreten soll, aber lassen Sie ihn ansonsten ohne Überwachung in Ruhe die Umgebung erkunden. Wir wollen, dass die Neuartigkeit etwas abnimmt, und das geht am besten, wenn er ohne Leine frei herumlaufen kann.
4. Nach fünf oder sechs Minuten rufen Sie den Hund zu sich. Wenn er kommt, belohnen Sie ihn reichlich, dann ignorieren Sie ihn. Wenn er in Ihrer Nähe bleibt (er fängt vielleicht an, Ihnen wahllos irgendwelche Kommandos zu zeigen – das wäre sehr gut),

fahren Sie mit dem Training fort. Wenn er nicht kommt, oder kommt, die Belohnung einstreicht und wieder geht, machen Sie sich keine Sorgen. Geben Sie ihm noch einmal fünf Minuten und versuchen Sie es erneut.
5. Sobald er an Ihnen interessiert ist, gehen Sie mit ihm einmal alle Grundkommandos durch, und zwar in der folgenden Reihenfolge:
   - Sitz und Platz in wahlloser Reihenfolge.
   - Bleib mit Umkreisen, sowohl im Sitz als auch im Platz.
   - An lockerer Leine durch verstreute Leckerchen gehen.
   - Abruf von Leckerchen auf dem Tisch.

Seien Sie bereit, jederzeit einen Schritt zurückzugehen, vor allem am Anfang. Wenn Sie Handzeichen einsetzen müssen, machen Sie sich keine Sorgen. Wenn Sie die Bleibs mit Umkreisen nur schrittweise durchführen können, tun Sie es. Es ist extrem wichtig, dass Sie auf dem Level des Hundes arbeiten. Seien Sie nicht enttäuscht, wenn er die Übungen viel schlechter ausführt als zu Hause. Denken Sie wie ein Trainer! Ein Trainer würde denken: »Ah! Ich habe eine Schwäche in der Generalisierung erkannt und arbeite daran. Sehr gut.« Alleine diese eine Übungseinheit an einem neuen Ort ist, wenn der Hund die Möglichkeit hat, sehr viel belohnt zu werden, unglaublich gewinnbringend für ihren Gesamttrainingsplan.

Beenden Sie das Training, sobald Sie jede Übung ein oder zwei Mal gemacht haben. Es ist wichtig, dass Sie aufhören, bevor der Hund die Lust verliert. Lassen Sie ihn lieber in einem Zustand des »Mehr-Wollens«.

UMGEBUNG II

1. Wiederholen Sie Umgebung I am gleichen Ort, wenn es Ihrer Freundin nichts ausmacht.
2. Führen Sie Umgebung I in einem ganz neuen Haus durch – am besten wieder eines ohne Haustiere. Gönnen Sie Ihrem Hund die fünfminütige Erkundungstour am Anfang, damit das Haus für ihn nicht mehr so neu ist, bevor Sie mit dem Training beginnen. Es ist viel, viel besser, wenn Sie »schwer erreichbar« spielen, so dass der Hund mit einem gewissen Eifer zu Ihnen kommt, als zu betteln und die Aufmerksamkeit eines Hundes wecken zu wollen, der von neuen Geräuschen, Gerüchen und Anblicken überwältigt ist. Er wird besser darin, mit den neuen Eindrücken umzugehen und sich zu konzentrieren, wenn Sie Ihre Karten richtig spielen. Und Ihre Karten richtig zu spielen heißt, sich Zeit zu lassen und Ihren Hund erst dann zu trainieren, wenn er dafür bereit ist. Es hat keinen Sinn, im Hundetraining etwas erzwingen zu wollen, also achten Sie immer auf eine ausreichende Konzentration sowohl vom Hund als auch von Ihnen. Und vergessen Sie nicht die Vor-Zurück-Noch einmal-Regel!
3. Kehren Sie an einem anderen Tag noch einmal an diesen Ort zurück.
4. Jetzt üben Sie in einem anderen Haus, wieder einem ohne Haustiere. War Ihr Hund jetzt schon eher an Ihnen interessiert? Wenn er begierig darauf war, sofort oder beinahe sofort mit dem Training zu beginnen, machen Sie mit Umgebung III weiter. Wenn

er die vollen fünf oder sechs Minuten gebraucht hat – oder noch mehr – üben Sie in weiteren unterschiedlichen Häusern und Wohnungen.

Wenn Sie keine neuen Häuser/Wohnungen mehr haben, üben Sie in anderen Räumen der bisherigen.

UMGEBUNG III
1. Bewaffnen Sie sich mit wirklich guten Leckerchen und besuchen Sie einen Zoofachhandel, in den Sie Ihren Hund mit hinein nehmen dürfen. Gehen Sie zu einer Zeit, in der es einigermaßen ruhig ist, sodass keine anderen Hunde da sind.
2. Mit dem Hund an der Leine betreten Sie den Laden und erkunden in aller Ruhe die verschiedenen Gänge. Nehmen Sie sich fünf bis sechs Minuten Zeit, lassen Sie Ihren Hund schnüffeln und gucken, während Sie mehr oder weniger einfach nur folgen und auf ihn aufpassen.
3. Nach fünf oder sechs Minuten bitten Sie ihn ins Sitz. Wenn er nicht gehorcht, gehen Sie weitere fünf Minuten durch den Laden und ignorieren Ihren Hund dabei. Widerstehen Sie der Verlockung, sich an einer Stelle aufzuhalten. Ein guter Erkundungsgang ermöglicht dem Hund, selber herauszufinden, dass das Gras auf der anderen Seite nicht grüner ist. Alles wird irgendwann langweilig, wenn man es nur lange genug erkundet hat. Wir bauen hiermit seinen Sättigungsmuskel auf, so dass er neuen Anblicken, Gerüchen und Geräuschen gegenüber abgestumpfter wird.
4. Sobald Ihr Hund Interesse zeigt, zu üben – er befolgt das Sitz auf ein einziges verbales Signal hin – gehen Sie das Folgende mit ihm durch:
    - Sitz und Platz: Halten Sie sich bereit, ihm fürs Platz ein Handzeichen zu geben oder ihn sogar mit einem Leckerchen in die Position locken zu müssen. Platz an einem solchen Ort ist ein großer Schritt für den Hund.
    - Ein Sitz-Bleib mit Umrunden: Erwarten Sie auch hier, dass es nicht auf Anhieb klappt und Sie einen Schritt zurückgehen müssen.
    - Wenn es bis jetzt alles funktioniert hat, machen Sie ein Platz-Bleib mit Umkreisen. Wenn es schwierig war (Sie mussten ihn mit Leckerchen locken, und beim Sitz-Bleib haben Sie keine ganze Umrundung geschafft), hören Sie auf, gehen noch ein wenig im Laden umher, fahren nach Hause und machen ein Nickerchen.

UMGEBUNG IV
1. Gehen Sie in den gleichen Zooladen und versuchen Sie dieses Mal direkt nach dem Eintreten ein paar Sitz und Platz in der ersten ruhigen Ecke, die Sie finden.
2. Wenn das ohne die vorherige Erkundungstour klappt, machen Sie mit Sitz-Bleib, Platz-Bleib und Lass es weiter. Danach verlassen Sie den Laden und sagen Ihrem Hund, wie unglaublich klug er ist. Und auch Sie sind jetzt sowas wie ein Rock-Star, denn über diese Umgebung sind Sie soeben hinausgewachsen.
3. Wenn Ihr Hund unkonzentriert ist, aber nach einer fünfminütigen Sättigungsphase

mitarbeitet, bleiben Sie beim einfachen Sitz und Platz, und wenn die gut funktionieren, versuchen Sie ein Sitz-Bleib mit Umrunden. In diesem Fall werden Sie noch ein oder zwei Mal an diesen Ort zurückkommen müssen, bis Ihr Hund auf Anhieb mitarbeitet.

UMGEBUNG V
1. Besuchen Sie mit Ihrem Hund eine Grünfläche wie einen Park oder einen Spielplatz (auf dem Hunde erlaubt sind). Suchen Sie sich eine kleine Ecke und erkunden Sie sie für fünf bis sechs Minuten mit Ihrem angeleinten Hund. Lassen Sie ihn schnüffeln, markieren, und nach Herzenslust erkunden.
2. Nach den fünf oder sechs Minuten bitten Sie ihn ins Sitz. Wenn er folgt, belohnen Sie ihn reichlich und machen dann mit den folgenden Übungen weiter:
   - Sitz und Platz: Platz könnte hier wieder schwierig sein, also zögern Sie nicht, einen Schritt zurückzugehen, notfalls bis zum Locken mit einem Leckerchen. Es wäre für Ihren Hund eine Katastrophe, nur selten belohnt zu werden, weil Sie die Latte für sein Verhalten zu hoch gelegt haben.
   - Lass es und Sitz-Bleib mit Umkreisen.
   - Spaziergang an der lockeren Leine zu einem Häufchen Leckerchen auf dem Boden.
   - Optional: Wenn das alles gut klappt, versuchen Sie es mit Platz-Bleib mit Umkreisen. Wenn das Platz noch ein wenig wacklig ist, oder Ihr Hund sich zwischendurch immer wieder ablenken lässt, verzichten Sie auf das Platz-Bleib.

Angesichts dessen, was wir bisher über Generalisierung gelernt haben, was glauben Sie, wird der nächste Trainingsschritt sein? Wenn Sie es richtig erraten haben, denken Sie bereits wie ein Trainer.

UMGEBUNG VI
1. Gehen Sie zu dem gleichen Ort wie in Umgebung V zurück und schauen Sie, ob Ihr Hund gewillt ist, gleich von Anfang an mit Ihnen zu trainieren. Wenn nicht, gönnen Sie ihm fünf bis sechs Minuten Sättigungszeit. Wenn er bei Umgebung V wenig oder gar nicht mitgearbeitet hat, suchen Sie sich einen Platz, an dem Sie sich eine halbe Stunde hinsetzen, ein Buch lesen und Ihren Hund ignorieren können. Stellen Sie einen Fuß auf die Leine oder binden Sie sie an der Bank fest. Nach dreißig Minuten gehen Sie einfach nach Hause. Seien Sie nicht böse oder streng mit dem Hund – es ist nicht sein Fehler, sondern so arbeitet sein Gehirn nun einmal. Bleiben Sie ruhig aber nehmen Sie sich vor, auch an diesem Ort einen Sättigungsgrad zu erreichen: planen Sie einen weiteren Ausflug hierher.
2. Sobald Ihr Hund mitarbeitet, tun Sie folgendes:
   - Sitz-Bleib mit Umrunden.
   - Gehen an lockerer Leine
   - Lass es

- Arbeiten Sie ein wenig an der Dauer des Sitz-Bleib, indem Sie jede der folgenden Zeiten einmal durchspielen:
  Zehn Sekunden
  Zwanzig Sekunden
  Dreißig Sekunden
  Zehn Sekunden
  Drei Sekunden
  Fünfzehn Sekunden
  Eine Minute

Wenn Ihr Hund die eine Minute schafft, ist es an der Zeit, sich einen neuen Ort zu suchen. Wenn nicht, machen Sie noch einen weiteren Trip zu dieser Stelle. Es ist die Entscheidung des Trainers, ob er mit einem fünfminütigen Erkundungsgang anfängt oder nicht.

Zusammentreffen von angeleinten und freilaufenden Hunden

Wenn ein Hund einen anderen Hund erblickt, wird er das überwältigende Gefühl verspüren, sich diesen genauer ansehen zu wollen – außer er hat Angst oder kann andere Hunde nicht leiden. Hunde mit normalem Sozialverhalten haben wichtige Begrüßungsrituale, die unter anderem beinhalten, dem anderen Hund eine angemessene Körpersprache zu zeigen und das Hinterteil zu beschnüffeln. Leinen werfen da Sand ins Getriebe, denn sie behindern den Hund sowohl darin, den anderen Hund zu erkunden, wie auch darin, die richtige Körpersprache zu zeigen. Deshalb gibt es so viele Hunde, die ohne Leine freundlich und lieb zu allen anderen Hunden sind, aber an der Leine zu wahren Berserkern mutieren. Durch die Leine wird ein grundlegender biologischer Drang künstlich behindert, was zu dem führt, was Trainer Leinenfrustration nennen. Die Leinenfrustration wird noch erhöht, wenn andere Hunde frei herumlaufen und den angeleinten Hund womöglich mobben oder bedrängen.

UMGEBUNG VII

Diese Übung sollten Sie nur machen, wenn Ihr Hund andere Hunde mag. Wenn er in Gegenwart von anderen Hunden sehr temperamentvoll oder ängstlich ist, lassen Sie sie weg. Sie können natürlich einen kompetenten Profi engagieren, der Ihnen hilft, die Lebhaftigkeit oder Angst Ihres Hundes zu verbessern, und diese Übung dann später nachholen.

1. Gehen Sie an einen Ort, wo andere Hunde sind, wie z.B.
   - Eine Freundin, die ebenfalls einen oder mehrere Hunde hat.

- Ein Hundepark oder eine Hundefreilaufzone.
- Das Zoofachgeschäft, in dem Sie schon waren, aber dieses Mal suchen Sie sich eine Zeit aus, in der viel los ist.
- In der Nähe von Hundetrainingsplätzen, wo ständig angeleinte Hunde kommen und gehen.
- Ein Straßencafé, von dem Sie wissen, dass dort oft Leute mit Hunden sitzen.

2. Wenn die Hunde an dem von Ihnen gewählten Ort angeleint sind, behalten Sie auch Ihren Hund an der Leine. Wenn es sich um eine Freilaufzone handelt, lassen Sie Ihren Hund ebenfalls von der Leine. Angeleinte und freilaufende Hunde am gleichen Ort sind eine sehr explosive Mischung.
3. In einer Freilaufzone geben Sie Ihrem Hund sechs Minuten Zeit, die Gegend zu erkunden, sich mit den anderen Hunden vertraut zu machen und einfach zu tun, worauf er Lust hat. Versuchen Sie während dieser Zeit nicht, ihn zurückzurufen.
4. Wenn Ihr Hund und die anderen an der Leine sind, fangen Sie sofort mit dem Training an.

So beschützen Sie Ihren Rückruf

Einer der häufigsten Fehler, den ich bei Hundebesitzern sehe, ist, dass sie ihre Kommandos abnutzen, besonders den Rückruf »Komm«. Sie singen ihn wieder und wieder und wieder. Tatsächlich ist das aber ein sicherer Weg, um eine Reaktion auf ein Kommando wieder zu löschen. Also lautet Regel Nummer eins: Sie geben das Kommando erst, wenn Sie fünfzig Euro darauf verwetten würden, dass Ihr Hund es beim ersten Mal befolgt. Regel zwei lautet, dass man den Hund nicht unabsichtlich für sein Kommen bestrafen soll. Die meisten Menschen wissen, dass man den Hund nicht ununterbrochen rufen soll, um ihn dann anzuschreien oder wütend auf ihn zu werden. Und doch vergessen auch diese Leute dieses Wissen in Hundeparks nur allzu oft, wenn Sie Ihren Hund rufen, um wieder nach Hause zu gehen. Irgendwann wird das Komm-Signal in Ihrem Hund so gefestigt sein, dass er es auch in solchen Fällen befolgt, aber solange Sie sich noch im Trainingsstadium befinden, vermeiden Sie es, Ihren Hund zu rufen, um den Spaß zu beenden.

UMGEBUNG VIII: Freilauf-Optionen
1. Nach der sechsminütigen Erkundungstour rufen Sie Ihren Hund zu sich. Wenn er kommt, loben und belohnen Sie ihn richtig ausführlich und schicken ihn dann einfach wieder los zum Spielen. Denken Sie dran, in dieser Umgebung ist es keine gute Idee, viele Gehorsamkeitsübungen für wertvolle Belohnungen durchzuführen, weil das zu Streit unter den Hunden führen kann.
2. Wenn Ihr Hund nicht kommt, rufen Sie ihn nicht noch einmal – das wäre ganz schlecht für die Integrität Ihres Rückrufs. Ignorieren Sie ihn einfach für weitere fünf bis sechs Minuten und versuchen es dann noch einmal.

3. Falls er während seiner Erkundungstour zufällig bei Ihnen vorbeischaut, loben und belohnen Sie ihn, aber sagen Sie nicht Ihr Rückruf-Signal (»Komm«) und verlangen Sie auch nichts weiter von ihm. Einfach nur »Hey, guter Hund«, streicheln, streicheln, streicheln, große Futterbelohnung, dann wieder ignorieren.
4. Wenn er weder von sich aus vorbeigekommen ist noch auf Ihren zweiten Rückruf reagiert hat, ignorieren Sie ihn für den Rest der Zeit. Es handelt sich hier immer noch um einen fabelhaften Ort, um den Rückruf zu überprüfen, weil es so viele Ablenkungen gibt, aber es ist auch nicht einfach. Sie werden noch ein paar Mal hierher zurückkehren müssen. Aber am Ende wird es sich lohnen. Lassen Sie Ihren Hund solange erkunden und spielen, wie es Ihnen möglich ist, dann sammeln Sie ihn ein und gehen nach Hause. Versuchen Sie nicht, Ihr Komm-Signal anzuwenden.

Kehren Sie an den Ort zurück und wiederholen Sie die Übung. Vor jedem neuen Versuch geben Sie dem Hund seine fünf- bis sechsminütige Sättigungszeit. Wenn es immer noch nicht funktioniert, gibt es ein paar Dinge, die Sie ausprobieren können, bevor Sie einen dritten Versuch wagen:

- Nehmen Sie wertvollere Belohnungen. Wenn Sie Futter als Belohnung einsetzen, bringen Sie Ihren Hund hierher, wenn er hungrig ist.
- Gucken Sie, ob Sie zwar in den gleichen Park gehen können, aber zu einer Zeit, zu der weniger los ist. Wenn es sich um einen Hundepark handelt, wird es sicher Stoßzeiten geben und solche, in denen sich nur ein paar Hunde dort aufhalten. Sie können an diesem Ort sogar üben, wenn gar keine Hunde da sind. Das sind alles gute Möglichkeiten, um den Schwierigkeitsgrad der Übung herunterzufahren.
- Wenn Sie im Haus einer Freundin mit Hunden üben, stecken Sie die anderen Hunde nach der Sättigungsphase Ihres Hundes in ein anderes Zimmer und lassen Sie Ihrem Hund eine Minute Zeit zu erkennen, dass die anderen nicht wiederkommen. Dann versuchen Sie die Übung noch einmal. Wenn es gut geht, lassen Sie die anderen Hunde wieder frei und erlauben weitere fünf Minuten Spiel. Gehen Sie, wenn die anderen Hunde anwesend sind.

Wenn Ihr Hund fünf Mal in Folge kommt, gehen Sie vor. Hier sind ein paar Schritte und mögliche Unterteilungen, die Ihnen dabei helfen (füllen Sie die letzten drei Schritte selber aus):

Komm im Freilauf: Schritte und Unterteilungen

Freilaufzone ohne andere Hunde nach fünfminütiger Erkundungstour

Freilaufzone ohne andere Hunde ohne Erkundungstour

Freilaufzone mit nur einem oder zwei anderen Hunden und fünfminütiger Erkundungstour.

Freilaufzone mit ein oder zwei anderen Hunden ohne Erkundungstour.

Freilaufzone mit mindestens drei anderen Hunden, fünfminütiger Erkundungstour, hungrigem eigenem Hund und neuen, interessanten Leckerchen.

Freilaufzone mit mindestens drei anderen Hunden, fünfminütiger Erkundungstour, normalen Leckerchen.

Freilaufzone mit mindestens drei anderen Hunden, ohne Erkundungstour.

Neue Freilaufzone mit einem oder zwei anderen Hunden und fünfminütiger Erkundungstour.

_____

_____

_____

Hatten Sie Schwierigkeiten, die letzten drei Schritte dieser Übung einzusetzen? Wenn Sie es noch nicht versucht haben, dann schauen Sie sich die Tabelle noch einmal genau an und probieren es aus. Die Antwort lautet:

Neue Freilaufzone mit einem oder zwei anderen Hunden, keine Erkundungstour.

Neue Freilaufzone mit mindestens drei anderen Hunden und fünfminütiger Erkundungstour.

Neue Freilaufzone mit mindestens drei anderen Hunden, keine Erkundungstour.

Es ist auch möglich, hier den »hungriger Hund mit neuen, interessanten Leckerchen«-Teil einzubauen, auch wenn es sich um die zweite Freilaufzone handelt. Sichere Rückrufe zu trainieren ist für einen sozialen Hund sehr schwer, wenn andere Hunde anwesend sind.

10. KAPITEL

GUTE MANIEREN

Das Hauptproblem, wenn man Besuch bekommt, ist meistens, dass die Hunde an den Gästen hochspringen, um sie zu begrüßen. Der Grund dafür ist, dass Hunde genetisch darauf programmiert sind, zur Begrüßung die Lefzen/das Gesicht zu lecken. Es ist ihre Version von Lächeln, Hände schütteln, sich umarmen und »Hallo« zu sagen. Leider kollidiert dieses Verhalten mit der menschlichen Auffassung, dass springende Hunde nervig oder gar Angst einflößend sind.

Ich empfehle einen zweigleisigen Ansatz, um dieses Problem zu lösen: Zum einen das Bestätigen von Sitz in Begrüßungssituationen, zum anderen eine sofortige Strafe jedes Mal, wenn Ihr Hund aufspringt – natürlich erst, nachdem er ein paar Erfahrungen mit Begrüßungen im Sitz sammeln konnte. Versuchen Sie diese Übung nicht, bevor Sie nicht Sitz komplett trainiert haben, noch besser Sitz-Bleib. Wir üben erst mit Ihnen, dann mit den anderen Haushaltsmitgliedern, und zum Schluss mit Besuchern. Hier kommen die Übungen mit Gelinggarantie.

SITZ ZUR BEGRÜSSUNG

Die Begrüßung im Sitz ist ein gängiges Beispiel für das, was Trainer Differenzielle Verstärkung Inkompatibler Verhaltensweisen (DRI) nennen: Das Beibringen eines Verhaltens, in diesem Fall Sitzen, das ein anderes Verhalten ausschließt, in diesem Fall das Aufspringen bei der Begrüßung. Hunde können nicht gleichzeitig Sitz-Bleib machen und springen. Einem Hund beizubringen, welches Verhalten wir von ihm in einer bestimmten Situation erwarten – Sitz zur Begrüßung – ist besser, als das Verhalten zu bestrafen, das wir nicht wollen: Anspringen.

SITZ ZUR BEGRÜSSUNG I
1. Schwören Sie alle Mitglieder Ihres Haushalts auf dieses Training ein. Sie müssen anfangs noch nicht mit üben – die Hauptarbeit bleibt mal wieder an Ihnen hängen – aber sie müssen versprechen, das Anspringen durch den Hund nicht mehr zu belohnen. Das bedeutet, kein Streicheln, keine Begrüßung, kurz, den Hund vollkommen ignorieren, wenn er sie anspringt. Das bedeutet aber auch, sich nicht so weit herunterzubeugen, dass der Hund ohne Hochzuspringen das Gesicht lecken kann. Das wäre desaströs für unseren Fall, denn die größte Belohnung für den Hund wäre die Nähe zu unserem Gesicht. Wenn er die erreicht, indem er springt, haben wir die Schlacht schon verloren.
2. Sobald Ihre Familienmitglieder versprochen haben, Ihr Training nicht zu unterminieren, fangen Sie mit dem Üben an. Immer wenn Sie nach Hause kommen, stellen Sie sich

aufrecht hin und schauen sogar ein wenig in Richtung Decke, wenn der Hund Sie anspringt. Nach ein paar Sekunden sagen Sie »Sitz«. Die meisten Hunde werden zu aufgeregt sein, um das Kommando auszuführen, und stattdessen weiter springen. Versuchen Sie es mit einem Handzeichen, behalten Sie den Kopf aber dabei weiterhin leicht von Ihrem Hund abgewendet. Ignorieren Sie ihn so lange, bis er sitzt. Das kann bei den ersten Malen einige Zeit dauern. Halten Sie durch.

3. Sobald Ihr Hund sitzt, begrüßen Sie ihn mit warmen, freundlichen Worten, loben ihn, schauen ihn an und beugen sich zu ihm, um ihn von Angesicht zu Angesicht zu loben. Das wird den Hund sehr wahrscheinlich animieren, wieder aufzuspringen, woraufhin Sie sich sofort wieder kerzengerade hinstellen. Denken Sie an Aktion und Reaktion: Anspringen lässt Sie stocksteif dastehen und an die Decke schauen, Sitz lässt Sie ganz weich und freundlich werden. Und denken Sie dran, Ihr Hund macht das nicht aus Trotz oder Sturköpfigkeit; für ihn ist es genauso schwer, gegen das Anspringen anzugehen, wie es für Sie wäre, das Lächeln bei der Begrüßung Ihrer besten Freundin zu unterdrücken.
4. Irgendwann wird Ihre Anwesenheit nicht mehr die große Neuigkeit sein, und Sie können Ihren Hund flüchtig begrüßen, während er im Sitz bleibt.
5. Gehen Sie jetzt sofort noch einmal durch die Haustür und kommen gleich wieder herein. Bitten Sie Ihren Hund ins Sitz und loben und streicheln Sie ihn, sobald er folgt. Sie können ihm jetzt auch ein kleines Überraschungsleckerli geben. Ihr Hund hat jetzt, was Sie betrifft, sehr wahrscheinlich einen Sättigungsgrad erreicht, der ihn Ihr Kommando prompt ausführen lässt. Wenn nicht – und wenn Sie noch etwas Zeit haben – warten Sie, bis er endgültig sitzt. Gehen Sie dann noch einmal hinaus und kommen wieder herein, bis Ihr Hund es auf Anhieb richtig macht. Verzweifeln Sie nicht, wenn Sie viele Anläufe brauchen. Es wird besser, versprochen. Sie können die Übung auch einfach nach dem zweiten Versuch beenden und sich Ihren sonstigen Aufgaben widmen. Versuchen Sie es einfach zu einem späteren Zeitpunkt noch einmal. Aber kommen Sie in jeder Trainingseinheit auf jeden Fall noch mindestens ein zweites Mal herein.

Gehen Sie zur nächsten Übung über, wenn Ihr Hund fünf Mal in Folge direkt auf Kommando Sitz gemacht und es gehalten hat, nachdem Sie hinausgegangen und wieder hereingekommen sind (s. zweiter Versuch Schritt 5 oben).

Warum lecken Hunde Gesichter ab?

Hunde stammen nicht nur vom Wolf ab, sie sind die gezähmte Variante der gleichen Spezies. Wenn erwachsene Wölfe jagen gehen, schlingen sie ihre Beute hinunter und kehren mit vollen Mägen zu ihren Welpen zurück. Die Welpen belecken dann eifrig die Lefzen der Wölfe, was diese dazu veranlasst, das Futter für die Kleinen hochzuwürgen. Das ist ein praktisches Transportsystem, das auch vom Afrikanischen Wildhund praktiziert wird; eine weit entfernt verwandte Rasse mit ähnlichem Verhalten. Der Drang, nach einer Zeit des Getrenntseins die Lefzen zu lecken, wird bis ins Erwachsenenalter beibehalten, dient hier dann aber als reine Form der Begrüßung und zur Stärkung der Beziehung und nicht mehr zum Futterbetteln. Diese Übernahme kindlichen Verhaltens ins Erwachsenenalter nennt man *Neotenie*, von *neo* für neu oder jung und dem Griechischen *teinein*, was so viel bedeutet wie spannen, ausdehnen. Auch wenn die meisten Hunde den Würgreflex im Laufe der Domestizierung verloren haben, haben fast alle noch einen ausgeprägten Drang zum Lefzenlecken in Begrüßungssituationen. Es ist ein freundliches Verhalten. Und weil wir Menschen nun mal vertikal gebaut sind, müssen die Hunde springen, um unsere Gesichter zu erreichen.

SITZ ZUR BEGRÜSSUNG II

1. Sobald Sie zur Tür hineinkommen, sagen Sie Ihrem Hund »Sitz« und loben und belohnen ihn, wenn er das Kommando befolgt. Die beste Belohnung ist, wenn Sie sich zu ihm hinunter beugen oder gar in die Knie gehen und ein wenig mit ihm schmusen. Aber jetzt gibt es eine neue Regel: Wenn Ihr Hund aufspringt oder Sie anspringt, richten Sie sich nicht nur sofort auf, sondern Sie sagen auch »Schade«, drehen sich um und schließen die Tür hinter sich. Warten Sie ein paar Sekunden, bevor Sie wieder eintreten. Sagen Sie erneut »Sitz«. Gleiche Prozedur wie eben: Wenn Ihr Hund springt, gehen Sie. Wenn er sitzt, begrüßen Sie ihn. Hier ist das richtige Timing ganz entscheidend: Je schneller Sie reagieren, desto mehr fühlt es sich für den Hund nach Ursache und Wirkung an, was seinen Lernprozess beschleunigt.
2. Sagen Sie weiterhin »Schade« und verlassen Sie das Haus, sobald der Hund springt. Wenn er sich das erste Mal genug zusammenreißen kann, um nicht zu springen, knien Sie sich neben ihn und schenken Sie ihm eine warme Begrüßung, bei der Sie Ihre Gesichter aneinander kuscheln. Wenn Ihnen das nicht so liegt, dann loben Sie ganz ruhig und mit warmer Stimme und streicheln ihn ausgiebig. Allerdings ist die Nähe der Köpfe hier die potenzielle Belohnung, also wenn es Ihnen irgendwie möglich ist, lassen Sie Ihren Hund Ihr Gesicht – oder wenigstens Ihr Ohr – ablecken, wenn er so brav Sitz gemacht hat ohne zu springen.

Sie machen mit der nächsten Übung weiter, wenn Sie fünf Mal in Folge das Haus betreten haben, ohne angesprungen worden zu sein.

SITZ ZUR BEGRÜSSUNG II: AUSWEITUNG AUF NEUE TRAINER

Jetzt wo das Grundgerüst steht, fragen Sie die anderen Familienmitglieder, wer von ihnen jetzt gerne das Sitz zur Begrüßung üben möchte. Sicher werden es alle schon ein wenig mit geübt haben, aber nicht so intensiv wie Sie als Haupttrainer.

Wer immer sich als Erstes meldet ist dran. Bevor Sie jedoch die tatsächliche Situation an der Tür trainieren, gehen Sie mit Trainer Zwei erst einmal in einer ruhigen Ecke des Hauses die folgenden Übungen für das richtige Timing durch.

1. Nehmen Sie einen kleinen Leckerlibeutel. Nun bitten Sie den Hund ins Sitz und loben ihn, wenn er folgt. Nehmen Sie ein Leckerchen und halten es auf Kopfhöhe vor sich in die Luft. Dann senken Sie es sehr, sehr langsam in Richtung des Hundes. Sie überprüfen damit, ob er irgendwann aufspringt, um dem leckeren Bissen auf halbem Weg entgegenzukommen. Seien Sie penibel konsequent: Wenn der Hund auch nur eine Pfote hebt, saust das Leckerli sofort wieder nach oben.
2. Bringen Sie den Hund wieder ins Sitz und fangen noch einmal von vorne an. Senken Sie es solange, wie Ihr Hund sitzen bleibt. Es könnte sich langsam wie ein Bleib oder ein Lass es für den Hund anfühlen, also wird er vermutlich sehr schnell auf die Idee kommen, dass sich nicht zu bewegen das Verhalten ist, welches ihn ans Ziel bringt.
3. Sobald der Hund seine Belohnung für ein bis zum Schluss gehaltenes Sitz erhalten hat, reichen Sie den Leckerlibeutel an Trainer Zwei weiter, damit er die gleiche Übung durchführt. Achten Sie genau auf das Timing und loben Sie die beiden, indem Sie Sätze sagen wie: »Toll, du warst so schnell – sehr guter Ursache-Wirkung-Effekt.« »Wow! Fantastisches Timing gerade. Jetzt hat er verstanden, sobald er zuckt, ist das Leckerchen weg.«
4. Üben Sie das mit weiteren interessierten Familienmitgliedern.

Trainer Zwei ist reif für die nächste Übung, wenn der Hund fünf Mal in Folge seine Belohnung kassiert hat, ohne einmal zwischendurch aufzuspringen.

SITZ ZUR BEGRÜSSUNG III: DIE FAMILIENMITGLIEDER ÜBERNEHMEN DAS TRAINING

1. Das nächste Mal, wenn Sie ausgehen und Trainer Zwei (oder ein anderes Familienmitglied, das die obige Übung erfolgreich gemeistert hat) zu Hause bleibt, rufen Sie ihn kurz bevor Sie nach Hause kommen an, damit er zusehen kann, wie das Sitz zur Begrüßung abläuft. Sollte der Hund einen Fehler machen und aufspringen, ist das für diesen Zweck gar nicht so schlimm, denn so können Sie gleich auch Ihr blitzschnelles »Schade« und das folgende Weggehen demonstrieren. Es ist aber auch gut, wenn Ihr Hund perfekt gehorcht, weil das Trainer Zwei nicht nur beeindrucken, sondern auch motivieren wird, es genauso gut hinzubekommen.
2. Nachdem Sie einmal gezeigt haben, wie das Ergebnis aussehen soll, ist es an der Zeit, Trainer Zwei dabei zu unterstützen, es ebenfalls zu schaffen. Dazu verlässt er beim nächsten Mal das Haus, und Sie bleiben da – stellen Sie dann nur sicher, dass Sie

bei Rückkehr von Trainer Zwei auch wirklich zu Hause sind – oder gehen Sie gemeinsam raus und kommen wieder rein.
3. Führen Sie Trainer Zwei durch die Übung: Erst »Schade«, dann weggehen, kurz warten und wiederkommen. Haben Sie Geduld. Ein »Nein, schneller, verdammt nochmal« wird Ihren Trainer nur noch mehr paralysieren. Coaching klingt mehr wie: »Okay, sag 'Sitz'. Hups, er springt. Jetzt sag 'Schade'. Großartig. Jetzt geh durch die Tür und zieh sie hinter dir zu.« Gehen Sie mit hinaus und sprechen Sie die Übung gemeinsam durch. »Okay, jetzt kommt unser zweiter Auftritt. Der Hund macht es vielleicht richtig, vielleicht aber auch nicht. Wenn er springt, sag so schnell du kannst 'Schade' und verschwinde durch die Tür. Wenn er sitzen bleibt, beug dich vor und gib ihm einen Kuss. Bist du bereit?« Und dann bestätigen Sie alles, was Trainer Zwei richtig macht, und zwar so spezifisch wie nur möglich. »Gut gemacht – du hast dich nicht nur vorgebeugt, um ihn für das Sitz zu belohnen, sondern als er das zum Anlass genommen hat, hochzuspringen, hast du dich schneller aufgerichtet, als ich es je könnte. Wirklich toll. So, jetzt schnell raus hier. Starten wir einen neuen Versuch. Ich glaube, wir sind ganz nah dran.«
4. Wenn Trainer Zwei – oder eines der anderen Familienmitglieder – den kompletten Ablauf schafft, ohne dass Sie Hilfestellung geben mussten, ist er soweit, alleine zu üben. Wenn er dabei noch ein wenig unsicher wirkt, bleiben Sie noch für ein oder zwei Übungsdurchgänge dabei, ohne einzugreifen. Auf dem Papier sieht das alles so einfach aus, aber wenn man die Übung macht, gehen die einzelnen Schritte viel schneller ineinander über, so dass man schon mal ins Stolpern geraten kann. Eines unserer Ziele ist aber eine blitzschnelle Reaktion, denn je näher Ursache und Wirkung beieinander liegen, desto besser lernt der Hund.

Unterschiedliche Typen von Besuchern

Besucher und Gäste fallen in zwei Kategorien: Diejenigen, die froh sind, mit anzupacken und Ihnen dabei zu helfen, Ihren Hund zu erziehen. Und diejenigen, die Ihr Hund besser nicht auch nur zwei Mal anspringt. Die erste Gruppe ist die, die Sie wollen, um Ihrem Hund das neue Verhalten beizubringen. Bei den anderen Besuchern sperren Sie den Hund lieber solange weg, bis er in der Übung mit verschiedenen Personen eine gewisse Sicherheit erlangt hat. Sobald der Hund es einmal verstanden hat, wird er bei jedem Besucher höflich sitzend abwarten, bis er begrüßt wird.

Ein weiterer Grund dafür, lieber kein Risiko mit Leuten einzugehen, die nicht ins Training eingeweiht sind ist, dass sie unabsichtlich auf eine Art reagieren könnten, die dem Training abträglich ist. Viele Hunde finden es belohnend, wenn die Menschen Körperkontakt mit ihnen aufnehmen, egal wie. Werden sie nun also aus dem Weg geschoben, empfinden sie das nicht als negative Konsequenz, sondern als Bestätigung. Auch jedes Quieken oder Vorbeugen, um den Hund zu schelten, kann als Belohnung angesehen werden.

Das Ende könnte ein selektiver Springer sein: Ein Hund, der immer genau die falschen Leute anspringt. Auch wenn Sie den Hund dann wegsperren oder böse mit ihm werden, kann die Reaktion der angesprungenen Person den größeren Effekt in dieser Situation gehabt haben und sich tief ins Gedächtnis des Hundes einbrennen.

Es gibt eine wichtige Regel im Hundetraining: Lassen Sie den Hund niemals irgendwelche Umstände herausfinden, in denen der Zusammenhang von Ursache und Wirkung, wie Sie ihn wollen, nicht gilt. In anderen Worten: Wenn Ihr Hund zu früh die Gelegenheit erhält, jemanden anzuspringen, ohne dass derjenige »Schade« sagt und geht, könnte er etwa Folgendes denken: »Hm. Manchmal scheint diese Regel nicht zu gelten. Oh, ich weiß, wann. Bei Leuten, die Seide tragen!« Sie erinnern sich, dass Hunde sehr gut darin sind, Einzelheiten auseinanderzuhalten. Diese Fähigkeit könnte Ihr Hund dazu nutzen, zu lernen, dass der beste Weg, um eine gewisse Nähe der Gesichter herzustellen, bei einigen Menschen das Anspringen ist und bei anderen das Sitzen. Aus diesem Grund setzen wir am Anfang nur Personen ein, die »eingeweiht« sind, bis der Hund ein bombenfestes Sitz hat.

SITZ ZUR BEGRÜSSUNG IV: BESUCHER UND GÄSTE

1. Laden Sie jemanden zu sich ein, der gewillt ist, mit Ihnen ein paar Minuten an der Tür zu üben. Sie können ihm vorab einen kurzen Überblick über das Geschehen geben, oder Sie enthüllen alles erst, wenn der Gast da ist. Wenn Sie bereits Ihre Familienmitglieder angeleitet haben, haben Sie Ihre Coaching-Fähigkeiten ja bereits feingeschliffen. Wenn der Besucher hingegen »Trainer Zwei« ist, lesen Sie sich vorher noch einmal die Anleitungen zu Sitz zur Begrüßung II und III durch.

2. Wenn die Person kommt, befehlen Sie Ihrem Hund »Sitz«. Wenn der Hund sitzt, voilà, Training zu Ende. Aber vermutlich wird er das nicht tun. Wenn Ihr Hund also aufspringt, sagen Sie »Schade«, schnappen sich Ihren Gast und verlassen das Haus. Dann können Sie kurz darstellen, was soeben passiert ist. Versuchen Sie nicht, Ihrem Gast noch im Haus zu erklären, was er wann und wie zu tun hat. Dann wäre Ihrer beider Reaktion viel zu langsam.

3. Erklären Sie genau, was passiert ist. »Der Sinn der Übung ist, dass der Hund Ursache und Wirkung versteht. Sobald er auch nur ansetzt, zu springen, sagen wir ihm, dass er soeben seine Chance vertan hat – dafür das 'Schade'. Dann lassen wir das Einzige, was er in dem Moment wollte, verschwinden: Den Sozialkontakt. Ihm 'Nein, nein, nein' zu sagen und ihn zur Seite zu schieben ist nur weiterer Sozialkontakt und fungiert praktisch als Belohnung. Daher wenden wir uns ab und gehen. Gut, oder? Willst du es noch einmal versuchen?« Dann probieren Sie es noch einmal. Wenn Ihr Gast sich wohlzufühlen scheint und interessiert ist, versuchen Sie ruhig, ihn ein wenig anzuleiten. Wenn nicht, übernehmen Sie einfach wieder das Kommando. Es funktioniert trotzdem, solange der Besucher nur »entfernt« wird, sobald der Hund das Sitz unterbricht. Ob der Gast das Haus aus eigenem Antrieb verlässt oder Sie ihn hinausdrängen, ist egal.

4. Wiederholen Sie den Vorgang so lange, bis der Hund sitzen bleibt – was hoffentlich recht schnell passiert.
5. Üben Sie das mit jedem Besucher, der gewillt ist, mitzumachen – und vergessen Sie nicht, den Hund bei allen anderen Gästen erst einmal wegzusperren, bis er soweit ist, alle Menschen sitzend zu begrüßen.

Üben Sie mit allen willigen Besuchern, bis Sie fünf Mal hintereinander Gäste empfangen konnten, ohne dass der Hund einen Ansatz machte, zu springen. Dann können Sie den Hund alle Leute begrüßen lassen, wobei Sie ihn für sein Sitz natürlich immer noch loben, und die Besucher ihn dadurch belohnen, dass Sie in die Hocke gehen und Gesichtskontakt erlauben, ihn streicheln oder ihm wenigstens die Hand zum Schnuppern hinhalten. Das wird das Verhalten weiter festigen.

Ist es schlimm, wenn ich meinem Hund ab und zu erlaube, mich anzuspringen?

Viele Menschen erlauben Ihren Hunden, sie anzuspringen, wenn sie mit einander toben oder sich begrüßen. Dem Hund das zu erlauben führt auf keinen Fall auf direktem Weg zu Chaos, Aggression und Ungehorsam. Viele Menschen wollen überhaupt nie angesprungen werden, andere mögen es nicht, wenn der Hund es unaufgefordert tut. Wenn Ihnen das bekannt vorkommt – kein Anspringen zur Begrüßung, aber durchaus mal zwischendurch, wenn Sie in der richtigen Stimmung sind – dann können Sie Ihrem Hund problemlos ein Kommando beibringen, das sagt »Okay, jetzt darfst du springen«. Der Hund braucht nur ein wenig Übung, um zu unterscheiden, wann er springen darf und wann nicht. Sobald Sie das »Nicht Springen« fest in Ihrem Hund verankert haben, können Sie mit der folgenden Übung beginnen:
1. Geben Sie Ihr Signal zum Anspringen – etwas wie »Hallöchen« ist zum Beispiel nett.
2. Fordern Sie Ihren Hund auf, Sie anzuspringen – das wird ein Weilchen dauern, weil Sie ihm ja gerade erst beigebracht haben, genau das nicht zu tun.
3. Wenn er es schließlich macht, lachen Sie und loben ihn.
4. In den Situationen, wo er nicht springen soll, machen Sie so weiter wie oben beschrieben. Ihr Hund mag ab und zu ein wenig unsicher werden, aber nach ein paar Wiederholungen hat er es verstanden. »Ah! Ich soll nie springen, außer wenn Frauchen 'Hallöchen' sagt. Ich verstehe!« Denken Sie daran, Hunde sind sehr gut darin, Einzelheiten auseinander zu halten, und diese Fähigkeit kommt Ihnen hierbei zugute.

FUTTER UND ANDERES AUF DEM TISCH

Hunde sind zwar Fleischfresser, aber keine reinen Beutegreifer. Im Gegenteil, sie sind wenn nötig auch Aasfresser. Sie besitzen einen Würgreflex, der sie schlechte Nahrung sofort wieder hochwürgen lässt. Außerdem hat der Hund einen Magen, der Knochen und Bakterien verwertet, die Sie und mich umbringen würden, sowie ein Gehirn, dass ihm sagt: Friss erst und frag später.

Was, wenn mein Hund so schnell ist, dass er Essen vom Tisch klaut?

Der langsamste Hund ist vermutlich noch schneller als der schnellste Olympionike, also ist es notwendig, dass Sie stets dafür sorgen, Ihrem Hund gegenüber im Vorteil zu sein. Wenn nicht, ist es möglich, dass Ihr Hund einfach mal ausprobiert, was passiert, wenn er sich schnell etwas schnappt und verschlingt – nämlich nichts, weil Sie nicht schnell genug sein konnten. Vielleicht hat Ihr Hund zu Beginn des Trainings diese Strategie sogar schon verinnerlicht. Wenn das der Fall ist, müssen wir noch aufmerksamer sein, um sicherzustellen, dass er das Geschwindigkeitsspiel nicht mehr gewinnt. Das bedeutet, dass Sie sich näher an den Essensfallen positionieren müssen, damit Sie ganz früh in der Übung dem Hund den Weg versperren und Ihr Lass es-Kommando geben können. Wenn das Belohnungssystem für das in Ruhe lassen des Essens erst einmal etabliert ist, können Sie es nach und nach feinschleifen, indem Sie sich ein wenig weiter weg stellen und den Hund ein kleines Stückchen näher herankommen lassen, bevor Sie sein Tun unterbrechen. Sogar Hunde mit einer langen erfolgreichen Laufbahn als Essensdieb können mit dieser Strategie ebenso erfolgreich umprogrammiert werden. Was auch immer Sie tun, stellen Sie sicher, dass Sie die Kontrolle über die Situation haben, damit Ihr Hund lernt: Die beste Strategie ist es, sich zurückzuhalten und dafür aus Ihrem geheimen Leckerli-Vorrat belohnt zu werden, denn die Schnapp-und-weg-Strategie führt nicht mehr zum Erfolg. Vollkommen unbewacht werden Sie Essen bei so einem Hund aber vermutlich niemals offen stehen lassen können.

Das ist natürlich eine Herausforderung für Hundebesitzer, die einen wohlerzogen fressenden Hund haben möchten, der nur eine bestimmte Sorte Futter bekommt. Hier können Sie gut Ihr Lass es-Kommando einsetzen. Im Folgenden ein paar Übungen, wie sich dieses Verhalten vom Training ins wahre Leben übertragen lässt.

ESSEN AUF DEM TISCH I

1. Bewaffnen Sie sich mit einer Handvoll Leckerlis, aber seien Sie dabei diskret. Eine gute Idee ist es, ein wenig Trockenfleisch oder gefriergetrocknete Leber in kleinen Stücken in einen Beutel zu tun, diesen einzustecken und dann ganz normal seiner Arbeit nachzugehen. Anfangs wird der Hund Sie ständig im Blick behalten, aber wenn er merkt, dass die Leckerchen auch durch noch so treuherzige Blicke nicht in seine Richtung

wandern, wird er aufgeben und sich entspannen. Und das ist genau das, was wir wollen – ein vergessenes Geheimversteck für leckere Belohnungen.
2. Wenn Sie ein paar Minuten Zeit haben, um zu üben, stellen Sie einige Lebensmittel auf den Tisch, von dem Ihr Hund schon mal Essen geklaut hat oder für den Sie ihm beibringen wollen, dass er absolut tabu ist.
3. Positionieren Sie sich irgendwo in der Nähe, so dass Sie das Essen gut im Blick haben. Tun sie so normal wie möglich. Geben Sie vor zu lesen, fernzusehen oder an Ihrem Computer zu arbeiten.
4. Wenn Ihr Hund sich in Richtung Essen schleicht, sagen Sie »Lass es.« Wenn er zurückweicht, stehenbleibt, sich hinsetzt oder hinlegt oder auf Sie zukommt, loben Sie ihn fleißig und geben Sie ihm eines der Überraschungsleckerlis aus Ihrer Tasche. Wenn der Hund nicht auf Ihr Kommando reagiert, sagen Sie »Schade«, springen auf die Füße, stellen das Essen weg und widmen sich wieder dem, was Sie vorher getan haben. Warten Sie ein paar Minuten, bevor Sie es erneut versuchen.
5. Beobachten Sie Ihren Hund eine Zeitlang. Wenn er keinen erneuten Versuch in Richtung Essen startet, loben Sie ihn und geben ihm nacheinander mehrere Stücke der Belohnung aus Ihrer Tasche. Das ist wichtig, damit Ihr Hund lernt, dass es sich sogar noch mehr lohnt, das Essen zu ignorieren als sich in dem Versuch, sich selbst zu bedienen, unterbrechen zu lassen. Denn es besteht das Risiko, dass er sonst lernt: »Ah, ich verstehe, wenn ich mich dem Essen nähere und Herrchen sagt 'Lass es', bekomme ich ein Leckerli. Das schaff ich.«

So schön es auch ist, wenn Ihr Hund Ihre Kommandos befolgt, noch besser ist es in diesem Fall, wenn er es gar nicht erst versucht. Das muss sich im Training widerspiegeln. Einer der gängigsten Fehler, die wir alle jeden Tag mit unseren Hunden machen, ist sie zu ignorieren, wenn sie sich richtig verhalten, ruhig irgendwo liegen und keinerlei nervendes oder ungewolltes Verhalten zeigen.

Wiederholen Sie diese Übung jeden Tag oder mehrmals die Woche, bis Ihr Hund fünf Mal in Folge keine Anstalten macht, sich dem Essen zu nähern.

ESSEN AUF DEM TISCH II

1. Statten Sie sich wieder mit heimlichen Belohnungshappen aus. Wir wollen nicht, dass der Hund nur gehorcht, wenn er weiß, dass wir Leckerchen dabei haben, also lohnt es sich, ab und zu Houdini zu spielen und Belohnungen sozusagen aus der Luft herbeizuzaubern.
2. Dieses Mal soll es weniger gestellt aussehen, also bitten Sie entweder jemand anderen, das Essen hinzustellen, während Sie sich mit dem Hund in einem anderen Zimmer aufhalten (es ist vielleicht keine schlechte Idee, dann die Tür zu schließen, denn Hunde haben ein hervorragendes Radar für sich öffnende Kühlschranktüren u.ä., was ihn dazu verleiten könnte, sich schnurstracks in den anderen Raum zu begeben, in dem gerade aufgebaut wird), oder Sie platzieren den Köder, während der Hund gerade

anderweitig beschäftigt oder auf einem Spaziergang ist. Er soll nicht sehen, wie das Essen hingestellt wird.
3. Positionieren Sie sich an einem anderen Platz als in Essen auf dem Tisch I, aber immer noch so, dass Sie alles klar im Blick haben.
4. Rufen Sie den Hund nicht in das Zimmer. Wenn er mit Ihnen kommt, okay (und seien Sie wachsam, weil er vielleicht schon einen ersten Versuch startet, bevor Sie sich auf Ihren gewählten Platz gesetzt haben). Wenn er später eintrudelt, ist das auch in Ordnung. Verhalten Sie sich so natürlich wie möglich. Genau wie in Essen auf dem Tisch I belohnen Sie Ihren Hund übermäßig, wenn er das Essen von alleine ignoriert. Geben Sie ihm eine normale Belohnung, wenn er auf »Lass es« reagiert, und beenden Sie die Übung sofort bei jedem Anzeichen von Ungehorsam.

Wiederholen Sie diese Übung jeden Tag oder mehrmals die Woche, bis Ihr Hund fünf Mal in Folge keine Anstalten macht, sich dem Essen zu nähern.

Wiederholen Sie Essen auf dem Tisch II mit jeder Oberfläche in Ihrem Haus, die für Ihren Hund tabu sein soll.

WAS IST EIN SPIELZEUG UND WAS IST TABU

Hunde unterscheiden sich wesentlich in ihrer Eigenart, Dinge ins Maul zu nehmen, herumzutragen, oder darauf herumzubeißen. Einige wollen überhaupt nichts ins Maul nehmen, egal, wie sehr man sie animiert. Für andere Hunde scheint es der Spaß ihres Lebens zu sein, Dinge aufzunehmen und damit herumzulaufen, sie zu vergraben, zu beknabbern und so weiter. Es handelt sich dabei um ein relativ harmloses Verhalten – der Hund will einfach nur Spaß haben. Die einzige Frage besteht hier in der Wahl der richtigen Objekte für diesen Spaß. Das Ziel dieses Trainings ist es also, Ihrem Hund klarzumachen, dass er sein Spielzeug herumtragen, zerbeißen, kurz, mit ihm tun kann, was er will, aber Ihre Sachen in Ruhe zu lassen hat.

Bei einem Welpen ist es eine einfache Frage des Umleitens. Genauso wie Sie einem Baby die Wagenschlüssel aus der Hand nehmen und durch ein geeigneteres Kauobjekt ersetzen würden, müssen Sie auch den Welpen mit angemessenen Objekten ausstatten, ihn ermutigen, sie ins Maul zu nehmen, zu tragen, auf ihnen herumzukauen so viel er will, und das ungeeignete Objekt einfach wegnehmen, falls er sich darüber hermacht. Ich stimme überhaupt nicht mit der Trainermeinung überein, dass man bei kleinen Welpen schnell und hart reagieren soll, sobald sie etwas ins Maul nehmen. Diese Babys üben nur ein für ihre Spezies ganz normales Verhalten aus. Das ist kein Grund für übermäßige Strenge.

Wenn Sie einen erwachsenen Hund ohne irgendwelche Probleme dieser Art haben, können Sie den gesamten Abschnitt überspringen. Falls später Probleme auftauchen, können Sie immer noch zurückkommen und die Übungen durchführen. Wenn Ihr erwachsener Hund sich allerdings Sachen schnappt, sie versteckt oder darauf herumkaut, sind die folgenden Übungen genau richtig für Sie. Bitte bedenken Sie, dass wir bevor wir Ihrem Hund beibringen, Ihre Sachen in Ruhe zu lassen, etwas Mühe darauf verwenden, ihm einen legalen Ausweg für sein natürliches Verhalten zu zeigen. Ansonsten wäre es ein ziemlich schlechtes Geschäft für den Hund.

Spielzeug-Typ	Gut für	Nicht kaufen, wenn
Plüschige Spielzeuge, quietschende Spielzeuge, Seilspielzeuge	Hunde, die gerne apportieren, mit ihrem Spielzeug herumlaufen, es auseinandernehmen	Ihr Hund die Stücke schluckt.
Kongs – Spielzeug, das mit Futter und anderen Leckerlis gefüllt werden kann	Hunde, die gerne kauen. Außerdem ein großartiger Zeitvertreib, wenn der Hund mal alleine bleiben muss	Sie Unordnung und Dreck auf dem Fußboden nicht ertragen können.
Ochsenziemer, Schweineohren, Greenies	Hunde, die gerne kauen	Ihr Hund dazu neigt, große Stücke zu schlucken oder ihm schnell übel wird.
Abgekochte Knochen, geräucherte Knochen	Hunde mit ordentlicher Beißkraft	Ihr Hund Stücke abbricht und schluckt.
Bälle, Frisbees, Zerrseile	Manische Apportierer, Hunde, die Zerrspiele lieben	Sie ungerne Zerrspiele mit Ihrem Hund veranstalten, oder einen großen Hund und kleine Kinder haben, die Sie imitieren und dabei verletzt werden können. Kein Frisbee für Hunde, die Probleme mit den Gelenken haben.

ARTEN VON SPIELZEUG

Wenn Ihr Hund kein oder nur wenig Spielzeug hat, kaufen Sie welches. Wenn Ihnen Vorlieben aufgefallen sind – er liebt Wäsche, oder harte Objekte, mag es, auf Sachen herumzukauen – sollten Sie das in Ihre Spielzeugüberlegungen mit einfließen lassen. Hier sind ein paar Möglichkeiten:

Verbringen Sie ein wenig Zeit damit, Ihren Hund für seine neuen Spielzeuge zu interessieren.

- **Apportierspielzeuge:** Dabei handelt es sich um Spielzeuge, die auf dem Fußboden liegen und von Ihnen und Ihrem Hund herumgeschleudert werden können. Sobald er sich eines schnappt, feuern Sie ihn an, klatschen in die Hände und versuchen, ihn zu sich zu locken. Bleiben Sie auf dem Fußboden sitzen. Wenn Ihr Hund nicht zu Ihnen zurückkommt, jagen Sie ihm nicht hinterher, weil das nur sein Fernbleiben belohnen würde. Die Zeit ist in diesem Fall ganz auf Ihrer Seite. So toll es für Ihren Hund auch sein mag, mit dem Spielzeug im Maul herumzustolzieren, ist es doch viel aufregender, wenn er es zu Ihnen zurückbringt. Denn Sie können dafür sorgen, dass es wieder »wegläuft«, was direkt seine Raubtiersinne anspricht. Bewegte Objekte sind lustiger als tote Objekte. Lassen Sie Ihren Hund diese Lernerfahrung selber machen, indem er erlebt, wie unterschiedlich lustig es ist, das Spielzeug für sich alleine zu haben oder ihm nachzujagen, nachdem Sie es geworfen haben. Sobald er verstanden hat, dass Sie dem Objekt »Leben einhauchen«, wenn er es zu Ihnen zurückbringt, haben Sie gewonnen.
- **Kongs:** Kongs sind robust, aus Naturkautschuk hergestellt, springen so herrlich unvorhersehbar, wenn ein Hund sie fallen lässt, sind abwaschbar und hohl, so dass sie mit allem Möglichen gefüllt werden können, was Ihrem Hund Spaß macht. Zoos verwenden viel Zeit und Gedanken darauf, wie sie das Leben für ihre Raubtiere interessanter gestalten können, denn diese verbringen in der freien Natur einen Großteil des Tages damit, zu jagen und zu fressen. Wenn sie regelmäßig und ohne Gegenleistung gefüttert werden, sind sie schnell so gelangweilt und unterfordert, dass Geisteskrankheiten drohen. Hunde sind ebenfalls (teilweise) Raubtiere, die dazu gemacht sind, für ihr Futter zu arbeiten. Das ist das Schöne daran, Futter als Motivator für Gehorsamkeit zu nutzen und auch das Schöne an Kongs. Wenn Sie das erste Mal einen Kong für Ihren Hund füllen, sollte der Inhalt einigermaßen leicht herauszubekommen sein. Denn wenn seine erste Erfahrung mit dem Kong die ist, dass er wenig Belohnung für viel Arbeit erhält, wird er sicher kein großer Fan davon. Wenn er aber einmal angebissen hat, können Sie die Schwierigkeitsstufe immer weiter erhöhen, damit er länger braucht und mehr Mühe aufwenden muss, um an die Füllung zu kommen. Passen Sie nur auf, dass Sie nicht zu schnell zu viel verlangen, sondern in kleinen Schritten immer schwierigere Füllungen wählen.

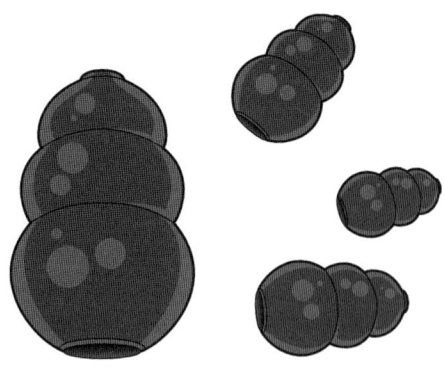

- **Essbares Kauspielzeug:** Ochsenziemer, Schweineohren, Greenies, um nur einige der essbaren Kauspielzeuge zu nennen, sollen vom Hund langsam konsumiert werden. Manche der Hunde mit stärkerer Beißkraft, wie Labradore, brauchen oft nur Minuten oder Stunden für so ein Objekt, wohingegen andere Hunde manchmal Tage oder Wochen darauf herumkauen. Es lohnt sich, diese Dinge einmal auszuprobieren, um zu sehen, ob Ihr Hund Gefallen daran findet. Kaufen Sie eine gute Mischung, legen Sie je ein Stück auf den Boden, wie bei einem Geschmackstest, und beobachten Sie, mit welchem Ihr Hund sich am längsten beschäftigt. Es kann sogar sein, dass er einige der angebotenen Kauobjekte überhaupt nicht beachtet. Wenn Sie seine Favoriten erst einmal herausgefunden haben, halten Sie einfach immer einen kleinen Vorrat parat. In meinen Augen ist es kein purer Luxus, eine Auswahl an angemessenen Kauspielzeugen vorrätig zu haben. Kauspielzeuge sind die hundlichen Äquivalente zu Büchern und Filmen. Natürlich kann man auch sehr alt werden, wenn man einfach nur regelmäßig zu essen und zu trinken bekommt und ein Dach über dem Kopf hat, aber überlegen Sie mal, wie es um Ihre Lebensqualität bestellt wäre, wenn es für Sie keine Bücher, kein Internet, Fernsehen, Kino oder andere Zeitvertreibe gäbe.

Anfangsrezept für den Kong

Wenn Ihr Hund eine der Zutaten nicht mag, ersetzen Sie sie einfach durch eine ähnliche andere.

1 Handvoll Trockenfutter Ihres Hundes
2 gewürfelte Babykarotten
2-3 Hundekekse mit Leber
1 Glas Babynahrung mit Fleisch

Vermengen Sie die Zutaten in einer Schüssel und stopfen Sie die Mischung dann locker in einen Kong. Das sollte für Ihren Hund nicht zu schwer sein, weil keines der Stücke so groß ist, dass es von Ihnen durch das Loch hineingezwängt werden musste, und es ist auch nicht gefroren. Wenn Ihr Hund alles zu schnell und einfach herausholt, können Sie den Schwierigkeitsgrad erhöhen, indem Sie ein paar größere Stücke Hundekekse, etwas getrockneten Pansen oder Hühnerfleisch hinzugeben, oder den gefüllten Kong im Eisfach kurz anfrieren lassen. Beide Maßnahmen machen den Kong zu einer größeren Herausforderung, die Ihren Hund länger beschäftigt hält. Sie können auch Ihre eigenen Rezepte entwickeln oder sich Inspiration auf der Internetseite des Unternehmens holen: www.kongcompany.com.

- **Echte Knochen:** Knochen gibt es entweder in abgekochter, steriler Form oder als geräuchert mit Fleischresten daran zu kaufen. Sie können auch Suppenknochen vom Metzger füttern, vorausgesetzt, sie sind roh. Es gibt massive Auseinandersetzungen zum Thema Rohfütterung, doch ich will hier nicht in die Tiefe der verschiedenen Argumente gehen. Die schlussendliche Autorität zu diesem Thema ist Ihr Tierarzt. Wenn Sie Ihrem Hund das erste Mal einen echten Knochen geben, bleiben Sie bei ihm, um ihn einerseits zu überwachen und notfalls einzugreifen, sollte er zu große Stücke schlucken, und andererseits keine Verknüpfung zwischen seinem neuen Spielzeug und Ihrem Weggehen herzustellen. Gefällt Ihrem Hund der Knochen, können Sie ihn nach und nach als Trostpflaster einsetzen, wenn Sie mal wegmüssen. Aber wie gesagt, das sollte tunlichst nicht gleich beim ersten Mal passieren.
- **Zerrspielzeug:** Einige Hunde lieben es, Zerrspiele zu veranstalten, während andere sich überhaupt nicht dafür interessieren. Es ist durchaus möglich, kleine Funken des Interesses in Ihrem Hund zu flammender Begeisterung zu entzünden, aber oft lohnt sich die Mühe nicht, wenn es anderes Spielzeug gibt, an dem er mehr Spaß hat. Wenn Ihr Hund jedoch ein großer Freund des Zerrens ist, haben Sie ein vergnügliches Spiel, das jedoch nach gewissen Regeln gespielt werden sollte.

SPIELE MIT SPIELZEUGEN

Gemeinsam zu spielen ist eine der großen Freuden im Zusammenleben mit einem Hund. Meine Lieblinge sind Zerrspiele und »Ich fang dich!« Für beide braucht man Spielzeug des Hundes, was den Vorteil hat, dass es für den Hund noch viel wertvoller wird. Beide Spiele haben jedoch auch Regeln, die dazu dienen, die Motivationshebel Ihres Hundes besser zu kontrollieren – ein Gedanke, den ein Trainer immer im Hinterkopf hat.

REGELN FÜR ZERRSPIELE
1. Der Hund darf das Spielzeug erst nehmen, wenn er dazu aufgefordert wird (»Okay, nimm's dir.«). Wenn er zu früh zuschnappt, endet das Spiel: »Schade.« Lassen Sie das Spielzeug fallen und entfernen Sie sich. Als totes Objekt ist es viel weniger spaßig.
2. Der Hund muss loslassen, wenn es ihm gesagt wird. (»Aus.«) Wenn er weiter zieht, endet das Spiel. Sie lassen Ihr Ende los und sagen »Schade«. Machen Sie sich keine Sorgen, dass der Hund nun das Spielzeug hat. Er hat dadurch nichts »gewonnen«. Hunde spielen Zerrspiele aus anderen Gründen als Menschen. Der Hund ist begeistert davon, wie man dafür sorgen kann, dass das Spielzeug sich bewegt und Widerstand leistet. Sobald Sie es loslassen, ist es tot und stellt somit keine echte Belohnung dar.
3. Keine Zähne an Haut oder Kleidung. Wenn Ihr Hund Sie beim Zupacken oder Nachfassen mit den Zähnen berührt – egal, wie zufällig es passiert sein mag – endet das Spiel: »Schade.« Einer der Vorteile von Zerrspielen ist diese wichtige Erinnerung an den Hund, dass seine Zähne am Menschen nichts zu suchen haben. Bei diesem Spiel kann Ihr Hund üben, selbst im wildesten Gerangel sehr genau darauf zu achten, wo er seine Zähne hat.

4. Das hier ist eine Regel für Sie: Nutzen Sie das Zerrspiel als Gehorsamkeitsmotivator. Bevor Sie mit dem Spiel beginnen, fordern Sie ein Sitz, Platz, Bleib oder verschiedene Tricks. Hunde, die Zerrspiele mögen, werden Ihnen pro Spieldurchgang viele verschiedene Gehorsamkeitsübungen zeigen. Sie können außerdem das Spiel jederzeit beenden – zum Teil, um das »Aus«-Kommando zu festigen, zum anderen, um das Spiel als Belohnung für das Ausüben von weiteren Gehorsamkeitsübungen neu anzufangen.

ZERRSPIEL I: »Aus«

Der Schlüssel zur gelungenen Etablierung einer Regel ist Kontrolle. Bevor Sie sich also Hals über Kopf in dieses Spiel stürzen, versuchen wir erst einmal, es etwas ruhiger anzugehen. Unser Fokus liegt in dieser Übung auf den Belohnungen für das Befolgen der Regeln. Später können wir immer noch wilder werden.

1. Stecken Sie sich eine Handvoll hochwertiger (für Ihren Hund) Leckerlis ein. Suchen Sie ein Spielzeug aus, das sie zum offiziellen Zerrspielzeug machen. Das hilft Ihrem Hund zu unterscheiden, wann gespielt wird und wann nicht.
2. Setzen Sie sich auf einen Stuhl (Sie können auch stehen, wenn Sie sich unwohl fühlen, im Sitzen zu spielen, zum Beispiel, weil Sie einen sehr großen Hund haben) und bewegen Sie das Spielzeug in verlockenden Bewegungen, um zu sehen, ob Ihr Hund darauf anspringt. Wenn er es tut, loben Sie ihn, »Fein gemacht, guter Hund«. Nach ein paar Sekunden sagen sie »Aus«. Wenn Ihr Hund nicht sofort auf das Spielzeug reagiert, versuchen Sie, abzuschätzen, ob er kein Interesse hat – Zerrspiele also nicht sein Fall sind – oder ob er von Ihren Leckerchen zu abgelenkt ist. Falls das der Fall ist, tragen Sie sie weniger offensichtlich bei sich und versuchen es noch einmal.
3. Sobald Sie »Aus« sagen, hören Sie damit auf, das Spielzeug zu bewegen – halten Sie es fest, aber stellen Sie sicher, dass es »tot« ist, indem Sie es so fest wie möglich zwischen Ihren Knien einklemmen. Dann warten Sie. Jetzt ist das Spielzeug viel weniger lustig, und früher oder später wird Ihr Hund es loslassen. Genau in dem Moment loben Sie ihn überschwänglich und geben ihm eine Belohnung, während Sie das Spielzeug sicher in Ihrer anderen Hand halten.
4. Fangen Sie erneut bei Schritt 2 an. Die Prozedur verlangt ein wenig Übung, und jeder Hund ist anders. Manche sind so eifrig bei der Sache, dass es schwer ist, sie zu einem »Aus« zu bewegen. Andere Hunde ziehen gut, aber sobald sie eine Belohnung erhalten haben, ist das Spielzeug vergessen und sie fangen an, Ihnen ihr gesamtes Gehorsamkeits- und Trickrepertoire vorzuführen, um weitere Leckerchen aus Ihnen herauszuholen. Dieser Sorte Hund kann man das »Aus«-Kommando oft auch ohne Futterbelohnung beibringen, weil sie sich nicht ganz so sehr im Spielzeug verbeißen. Die Zerr-Verrückten hingegen brauchen die Futterbelohnung, um das »Aus« zu kompensieren, zumindest so lange, bis das Kommando richtig sitzt. Interessanterweise wird an diesem Punkt dann die Folge von Gehorsamkeitsübungen zur Belohnung für das Aus, weil sie eine weitere Runde Zerrspiel ankündigt. Das ist eine ganze Menge an Verhalten, das für eine einzige Belohnung gezeigt werden muss – das »Aus« plus

verschiedene Gehorsamkeitsübungen – aber Hunde, die wirklich verrückt nach Zerrspielen sind, zahlen diesen in ihren Augen kleinen Preis gerne. Das nenne ich Verhaltensökonomie in Aktion.

Üben Sie so lange, bis Ihr Hund auf Ihr verbales Kommando »Aus« fünf Mal in Folge sofort losgelassen hat.

Machen Zerrspiele meinen Hund aggressiv?

Jahrelang hat man den Leuten erzählt, sie sollen bloß keine Zerrspiele mit ihren Hunden veranstalten, weil man fürchtete, dass dieses Spiel die Aggression der Hunde fördere oder ihnen erlaube, sich ihrem Herrchen gegenüber »dominant« zu zeigen. Bezeichnenderweise haben viele Menschen es trotzdem getan, auch wenn sie es der Zerrspiel-Polizei gegenüber nur ungern zugaben. Irgendwann wurde dann endlich von Peter Borchelt und Linda Goodloe eine Studie durchgeführt, in der die Aggression von Hunden, die regelmäßige Zerrspiele mit ihren Haltern spielten, mit der von Hunden verglichen wurden, die niemals Zerrspiele spielten. Es gab keinen Unterschied. Viele der weltweit besten Trainer – die ganz oben auf den Ranglisten von Obedience, Agility, Flyball etc. zu finden sind – nutzen regelmäßig Zerrspiele als Belohnung für ihre Hunde, ohne dass bei diesen dadurch eine erhöhte Aggression festzustellen ist. Außerdem ist es eine hervorragende körperliche Betätigung für Hund und Halter, weil sie nicht nur Spaß macht, sondern auch jede Menge Energie verbrennt.

ZERRSPIEL II: »Okay, nimm's dir«

In Zerrspiel I haben wir uns darauf konzentriert, dass der Hund vom Spielzeug ablässt, sobald wir »Aus« sagen. Nun bringen wir ihm bei, dass er das Spielzeug erst fassen darf, wenn wir sagen »Okay, nimm's dir«.

1. Setzen Sie sich wieder auf den Boden oder einen Stuhl und halten das Spielzeug versteckt. Sagen Sie »Okay, nimm's dir«, holen das Spielzeug hervor und legen ein kleines Zerrspiel ein. Dann sagen Sie »Aus« und loben Ihren Hund, wenn er das Kommando befolgt. Bevor er jedoch wieder zuschnappen kann, verstecken Sie das Spielzeug schnell hinter Ihrem Rücken oder setzen sich drauf.
2. Warten Sie ein paar Sekunden. Wenn Ihr Hund ein wenig irritiert wirkt, ist das hervorragend. Sagen Sie erneut »Okay, nimm's dir« und wiederholen Sie die Prozedur.
3. Wenn Ihr Hund das Spielzeug ohne Ihre Aufforderung nimmt, auch wenn Sie sich Mühe gegeben haben, es rechtzeitig vor ihm in Sicherheit zu bringen, sagen Sie einfach »Schade«, stehen auf und gehen.

Gehen Sie zur nächsten Übung weiter, wenn Sie zwei solche Zerrspielrunden an zwei verschiedenen Tagen durchgeführt haben, in denen Sie das Spiel jeweils mindestens fünf Mal mit »Okay, nimm's dir« angefangen haben.

ZERRSPIEL III: Verschärftes »Okay, nimm's dir«
1. Fangen Sie genauso an wie bisher mit dem verstecken Spielzeug. Sagen Sie »Lass es« und holen das Spielzeug langsam hervor. Wenn Ihr Hund Anstalten macht, das Spielzeug packen zu wollen, lassen Sie es sofort wieder verschwinden. Warten Sie, bis er sich beruhigt hat, und versuchen Sie es dann noch einmal. Die Regel heißt jetzt: Sie sagen nicht eher »Okay, nimm's dir«, bis er nicht das Lass es befolgt hat.
2. Sollte Ihr Hund zu irgendeinem Zeitpunkt zu schnell sein und das Spielzeug doch in die Fänge bekommen, sagen Sie »Schade«, stehen auf und verhängen eine Dreißig-Sekunden-Strafe. Nehmen Sie sich das Spielzeug – oder ein anderes, falls Ihr Hund dieses noch in der Schnauze hat – gehen Sie beleidigt weg und kommen nach dreißig Sekunden wieder. Wiederholen Sie diese Prozedur jedes Mal, wenn Ihr Hund sich unerlaubt das Spielzeug nimmt. Versuchen Sie, das Spielzeug langsam genug hervorzuholen, so dass Sie es beim kleinsten Anzeichen von Bewegung Ihres Hundes sofort wieder verschwinden lassen können. Sobald er nur blinzelt verschwindet das Spielzeug.
3. Wiederholen Sie die Übung ein paar Mal und beenden sie dann. Einige Hunde – die versessenen und die, die die Übungen zur Impulskontrolle in Teil zwei dieses Buchs nicht gemacht haben – brauchen zwei oder drei Durchgänge, bevor sie anfangen, das Spielzeug in Ruhe zu lassen.

Wenn Ihr Hund fünf Mal in Folge auf das »Okay, nimm's dir«-Signal gewartet hat, können Sie mit der nächsten Übung fortfahren.

ZERRSPIEL IV: Beißhemmung
Dieses letzte Puzzlestück auf dem Weg zum wohlerzogenen Zerrspielpartner zeigt Ihrem Hund, dass er zu jeder Zeit, selbst mitten im wildesten Spiel, sehr vorsichtig sein muss, wo er seine Zähne platziert.
1. Spielen Sie einige Runden, wobei Sie das Aus und das Okay, nimm's dir festigen. An diesem Punkt benötigen Sie sehr wahrscheinlich keine Futterbelohnungen mehr, weil die Wiederaufnahme des Spiels jetzt die Belohnung ist und die Drohung, das Spiel abzubrechen, als Motivation dient, keine Fehler zu machen.
2. Von jetzt an sagen Sie jedes Mal, wenn die Zähne Ihres Hundes Ihre Kleidung oder Ihre Haut berühren, ganz laut »Aua!« – auch wenn es gar nicht weh getan hat – und brechen mit einem »Schade« das Spiel ab. Verhängen Sie eine Dreißig-Sekunden-Strafe und versuchen es dann noch einmal.
3. Seien Sie gnadenlos. Wenn Sie bei dieser Regel schummeln (»Ach, das war mein Fehler ...«), wird es weiterhin immer wieder mal zu Zahnkontakt kommen. Hier gilt jedoch: Je strenger, desto besser. Sie können sogar Teufels Advokat spielen, indem Sie dem Hund Ihre Hand absichtlich präsentieren. Bevor er das Spielzeug nehmen darf, halten Sie es so fest, dass Sie den Großteil in der Hand halten und die Beißfläche für Ihren Hund sehr klein ist. Eine andere Möglichkeit, die Beißhemmung zu festigen, ist es, Ihre Hand inmitten des Zerrspiels immer näher an die Schnauze Ihres Hundes zu

schieben. Keine Frage, das führt dazu, dass er einen Fehler machen wird, aber was das Thema Hundezähne an Menschenhaut angeht – ein Gebiet, das immer wieder zu schrecklichen Unfällen mit bösen Folgen für alle Beteiligten führt – ist es immens wichtig, den Hund auf diese Weise immer wieder zu überprüfen und notfalls zu korrigieren.

Wenn zwei komplette Zerrspielrunden ohne ein einziges »Aua« von Ihnen funktioniert haben, sind Ihre Regeln fest im Kopf Ihres Hundes etabliert. Jetzt können Sie so viele und so lange Zerrspiele spielen, wie Sie möchten. Denken Sie nur daran, immer mal wieder Gehorsamkeitsübungen und Tricks in die Pausen zwischen den einzelnen Runden einzulegen – wir wollen doch diesen schönen Motivator nicht verschwenden!

Wenn Ihr Hund einen Fehler macht, der Sie tatsächlich verletzt, sollten Sie dieses Spiel nicht mehr mit ihm spielen.

»ICH FANG DICH!« MIT DEN SPIELZEUGEN IHRES HUNDES

Bisher haben wir das Interesse des Hundes an seinen Spielzeugen geweckt, indem wir ihm verschiedene Kauartikel präsentiert und ihm die, die er am liebsten mochte, weiterhin gegeben haben. Außerdem haben wir den an Zerrspielen interessierten Hunden die Regeln für dieses Spiel beigebracht, womit wir nicht nur ein tolles Spiel zum Auspowern gefunden, sondern in den Augen des Hundes auch den Wert der Spielzeuge erhöht haben. Es gibt noch eine weitere Sache, die wir tun können, um das Klauen ungewünschter Objekte im Haus zu unterbinden: Ab sofort ist nicht mehr das Aufnehmen von etwas Verbotenem der Anpfiff zu einer lustigen Jagd durch Herrchen oder Frauchen, sondern das Aufnehmen seiner eigenen Spielsachen läutet zu bestimmten Zeiten eine fröhliche Runde »Ich fang dich!« ein.

Wir Menschen neigen dazu, unsere Hunde zu ignorieren, wenn sie brav sind. Ihr Hund hat vielleicht sogar eines seiner Spielzeuge aufgenommen in der Hoffnung, Sie zu einer Runde Fangenspielen zu animieren. Aber wir kümmern uns nicht groß um unsere Hunde, wenn sie sich mit ihren eigenen Sachen beschäftigen, oder? Wir kümmern uns um unsere Hunde, wenn sie etwas von unseren Sachen aufnehmen. Aus Sicht des Hundes funktioniert das, und er wird es wiederholen. Wenn Ihr Hund es liebt, gejagt zu werden, erkennen Sie jetzt vielleicht das Muster.

Es ist wichtig zu verstehen, dass Ihr Hund nicht absichtlich versucht, etwas Falsches zu tun. Das könnte er gar nicht, weil Gegenstände in seinem Kopf nur drei mögliche Zustände haben: essbar, zum Spielen oder Knopf-Wert. Knopf-Wert bedeutet, wenn ein Hund einen bestimmten Gegenstand berührt, ist es als wenn er einen Knopf drückt, der seinen Besitzer dazu bringt, ihm sofortige Aufmerksamkeit zu widmen. Selbst wenn Sie am Ende einer wilden Verfolgungsjagd böse und ernst sind, sobald Sie Ihren Hund eingefangen haben, kann es für Ihren Hund trotzdem lohnend sein, dieses Verhalten weiter zu zeigen, weil das Fangenspiel an sich für ihn höchst belohnend ist. Und natürlich gibt es keinen Grund, gewalttätig zu werden. Sie würden sofort das Jugendamt anrufen, wenn jemand sein zweijähriges Kind dafür schlägt, dass es sein Brillenetui angefasst hat. Genauso stünde es in keinem Verhältnis, Gewalt gegenüber einem armen Hund anzuwenden, nur weil er etwas genommen hat, was er nicht durfte.

ICH FANG DICH!
1. Suchen Sie sich einen Zeitpunkt, an dem Ihr Hund in Spiellaune zu sein scheint. (Wenn Ihr Hund sehr spielzeugbegeistert ist und Sie schon längere Zeit damit verrückt macht, dass er mit Ihren Sachen durchs Haus läuft, ist jeder Zeitpunkt der richtige.) Ideal ist es, ein neues Spielzeug zu benutzen, wie ein Plüschtier oder etwas, das quiekt. Wenn er ein Lieblingsspielzeug hat, können Sie auch das nehmen.
2. Setzen Sie sich auf den Boden oder einen Stuhl und halten das Spielzeug hinter Ihrem Rücken verborgen. Rufen Sie Ihren Hund zu sich und zeigen Sie ihm das Spielzeug für den Bruchteil einer Sekunde. Holen Sie es dann ganz langsam hervor, bewegen Sie es verlockend hin und her und verstecken es wieder. Das sollte das Interesse Ihres Hundes wecken. Wiederholen Sie das ein oder zwei Mal. Dann stehen Sie auf und laufen ein wenig durchs Haus und halten das Spielzeug über Ihren Kopf, als wenn Sie Fangen spielen und Ihr Hund jetzt »dran« ist.
3. Halten Sie an, locken Sie ihn noch einmal mit dem Spielzeug und lassen es dann fallen. Wenn er es aufnimmt, wackeln Sie spielerisch mit dem Finger, sagen »Iiiiiiiiiich fang dich!« und springen vor, als wenn Sie sich das Spielzeug schnappen wollten. Wenn Ihr Hund nicht wegläuft, geben Sie ihm einen ganz leichten, spielerischen Klaps auf den Po. Wenn er wegläuft, sprinten Sie hinterher, geben ausgelassene Geräusche von sich und sagen »Ich fang dich, fang dich, fang dich!«
4. Wenn Ihr Hund das Spielzeug gar nicht erst aufhebt, nachdem Sie es fallengelassen haben, versuchen Sie, ganz langsam danach zu greifen. »Ohhhh, ich glaube, das ist meiiiiiiin Spielzeug ...« und gucken Sie, ob er den Köder schluckt. Wenn er sich jetzt das Spielzeug nimmt, beginnen Sie die lustige Jagd wie unter Punkt 3.
5. Wenn Ihr Hund die Regeln des Zerrspiels kennt, können Sie am Ende des Spiels eine Runde Zerren einlegen. Das ist ein spaßiges Training für Sie beide. Sagen Sie immer »Ich fang dich!«, bevor Sie mit der Jagd beginnen. Das hilft bei der Unterscheidung zwischen »richtiger« und »falscher« Jagd, die wir etablieren wollen.

Einige Hunde machen nicht von Anfang an mit, aber es lohnt sich, hartnäckig zu bleiben, wenn Sie glauben, dass dieses Spiel Ihrem Hund Spaß machen könnte. Ermutigen Sie jedes kleine Anzeichen von Interesse, das Sie sehen. Sie erkennen, ob Ihr Hund ein guter Kandidat für dieses Spiel ist, wenn er gerne mit (Ihren) Sachen im Maul herumläuft.

MANAGEMENT DES TRAININGS

Sobald Sie anfangen wollen, das »Ich fang dich«-Spiel zu üben, sollten Sie alle verbotenen Gegenstände, die Ihr Hund sich in letzter Zeit geschnappt hat, wegräumen. Das gilt besonders für wertvolle Dinge. Je wertvoller die Sachen sind, die Ihr Hund sich nimmt, desto größer wird Ihr Interesse sein, sie ihm wieder abzujagen. Das führt aus Hundesicht zu ganz toll lustigen Jagden – und Sie direkt in einen Teufelskreis. Dieses Vorbeugen eines problematischen Verhaltens durch sorgfältige Kontrolle der Trainingsumgebung nennen Hundetrainer »Management«.

DAS INTERESSE AN VERBOTENEN SACHEN LÖSCHEN

Wenn Ihr Hund zum Klauen neigt, bringen Sie ihm erst das »Ich fang dich«-Spiel bei, bevor Sie weitermachen. Es ist wichtig, dass Ihr Hund einen Ausweg für diese Art von Energie hat. Es reicht nicht, ein Verhalten auszulöschen, man muss es auch durch ein anderes ersetzen.

1. Für diese Übung müssen Sie eines der Objekte, die Ihr Hund schon einmal geklaut hat, als Köder auslegen. Nehmen Sie etwas, was nicht zu wertvoll ist, denn wenn Ihr Hund es sich nimmt, werden Sie ihn nicht jagen.
2. Legen Sie das Objekt an eine Stelle, wo Ihr Hund es normalerweise auch gefunden hätte, und gehen Sie Ihrem Tagewerk nach.
3. Wenn der Hund das Objekt für zehn Minuten oder länger ignoriert, holen Sie das »Ich fang dich«-Spielzeug heraus und spielen eine Runde mit ihm. Er war wirklich ein guter Hund.
4. Wenn er sich dem Objekt nähert, sagen Sie »Lass es«. Wenn er davon ablässt, loben Sie ihn ausgiebig. Wenn er das Objekt aufnimmt, tun und sagen Sie gar nichts. Schauen Sie nicht einmal in seine Richtung (wenn Sie unbedingt wollen, können Sie das Geschehen aus dem Augenwinkel beobachten).
5. Wenn er sich hinlegt, um darauf herumzukauen, lenken Sie ihn irgendwie ab. Gehen Sie zur Tür, laufen Sie aus dem Zimmer, tun Sie etwas, das seine Aufmerksamkeit erregt, aber ohne dass Sie sich dem Hund nähern – das würde sein Tun nur belohnen, und das wollen wir ja nicht mehr.
6. Sobald Sie ihn ein ganzes Stück von dem Objekt entfernt haben, bringen Sie ihn in ein Zimmer oder auf seinen Platz und schließen die Tür. Heben Sie dann das Objekt auf. Riskieren Sie nicht, dass Ihr Hund es sich ein zweites Mal holt.
7. Wiederholen Sie die Prozedur mit einem Objekt, auf dem Ihr Hund nicht herumkaut. Bleiben Sie auch etwas mehr in der Nähe, um Ihrem »Lass es« mehr Gewicht zu verleihen. Wenn er unartig ist und es sich wieder nimmt, jagen Sie ihn wieder nicht. Es darf keinerlei Belohnung für sein Verhalten geben. Die größte Belohnung wäre Ihre Aufmerksamkeit, egal ob positiv oder negativ. Wir wollen dieses Verhalten aushungern bis zu dem Punkt, den wir Löschung nennen. Machen Sie diese Übung mindestens einmal am Tag.

Spielen Sie zwischendurch immer wieder »Ich fang dich!«, um zu unterstreichen, welche Objekte – sein Spielzeug – den besagten Knopf-Wert haben. Schnappt er sich sein eigenes Spielzeug, sobald Sie »Ich fang dich!« sagen, geht die Jagd sofort los. Nimmt er sich jedoch Sachen, die Ihnen gehören, passiert gar nichts.

Gehen Sie zur nächsten Stufe über – Lockerung des Managements – wenn Ihr Hund fünf Tage hintereinander keine Anstalten gemacht hat, sich die verbotenen Gegenstände zu nehmen.

LOCKERUNG DES MANAGEMENTS

Jetzt, wo Sie die den Bedarf Ihres Hundes an Spielzeug, Aufmerksamkeit und Kauen gedeckt haben, können Sie anfangen, Lass es ins echte Leben zu übertragen. Legen Sie die problematischen Gegenstände nach und nach wieder an ihre gewohnten Plätze. Trotz Lass es und dem durchgeführten Training haben diese Gegenstände eine gewisse Geschichte, so dass Ihr Hund möglicherweise versucht ist, sie sich doch noch einmal zu nehmen. In den ersten zwanzig Minuten, in denen Sie ein besonders begehrtes Objekt wieder an seinen Platz zurückgelegt haben, sollten Sie sich nicht zu weit davon entfernen. Je eher Sie »Lass es« sagen können, desto größer die Chance auf Erfolg. Es ist auch gut, mit Ihrem Hund eine oder zwei Runden Fangen mit seinem Spielzeug zu spielen, gleich nachdem Sie das Objekt an seinen Platz gelegt haben.

Wenn Ihr Hund ein notorischer Klauer ist, empfehle ich Ihnen, Auszeiten im Wechsel mit Unterbrechen-Umleiten einzusetzen. Das sieht wie folgt aus:

Szenario Nummer	Sein Verhalten	Ihre Antwort
Eins	Er schnappt sich Ihr Handy und kaut darauf herum.	Unterbrechen-Umleiten »Lass es« (Sie nehmen sich vor, beim nächsten Mal einzuschreiten, bevor er es sich holen kann)
Eins (Fortsetzung)	Er hört auf, auf dem Handy zu kauen.	»Dankeschön. Gut gemacht!« Sie sammeln das Handy ein. »Wo ist das kleine Quietscheschwein?«
Zwei	Er kommt in die Waschküche – Sie ahnen einen Sockenklau. Glücklicherweise bemerken Sie es früh.	Auszeit Sie blockieren die Tür der Waschküche, so dass er nicht raus kann. »Schade.« Sie entfernen den Socken, den Rest der Wäsche und lassen den Hund eine Minute bei geschlossener Tür warten.
Drei	Er geht wieder zur Waschküche.	Unterbrechen-Umleiten »Lass es … Wo ist das Schwein?«
Drei (Fortsetzung)	Er rennt in die Waschküche, schnappt sich einen Socken und rennt stolz damit durchs Haus.	Sie nehmen das Quietscheschwein zu sich und widmen ihm ihre ganze Aufmerksamkeit; dabei ignorieren Sie den Hund. Später legen Sie den Hund an eine fünf Meter lange Schleppleine für nächste Mal.

Szenario Nummer	Sein Verhalten	Ihre Antwort
Vier	Er macht sich wieder auf den Weg in die Waschküche.	Auszeit »Schade!« Sie holen den Hund an der Leine langsam zu sich, nehmen ihm den Socken weg und geben ihm eine einminütige Auszeit. Später spielen Sie weiter alleine fröhlich mit dem Quietscheschwein.
Fünf	Er geht zur Waschküche.	Unterbrechen-Umleiten (immer noch an der Schleppleine) »Lass es.«
Fünf (Fortsetzung)	Er bleibt stehen, dreht sich um und schaut Sie zerknirscht an.	»Dankeschön. Gut gemacht!« Sie schließen die Tür zur Waschküche, um weitere Verlockungen zu verhindern. Sobald Ihr Hund sich entspannt hat, initiieren Sie eine Runde »Ich fang dich!« mit dem Quietscheschwein. Wenn Sie das direkt nach dem versuchten Sockenklau machen würden, würde es wie eine Belohnung wirken, also brauchen wir immer einen kleinen zeitlichen Abstand.

Beide Techniken gemeinsam geben Ihrem Hund eine ganze Menge an Informationen: Er lernt, was passiert, wenn er sich verbotene Dinge nimmt, wenn er ein Lass es ignoriert, und wenn er das Kommando »Lass es« befolgt. Vor allem aber lernt er eine sehr gute Alternative: Regelmäßige Spiele mit dem Quietscheschwein. Diese Spieleinlagen sind der Schlüssel zum Erfolg für das gesamte Unternehmen.

Wenn Sie ein Kind haben, das immer wieder Chaos anrichtet, indem es seltsame Gebilde aus Lampen und Zeitschriften baut, die mit dem Kabel Ihres Computers zusammengebunden werden, könnten Sie es dafür entweder schlagen oder Sie könnten ihm einen Experimentierkasten kaufen. Ich bin oft bestürzt, wenn Hundebesitzer den Ansatz verfolgen, das ungewünschte Verhalten zu unterdrücken, wo es doch viel eleganter und humaner wäre, es in andere Bahnen zu lenken. Wofür haben wir denn Hunde, wenn nicht dafür, dass sie sich wie welche verhalten!

BETTELN UND FORDERUNG NACH AUFMERKSAMKEIT

Jeder normale Hund möchte gestreichelt werden, beachtet werden, Reste von unseren Mahlzeiten abbekommen. Das Problem ist nicht, dass Hunde das mögen. Das Problem ist die Art, auf die sie versuchen, diese Dinge zu erreichen. Wieder einmal geht es um Auswege und das Versprechen, von der schlechten Angewohnheit zu lassen, den Hund nur dann zu beachten, wenn er etwas tut, was uns nicht gefällt. Lassen Sie uns mal sehen, was wir von den Dingen, die der Hund bereits gelernt hat, auf diese Situationen anwenden können.

Was, wenn mein Hund während der Auszeit bellt?

Die Effektivität der Auszeit besteht in dem punktgenauen Entfernen dessen, was der Hund in der Sekunde gerade haben möchte. Natürlich weckt sie dadurch Frustration, und Hunde neigen dazu, zu bellen, wenn sie frustriert sind. Besitzer hingegen neigen dazu, sich ihrem Hund zu widmen, wenn er bellt, sei es, indem sie sich im zuwenden oder die Auszeit beenden, damit er aufhört. Inzwischen erkennen Sie, dass das kontraproduktiv ist, weil es das Bellen belohnt. Wenn Ihr Hund während einer Auszeit bellt, warten Sie am besten so lange, bis er gute fünfzehn Sekunden am Stück ruhig ist, bevor Sie ihn rauslassen. Selbst wenn das länger dauert als die eigentliche Auszeit. Wenn andere Familienmitglieder oder Nachbarn wegen des Lärms Druck auf Sie ausüben, erklären Sie ihnen, dass Sie dabei sind, Ihren Hund zu erziehen. Im Laufe dieses Trainings versucht der Hund das Bellen lediglich als eine neue Strategie, und Sie müssen sicherstellen, dass er damit keinen Erfolg hat. Ich habe immer ganz gute Erfahrungen gemacht, mich mit einem selbstgebackenen Kuchen oder einem anderen, sorgfältig ausgewählten Geschenk und einer kleinen Karte bei den Betroffenen für die Unannehmlichkeiten zu entschuldigen und zu erklären, dass dies ein lauter, aber vorübergehender Schritt auf dem Weg zu einem wohlerzogenen und angenehmen Nachbarhund ist.

AUFDRINGLICHE FORDERUNG NACH AUFMERKSAMKEIT

1. Sobald Ihr Hund anfängt, Sie oder einen Gast mit der Nase oder Pfote anzustupsen, befehlen Sie ihm ein Platz. Da es sich um einen neuen Kontext handelt, müssen Sie vielleicht das Handzeichen dazu geben. Sobald er liegt, loben Sie ihn und tätscheln ihn ein paar Mal. Wenn er liegen bleibt, streicheln Sie ihn zwischendurch immer wieder.
2. Wenn er das erste Mal aus dem Platz aufsteht, sagen Sie »Schade« und bringen ihn weg. Entweder in ein anderes Zimmer mit geschlossener Tür, hinter ein Kinderschutzgitter oder auf seinen Platz. Nach einer Minute darf er wieder dazu kommen. Gleiche Regeln. Wechseln Sie ab zwischen ihn loben und streicheln fürs Platz und der neuen Konsequenz fürs Aufstehen, nämlich die Verbannung. Nach und nach wird er das Konzept verstehen.

FUTTERBETTELN

1. In dem Moment, wo Ihr Hund mit treuherzigem Blick, sabbernden Lefzen und womöglich noch einer Pfote auf Ihrem Schoß neben Ihnen sitzt, wenn Sie essen, bitten Sie ihn ins Platz – oder schicken Sie ihn in sein Körbchen, eine Übung, die im Trick-Teil des Buches erklärt wird.
2. Wenn er sich hinlegt, loben Sie ihn. Es bleibt vollkommen Ihnen überlassen, ob Sie ihn mit dem einen oder anderen Bissen Ihres Essens belohnen wollen, während er das Platz hält. Einige Menschen finden das vollkommen in Ordnung, und es ist auf jeden Fall der wirksamste Weg, um Ihren Hund zu belohnen und sein Verhalten zu verstärken, nämlich ruhig unter dem Tisch zu liegen, wenn Menschen essen. Wenn Sie das nicht möchten, ist es aber auch okay.
3. Legt er sich weder auf ein verbales Kommando noch auf das Handzeichen hin, verbannen Sie ihn.
4. Wenn er sich hinlegt, aber immer wieder hochkommt, sagen Sie erneut »Platz« und loben Sie ihn öfter. (»Danke fürs Liegenbleiben, gut gemacht.« »Oh, du machst immer noch Platz, was für ein toller Hund. Hier hast du einen Bissen.«) Versuchen Sie, Ihr Lob und die mögliche Belohnung dann zu geben, wenn Ihr Hund eine längere Zeit ruhig gelegen hat. Denken Sie nicht nur daran, ihn zu belohnen, nachdem er aufgestanden und sich auf Kommando wieder hingelegt hat. Das belohnt nämlich nicht das Hinlegen, sondern das Aufstehen!
5. Sie werden das über mehrere Mahlzeiten üben müssen, bis es perfekt funktioniert. Wenn Sie den Hund in sein Körbchen schicken und das nicht direkt am Tisch steht, werden Sie während der ersten Mahlzeiten ab und zu aufstehen müssen, um Ihrem Hund für sein Wohlverhalten ein Leckerli zukommen zu lassen. Aber die Rennerei ist es wert, denn hiermit legen Sie die Grundlage für einen höflichen und wohlerzogenen Hund, der Sie die nächsten Jahre begleitet.

11. KAPITEL

FESTIGEN UND ERHALTEN

Sie haben Ihrem Hund jetzt die Grundbefehle beigebracht, er kann die verschiedenen Kommandos für Ihren Bedarf gut genug unterscheiden und sie an verschiedenen Orten und mit unterschiedlichen Personen ausführen. Nun ist es an der Zeit, das Training in Ihr tägliches Leben zu integrieren, damit Ihr Hund in Übung bleibt. (S. dazu auch Kapitel 7 und 8 zu den Themen Unterscheidung von Kommandos und Festigung des Verhaltens in unterschiedlichen Situationen.) Sie können jetzt anfangen, die wertvollen, aber etwas anderen Belohnungen einzusetzen, die ich unten aufgeführt haben, denn Sie werden Ihren Hund jetzt nur noch einmal bitten, ein Kommando auszuführen, anstatt eine ganze Reihe von Wiederholungen abzufordern. Und auch wenn Sie ganz zufrieden damit sind, Futter oder Spielzeug als Belohnung einzusetzen, ist es empfehlenswert, zusätzliche Belohnungen einzuführen, die mit bestimmten, täglich vorkommenden Aktivitäten oder Verhaltensweisen verknüpft sind. Sie erhalten dadurch nicht nur ein tägliches Training, sondern auch eine Festigung des Verhaltens, weil Sie Ihre Motivationsbasis erweitert haben.

GELEGENHEITEN ZUR VERHALTENSFESTIGUNG

Hier sind einige Übungen und Belohnungen, die Ihre Trainingserfolge erhalten und festigen. Sie können sich natürlich noch Ergänzungen ausdenken, die speziell zu Ihnen und Ihrem Hund passen.

TÜRÖFFNER
Sie allein haben die Macht, Türen zu öffnen. Das bietet eine gute Gelegenheit, Gehorsamkeit zu üben, wie Warte, Sitz, Platz oder einen Rückruf von der Tür. Wenn Sie mit Ihrem Hund spazieren gehen wollen, er mal raus muss oder vom Garten zurückkommt, geben Sie ihm eines der Kommandos, bevor Sie die Tür öffnen. Sobald er es ausführt, loben Sie ihn, bitten ihn zu warten, öffnen die Tür und – wenn er ruhig wartet – geben das Kommando, dass er hinausgehen oder hineinkommen darf. Das ist eine ganze Menge, was Sie da von ihm für eine Belohnung verlangen, aber nach draußen zu kommen ist eine starke Motivation und sollte daher nicht vergeudet werden. Wenn Ihr Hund zwischendurch in seiner Box eingesperrt ist, können Sie von ihm ein Sitz oder Platz verlangen, bevor Sie ihn hinauslassen.

SPAZIERGÄNGE
Nachdem Ihr Hund etwas von seinem Können gezeigt hat, damit Sie die Tür öffnen, fordern Sie draußen noch etwas ab, bevor der eigentliche Spaziergang beginnt.

GUTE GERÜCHE
Wenn Ihr Hund an der Leine zieht, weil er an einem Busch, einer Straßenlaterne oder einem Grasbüschel riechen will, lassen Sie ihn erst dorthin, wenn er ein Kommando ausgeführt hat – das Gleiche gilt für Treffen mit anderen Hunden, wenn er daran Spaß hat.

SPIELE
Bevor Sie etwas werfen oder eine Runde Zerrspiel einlegen, machen Sie ein paar Gehorsamkeitsübungen. Wenn Ihr Hund an Spielen nicht interessiert ist, lassen Sie diesen Punkt weg.

ESSENSZEIT
Eine hervorragende Gelegenheit, Sitz-Bleib oder Platz-Bleib zu üben. Geben Sie Ihrem Hund das entsprechende Kommando und stellen Sie die Futterschüssel dann ganz langsam auf den Boden. Wenn Ihr Hund sich bewegt, heben Sie sie schnell wieder hoch und fangen noch einmal von vorne an. Stellen Sie sie nur auf den Boden und geben Sie ihm das Kommando zum Fressen, wenn er Ihnen ein perfektes Bleib zeigt.

AUFMERKSAMKEIT ODER STREICHELEINHEITEN
Das ist ein weiterer Vorschlag, den Sie auslassen sollten, wenn Ihr Hund nicht gerne gestreichelt wird. Für alle anderen ist es eine weitere gute Gelegenheit, seinen Gehorsam zu festigen, indem er ein paar Sachen zeigen muss, bevor er eine ausgiebige Streicheleinheit erhält.

RÜCKRUF IM PARK
Wenn Sie mit Ihrem Hund einen Hundeauslauf oder einen anderen Ort besuchen, an dem er ohne Leine laufen darf, ist der Moment, in dem Sie die Leine abmachen, unglaublich belohnend. Daher können Sie ruhigen Gewissens einige Kommandos abfordern, bevor Sie Ihren Hund in die Freiheit entlassen. Ich übe hier besonders gerne Rückrufe vom Eingang des Hundeparks – das ist aus Hundesicht sehr teures Verhalten, aber der folgende Freilauf ist ausreichende Belohnung dafür.

Machen Sie das Üben zur Gewohnheit – und zwar einen Schritt nach dem anderen

Im täglichen Leben, vor allem in der hektischen Welt von Familien, ist es oft schwer, daran zu denken, in den richtigen Momenten eine kleine Übungseinheit einzulegen. Am besten ist es, mit einer Situation anzufangen und wenn die sitzt, die nächste dazu zu nehmen. Anstatt sich in allen oder einigen der oben genannten Beispiele daran erinnern zu müssen, ein Sitz, Platz oder Bleib abzufordern, wählen Sie sich erst einmal eine Situation und üben diese für eine oder zwei Wochen. Das kann zum Beispiel so aussehen:

In den nächsten zwei Wochen muss mein Hund

5 SEKUNDEN WARTEN
bevor
ER FRESSEN DARF

Wenn Ihnen am Ende der zwei Wochen dieses Verhalten schon in Fleisch und Blut übergegangen ist, können Sie eine weitere Übung einführen, wie z.B.:

In den nächsten zwei Wochen muss mein Hund

SITZ UND PLATZ MACHEN
bevor
ICH DIE TÜR IN DEN GARTEN ODER ZURÜCK INS HAUS AUFMACHE

Und dann kommt:

In den nächsten zwei Wochen muss mein Hund

AN LOCKERER LEINE GEHEN
bevor
ER AN DEM BAUM, DER LATERNE ODER DER HAUSECKE SCHNÜFFELN DARF

Wenn Sie das zum ersten Mal machen, denken Sie daran, dass der Gehorsam Ihres Hundes nicht so ausgeprägt ist wie in den reinen Übungseinheiten am Anfang. Deshalb ist es extrem wichtig, dass Sie konsequent sind und Ihren Teil der Abmachung wirklich erst erfüllen, wenn der Hund die gewünschten Kommandos richtig gezeigt hat.

Nachdem Sie nun das Üben mit Ihrem Hund in Ihren Tagesablauf integriert haben, haben Sie für diese großartige Arbeit eine ebenso großartige Belohnung verdient. Diese Gewohnheit wird jedem Hund, mit dem Sie in Ihrem Leben zusammenleben, zugute kommen, genau wie den anderen Familienmitgliedern, wenn diese mitmachen.

TEIL VIER:
Fortgeschrittenes Verhalten

In diesem Abschnitt erhalten Sie die Anleitungen für folgende Kommandos:

- **Bei Fuß**
- **Auf den Platz**
- **Bring's**
- **Fein Sitz**
- **Roll dich**

Wenn Sie an diesen Verhaltensweisen arbeiten, hat das einige Vorteile für Sie:

- Ihre Fähigkeiten als Trainer werden verbessert.
- Ihr Hund wird einige nützliche und spaßige Verhaltensweisen lernen.
- Die Verbindung zwischen Ihnen und Ihrem Hund wird gestärkt, wenn Sie sich gemeinsam auf dieses Abenteuer mit schwierigeren Übungen einlassen.
- Sie lernen, wie man einen Clicker richtig benutzt.
- Sie werden so weit verstehen, wie Hundetraining funktioniert, dass Sie eigene Kommandos einüben können, die nicht in diesem Buch erklärt werden. In anderen Worten, Ihr Gehirn kann nicht anders, als die Gemeinsamkeiten in diesen Trainingsrezepten zu erkennen und auf andere Situationen umzumünzen. Am Ende dieses Abschnitts werden Sie die Prinzipien des effektiven Hundetrainings so verinnerlicht haben, dass Sie ganz alleine trainieren können.

Sie können diese fortgeschrittenen Verhaltensweisen in jeder beliebigen Reihenfolge üben, sich nur einige herauspicken und andere gar nicht machen, oder bestimmte Übungen nur teilweise durchführen – das liegt ganz in Ihrer Hand. Allerdings, je mehr Sie üben, desto mehr der obigen Vorteile können Sie genießen.

12. KAPITEL

BEI FUSS

Bei Fuß wird so definiert, dass der Hund nah an Ihrer Seite geht, jeder Bewegung nach links oder rechts folgt und sich Ihrem Tempo anpasst, um immer auf der richtigen Position zu bleiben. Bevor Sie mit dem Training anfangen, sollten Sie sich entscheiden, auf welcher Seite Ihr Hund laufen soll. In Wettbewerben ist es Pflicht, dass der Hund auf der linken Seite geht, aber wenn Sie diesbezüglich keinen Ehrgeiz haben, können Sie Ihren Hund auf welcher Seite auch immer Bei Fuß führen.

BEI FUSS ÜBEN

Bei Fuß ist nicht nur eine sehr komplexe Verhaltensweise für den Hund, sondern hat auch so seine Tücken für neue Trainer. Ich empfehle Ihnen, den Ablauf von Locken, Belohnen und Schritte zählen erst einmal ohne Hund zu üben.

BEI FUSS I: ABLAUF (ÜBUNG OHNE HUND)

Die erste Fähigkeit, die Sie benötigen, ist, in einer geraden Linie zu gehen, wobei Sie ein Leckerli auf Höhe der Hundenase nah an Ihrer Hosennaht halten. Sie können das Leckerchen in egal welcher Hand halten, solange es wie angeklebt auf Höhe der Hundenase an Ihrer Hosennaht bleibt. Probieren Sie unterschiedliche Positionen aus (Leckerli auf der linken Seite von der linken Hand gehalten; Leckerchen auf der linken Seite von der rechten Hand gehalten und so weiter), um zu sehen, welche für Sie am angenehmsten ist. Sie können auch das entsprechende Segment auf der DVD mehrmals anschauen und dann zuerst ohne Ihren Hund üben.

Einige Menschen könnten gut die fünf notwendigen Leckerchen in eine Hand nehmen, bei jedem vierten Takt oder Schritt wie ein Automat eines ausgeben und direkt weitermachen (ich erkläre gleich, was ich mit Takt und Schritt meine, bleiben Sie einfach noch einmal ganz kurz bei mir). Andere bevorzugen es, alle Leckerchen bis auf eines in der anderen Hand zu halten und jedes Mal nachzuladen, wenn sie den Hund belohnt haben. Experimentieren Sie ein bisschen. Vielleicht ändern Sie Ihre Meinung später auch noch einmal, sobald Sie angefangen haben, mit Ihrem Hund zu arbeiten, aber es lohnt sich trotzdem, diesem Problem von Anfang an ein paar Überlegungen zu widmen.

Sie gehen ein paar Schritte mit der Hundenase an dem Leckerchen, geben es ihm dann und gehen direkt weiter. Jede Futtergabe zählt als eine Wiederholung. Wie üblich, werden wir auch hier bei fünf richtigen Ausführungen in Folge einen Schritt weitergehen (richtig bedeutet hier, dass der Hund die ganze Zeit auf der richtigen Position war), bei drei oder vier richtigen Wiederholungen bleiben wir auf der Stufe, und bei zwei oder weniger gehen wir einen Schritt zurück.

Für diese Methode des Bei-Fuß-Gehens ist es unglaublich nützlich, wenn Sie sich den Rhythmus von Gehen und Belohnen laut oder in Gedanken vorsagen. Menschen, die in Musikkapellen oder beim Militär waren, wird das bekannt vorkommen. Gewöhnen Sie sich auch an, zügig zu gehen. Ob Sie es glauben oder nicht, langsames Gehen macht es nicht leichter. Marschieren Sie einfach beherzt los.

Lassen Sie uns das erste Muster ansehen. Es besteht aus drei Schritten Locken und der Belohnung beim vierten Schritt. Versuchen Sie, einen festen Rhythmus zu finden, vielleicht so:

»Locken, locken, locken, belohnen«, und so weiter.

Vielleicht fällt es Ihnen auch leichter, in Takten zu zählen, also »Eins, zwei, drei, belohnen, eins, zwei, drei, belohnen«.

Da Sie im Moment noch ohne Hund üben, werden Sie bei jedem vierten Schritt das Leckerchen einfach zu Boden fallen lassen. Das erleichtert den zugegebenermaßen nicht gerade einfachen Ablauf: in einer geraden Linie gehen, zählen, das Leckerchen an der richtigen Stelle halten, und beim vierten Schritt belohnen.

Wenn Sie denken, dass Sie es unter Kontrolle haben, sammeln Sie die Leckerlis auf und holen Ihren Hund.

BEI FUSS II: ERSTE RUNDE MIT DEM HUND

Nun, da Sie Ihren Hund dabei haben, gibt es zwei Unterschiede zu Bei Fuß I

- Während der ersten drei Schritte müssen sie abschätzen, ob der Hund auf der richtigen Position ist oder nicht. Seien Sie bei der ersten Runde ein wenig nachsichtig, aber geben Sie die Belohnung trotzdem nur, wenn Ihr Hund sich in der korrekten Position befindet. Diese erste Übung ist es eine gute Möglichkeit, Ihre Beobachtungsgabe zu schulen: Folgt der Hund oder nicht? Belohnen Sie beim vierten Schritt nur, wenn Ihr Hund die ersten drei an Ihrer Seite war.
- Sobald Sie die Belohnung ausgegeben haben, wird Ihr Hund sie fressen, was bedeutet, dass er möglicherweise stehen bleibt, um zu kauen. Aus diesem Grund empfiehlt es sich, sehr kleine und weiche Belohnungshappen einzusetzen, die der Hund ohne zu kauen schlucken kann. Es ist durchaus möglich, Hunden, die nicht gleichzeitig kauen und laufen (oder schlucken und laufen) können, Bei Fuß beizubringen, aber für den Trainer ist es einfacher, wenn der Rhythmus nicht andauernd von Kaupausen durchbrochen wird. Wenn Ihr Hund fortgeschrittener ist und die Belohnungen immer weniger werden, wird alles sowieso noch einmal viel runder laufen. Auch kommt es vor, dass Hunde, die anfangs sehr viel kauen, nach und nach lernen, zu kauen und gleichzeitig zu gehen. Auch Hunde müssen die Abläufe erst lernen!

Hier sind die ersten drei Stufen des Bei Fuß:

Bei Fuß II mit Belohnung

Stufe	Aufgabe des Hundes: Um belohnt zu werden, muss er ...	Anmerkungen für den Trainer	Vor-Zurück-Noch einmal
1	Vier Schritte lang locker an Ihrer Seite gehen (Belohnung beim vierten Schritt). Wenn seine Position etwas nachlässig ist oder er verwirrt erscheint – machen Sie sich keine Sorgen, belohnen Sie jeden richtigen Ansatz, solange die Belohnung auf der richtigen Position erfolgt.	»Eins, zwei, drei, belohnen« (Pause fürs Kauen) »Eins, zwei, drei, belohnen« etc. Füttern Sie die Position an – Ihre Hand »klebt« an Ihrer Hosennaht und gibt die Belohnung genau da aus.	Automatisch einen Schritt vorgehen, außer der Hund ist kein einziges Mal gefolgt, dann bleiben Sie auf dieser Stufe.
2	Die gesamten vier Schritte über eng an Ihrer Seite gehen. Sie müssen sein erwartungsvolles Gesicht die gesamten vier Schritte über direkt am Leckerchen sehen.	Das Gleiche wie oben, nur dass Sie die Belohnung ausfallen lassen, wenn der Hund nicht die ganze Zeit da ist. Vergessen Sie nicht, auf der Position zu füttern. Behalten Sie den Überblick über die erfolgreichen Versuche, um die Vor-Zurück-Noch einmal-Regel anwenden zu können.	Zurück zu Stufe 1 oder Splitten der Übung auf »Eins, zwei, belohnen, drei vier, belohnen«, wenn er keinen bis zwei Versuche richtig schafft.
3	Fünf Schritte lang eng an Ihrer Seite gehen. (Belohnung beim fünften Schritt.)	»Eins, zwei, drei, vier, fünf, belohnen«, etc.	Zwei Durchgänge hiervon; bei zehn richtigen Wiederholungen in Folge geht es eine Stufe weiter.

BEI FUSS III: AUSSCHLEICHEN DER BELOHNUNG
Auch bei dieser Übung empfehle ich, dass Sie sie erst einmal ohne den Hund üben. Sie fügt einen ganz neuen Kniff in einen sowieso schon komplizierten Ablauf ein. Dieser neue Kniff ist, dass Sie das Leckerchen für einen Schritt entfernen, und zwar für den, der direkt vor der Belohnung kommt. Schauen Sie sich das Beispiel auf der DVD ein paar Mal an.

BEI FUSS
(Lektion 5)

Drehen Sie die Lautstärke auf und marschieren Sie mit. Die erste Stufe besteht aus drei lockenden Schritten, einem Wegnahme-Schritt, und dann der Belohnung. Das Muster sieht also wie folgt aus:

»Locken, locken, locken, wegnehmen, belohnen, locken, locken, locken, wegnehmen, belohnen« und so weiter.

Wenn Sie zählen, klingt das so: »Eins, zwei drei, wegnehmen, belohnen, eins, zwei, drei, wegnehmen, belohnen«.

Das Wegnehmen der Belohnung unmittelbar bevor er sie bekommt lehrt den Hund etwas sehr, sehr Wichtiges: Wann immer das Leckerchen verschwindet, bedeutet das, er bekommt eine Belohnung. Es ist wichtig, dass Sie das Leckerli nur für einen Schritt wegnehmen (vielleicht sogar nur einen halben Schritt, wenn Sie das schaffen), so dass der Hund die Bei-Fuß-Bewegung beibehält. Sie wollen Ihren Hund gewissermaßen genau in dem Moment belohnen, in dem ihm überhaupt erst auffällt, dass die Belohnung weg ist. Er hat nicht genügend Schritte, um langsamer zu werden (was für unseren Zweck auch schlecht wäre, weil man den Hund dann dafür belohnen würde, dass er seine Position verlassen hat). Dennoch wird Ihr Hund dieses Muster bald verinnerlicht haben und wissen: Wenn das Leckerli verschwindet, landet es kurz danach in meinem Magen.

Wenn Sie so viel geübt haben, dass Ihnen der Rhythmus in Fleisch und Blut übergegangen ist, lassen Sie Ihren Hund noch einen Augenblick beiseite und üben die folgenden Schritte, damit Sie ohne große Unterbrechungen von einer Stufe zur nächsten übergehen können.

Bei Fuß III: Belohnung ausschleichen

Stufe	Ihr Ablauf (üben Sie ohne Hund)
4	»Eins, zwei, drei, wegnehmen, belohnen ... eins, zwei, drei, wegnehmen, belohnen«, etc.
5	»Eins, zwei, drei, vier, wegnehmen, belohnen ... eins, zwei, drei, vier, wegnehmen, belohnen«, etc.
6	»Eins, zwei, drei, vier, wegnehmen, wegnehmen, belohnen«, etc. (hier jetzt das Leckerchen zwei Schritte lang wegnehmen)
7	»Eins, zwei, drei, vier, wegnehmen, wegnehmen, wegnehmen, belohnen«, etc.
8	»Eins, zwei, drei, vier, wegnehmen, wegnehmen, wegnehmen, wegnehmen, belohnen«, etc.

Bei Fuß mit Lob und ausschleichender Belohnung

Stufe	Ihr Ablauf mit Lob (üben Sie ohne Hund)
4	»Eins, zwei, drei, LOB, belohnen ... eins, zwei, drei, LOB, belohnen«, etc.
5	»Eins, zwei, drei, vier, LOB, belohnen ... eins, zwei, drei, vier, LOB, belohnen«, etc.
6	»Eins, zwei, drei, vier, LOB, LOB, belohnen«, etc. (hier jetzt das Leckerchen zwei Schritte lang wegnehmen)
7	»Eins, zwei, drei, vier, LOB, LOB, LOB, belohnen«, etc.
8	»Eins, zwei, drei, vier, LOB, LOB, LOB, LOB, belohnen«, etc.

LOB HINZUFÜGEN

Es hilft, wenn Sie bei den Schritten, bei denen Sie das Leckerli wegnehmen, Ihren Hund verbal loben, um ihn weiter bei Laune und Bei Fuß zu halten. Eine hohe, enthusiastische Stimme funktioniert dabei am besten. Manche Männer haben Schwierigkeiten, so hohe Töne zu erzeugen – entweder aus körperlichen Gründen oder aus Prinzip. Wenn Ihnen das bekannt vorkommt, müssen Sie eine Möglichkeit des Lobs finden, die Ihnen einfach über die Lippen geht und gleichzeitig Ihren Hund animiert, bei diesen ersten, entscheidenden Schritten, in denen Sie die Belohnung wegnehmen, bei Ihnen zu bleiben. Ob Babystimme oder säuselndes Flüstern – Sie werden etwas finden, was Ihren Hund motiviert. Hier kommt also unsere letzte Übungsrunde. Jedes Mal, wenn Sie das Wort »Lob« sehen, nehmen Sie gleichzeitig das Leckerli weg und loben Ihren Hund mit animierender Stimme. Üben Sie die gleichen Schritte ohne Hund, aber mit verbalem Lob:

Jetzt holen Sie sich für die folgende Sequenz Ihren Hund dazu. Achten Sie darauf, dass Stufe 4 in zwei Teile geteilt wurde: eine automatische Belohnung nach der Leckerli-Wegnahme und eine zufällige Belohnung nach der Leckerli-Wegnahme. Sie machen zehn Wiederholungen, bei denen der Hund auf seiner Position angefüttert wird, egal, was er macht, während Sie das Leckerli wegnehmen. Danach folgen fünf Wiederholungen, bei denen der Hund nur belohnt wird, wenn er auch bei den Schritten ohne Leckerli seine Position beibehält.

Stufe	Aufgabe des Hundes: Um belohnt zu werden, muss er ...	Anmerkungen für den Trainer	Vor-Zurück-Noch einmal
4.1	Während der Schritte mit Leckerchen auf seiner Position bleiben. Für den Moment füttern Sie ihn nach der Leckerli-Wegnahme, egal, wie gut er die Position gehalten hat. Der Pavlov'sche Effekt, den wir in dieser ersten Runde erreichen wollen, ist wichtiger als die korrekte Position des Hundes.	»Eins, zwei, drei LOB, belohnen.« Gehen Sie strammen Schrittes, vor allem den Wegnahme-Schritt – widerstehen Sie der Versuchung, langsamer zu werden, um zu »helfen« (denn das hilft gar nicht). Füttern Sie die Position an, am besten, während Sie weitergehen (versuchen Sie, nicht anzuhalten oder zurückzugehen, um den Hund zu belohnen)	Machen Sie zwei Durchgänge (insgesamt zehn Versuche), dann gehen Sie automatisch eine Stufe weiter.

Stufe	Aufgabe des Hundes: Um belohnt zu werden, muss er ...	Anmerkungen für den Trainer	Vor-Zurück-Nochmal
4.2	Während aller Schritte auf seiner Position bleiben, auch bei denen ohne Leckerli.	»Eins, zwei, drei LOB, belohnen.« Gehen Sie strammen Schrittes, vor allem den Wegnahme-Schritt – widerstehen Sie der Versuchung, langsamer zu werden, um zu »helfen« (denn das hilft gar nicht). Füttern Sie in richtiger Position, am besten, während Sie weitergehen (versuchen Sie, nicht anzuhalten oder zurückzugehen, um den Hund zu belohnen).	Gehen Sie zurück zu 4.1, wenn er während des Wegnahme-Schritts nicht vollkommen korrekt auf Position ist. Das ist nicht der richtige Zeitpunkt für falschen Ehrgeiz.
5	Während aller Schritte auf seiner Position bleiben, auch bei denen ohne Leckerli.	»Eins, zwei, drei, vier, LOB, belohnen.« Gehen Sie zügig.	Bei fünf richtigen Wiederholungen in Folge gehen Sie eine Stufe weiter.
6	Während aller Schritte auf seiner Position bleiben, auch bei denen ohne Leckerli.	»Eins, zwei, drei, vier, LOB, LOB, belohnen.« Gehen Sie zügig. Füttern Sie in richtiger Position.	Bei fünf richtigen Wiederholungen in Folge gehen Sie eine Stufe weiter.
7	Während aller Schritte auf seiner Position bleiben, auch bei denen ohne Leckerli.	»Eins, zwei, drei, vier, LOB, LOB, LOB, belohnen.« Gehen Sie zügig. Füttern Sie in richtiger Position.	Bei fünf richtigen Wiederholungen in Folge gehen Sie eine Stufe weiter.
8	Während aller Schritte auf seiner Position bleiben, auch bei denen ohne Leckerli.	»Eins, zwei, drei, vier, LOB, LOB, LOB, LOB, belohnen.« Gehen Sie zügig. Füttern Sie in richtiger Position.	Bei fünf richtigen Wiederholungen in Folge gehen Sie eine Stufe weiter.

13. KAPITEL

GEH AUF DEINEN PLATZ

Diese Übung bringt sehr viel Spaß und passt gut zu dem Ihrem Hund schon bekannten Platz-Bleib. Das Endresultat wird ein Hund sein, der auf Ihr Kommando hin zu seinem Platz geht, sich dort hinlegt und bleibt.

Das hat zwei Vorteile. Zum einen lernen Sie als Trainer, wie Sie Ihrem Hund beibringen, ein Verhalten zu zeigen, bei dem er sich von Ihnen entfernen muss. Zum anderen können Sie, wenn das Kommando erst einmal sitzt, Ihren Hund auf seinen Platz schicken, ohne selber dafür aufstehen zu müssen.

Es ist sehr wichtig, dass Sie die ausgewählte Decke oder Matte nur hinlegen, wenn Sie üben. Denn bald schon wird die Decke das Stichwort für das Verhalten des Hundes sein. Wenn die Decke immer da liegt, würden Sie im Training zwei Schritte vor und einen zurück machen, denn das Verhalten des Hundes würde in den Trainingseinheiten bestärkt, aber in den Zeiten dazwischen geschwächt, sobald er sich ohne Kommando auf die Decke legt. Aus diesem Grund packen Sie die Decke zwischen den Trainingseinheiten beiseite. Unser Ziel ist es, eine starke Assoziation zwischen der Decke und dieser Übung herzustellen, was uns nicht gelingt, wenn die Decke jederzeit zugänglich ist. Erst ganz am Schluss bleibt die Decke immer liegen. Aus diesem Grund empfehle ich, eine Decke (ein Handtuch tut es auch) zu nehmen, und nicht das normale Körbchen oder Kissen Ihres Hundes. Nachdem die Übung einmal sitzt, können Sie sie in ganz wenigen, einfachen Schritten mit dem üblichen Ruheplatz Ihres Hundes verknüpfen. Bis dahin benutzen wir die Trainingsdecke.

Platz auf der Decke können Sie erst in Angriff nehmen, wenn Ihr Hund ein stabiles Platz-Bleib gelernt hat.

Die Decke wegräumen

Vergessen Sie nicht, am Ende jeder Trainingseinheit die Decke wegzuräumen. Später, wenn das offizielle Kommando »Geh auf deinen Platz« installiert ist, werden wir die Decke als Stichwortgeber nutzen. Und wenn auch dieses Kommando gut gelernt ist, können Sie die Decke liegenlassen. Aber jetzt noch nicht.

PLATZ AUF DER DECKE

Das Endergebnis dieser Übung ist, dass der Hund auf Ihr Kommando zu seiner Decke geht, sich hinlegt und dort liegenbleibt. Wie mit allem Training, fangen wir mit einem Verhalten an, das Ihr Hund schon kann.

PLATZ AUF DER DECKE I
1. Legen Sie die Decke an einen Ort, der geeignet ist, um den Hund dort hinzuschicken, wenn Sie möchten, dass er sich hinlegt.
2. Die Decke ist etwas Neues, also kann es sein, dass Ihr Hund sie erst einmal erkunden muss, nachdem Sie sie hingelegt haben. Lassen Sie ihm die Möglichkeit, sich einen ersten Eindruck zu verschaffen – und ihn ein wenig nach Pavlov zu konditionieren. Sobald er die Decke untersucht, loben Sie ihn und geben ihm sofort eine ganze Handvoll Leckerchen direkt auf der Decke.
3. Locken Sie Ihren Hund auf die Decke und füttern Sie ihn, sobald er alle vier Pfoten auf der Decke hat.
4. Geben Sie ihm das Handzeichen für Platz. (Ich empfehle, noch kein verbales »Platz« einzusetzen, weil seine Reaktion darauf durch die neuen Eindrücke etwas wackelig sein könnte.)
5. Füttern Sie ihn, sobald er auf der Decke liegt.
6. Locken Sie ihn mit fröhlicher Stimme von der Decke weg, damit Sie es gleich noch einmal versuchen können.

Gehen Sie zur nächsten Übung weiter, wenn diese hier fünf Mal in Folge geklappt hat.
Vergessen Sie nicht, die Decke wegzuräumen, wenn Sie mit dem Üben fertig sind.

PLATZ AUF DER DECKE II
1. Legen Sie die gleiche Decke oder Matte an der gleichen Stelle aus. Locken Sie Ihren Hund nur mit einem Handzeichen darauf (ohne Leckerli als Köder). Sobald alle vier Pfoten auf der Decke stehen, füttern Sie ihn aus der anderen Hand, die Sie hinter dem Rücken versteckt hatten, oder aus Ihrem Leckerlibeutel.
2. Sagen Sie »Platz« und warten Sie zwei Sekunden. Wenn er sich hinlegt, loben Sie ihn überschwänglich und füttern Sie die Position an (Sie legen die Leckerchen direkt vor seiner Nase auf die Decke und er frisst noch im Liegen).
3. Wenn er sich nicht hinlegt, geben Sie das Handzeichen. Belohnen Sie ihn, sobald er es befolgt, auch wenn Sie nachhelfen mussten. Noch ist nicht der richtige Zeitpunkt, um streng zu sein, dazu ist die Decke zu neu.
4. Locken Sie ihn mit fröhlicher Stimme von der Decke und wiederholen Sie die Übung noch vier Mal.

Wenn Ihr Hund die gesamte Übung fünf Mal in Folge richtig macht, gehen Sie einen Schritt weiter.

Vergessen Sie nicht, die Decke wegzuräumen, wenn Sie mit dem Üben fertig sind.

PLATZ AUF DER DECKE III
1. Bedeuten Sie Ihrem Hund mit einer Geste, auf die Decke zu gehen, und belohnen Sie ihn, sobald er darauf steht.
2. Sagen Sie »Platz« und warten zwei Sekunden. Legt er sich hin, loben Sie ihn ausgiebig und legen die Leckerchen direkt vor ihn, so dass er sie im Platz von der Decke nehmen muss. Locken Sie ihn von der Matte und wiederholen Sie die Übung, bis es fünf Mal in Folge klappt.
3. Wenn er sich nach den zwei Sekunden nicht hinlegt, sagen Sie »Schade« und gehen weg. Warten Sie, bis er selber die Decke verlässt, und versuchen Sie es dann noch einmal.

Bei fünf richtigen Wiederholungen in Folge geht es mit der nächsten Stufe weiter.

Machen Sie sich keine Sorgen, wenn Sie zu Platz auf der Decke II zurückgehen müssen. Einige Hunde brauchen eine Extrarunde mit Handzeichen. Sie können auch einen Zwischenschritt mit einem kleineren Handzeichen einlegen.

PLATZ AUF DER DECKE IV
1. Bedeuten Sie Ihrem Hund, auf die Decke zu gehen. Dieses Mal loben Sie ihn dafür, dass er alle vier Pfoten darauf stehen hat, geben ihm aber keine Belohnung. Stattdessen machen Sie direkt mit dem Platz weiter.
2. Sagen Sie »Platz« und geben Sie ihm zwei Sekunden, um das Kommando zu befolgen. Wenn er es tut, wird er ausgiebig gelobt und im Platz mit Leckerchen belohnt.
3. Befolgt Ihr Hund das Kommando nicht, sagen Sie nach zwei Sekunden »Schade« und gehen. Warten Sie, bis er von alleine die Decke verlässt, um es noch einmal zu versuchen.

Bei fünf richtigen Wiederholungen in Folge machen Sie mit der nächsten Übung weiter.

PLATZ AUF DER DECKE V
1. Legen Sie die Decke so hin, dass Sie ein Bleib mit Umkreisen gehen können. Dann schicken Sie Ihren Hund mit einem Handzeichen auf die Decke und loben ihn, wenn

er alle vier Pfoten darauf hat.
2. Sagen Sie »Platz«. Wenn er gehorcht, füttern Sie die Position an.
3. Lassen Sie jetzt ein doppeltes Umrunden im Bleib folgen – einmal mit und einmal gegen den Uhrzeigersinn. Behalten Sie Ihren Hund im Auge, damit Ihr »Schade« genau in dem Moment erfolgt, wenn er das Bleib aufheben will.
4. Wenn er liegenbleibt, füttern Sie ihn am Ende noch einmal im Liegen. Wenn er sich bewegt, sagen Sie »Schade«, bringen ihn wieder ins Platz und versuchen es noch einmal.
5. Locken Sie ihn mit fröhlicher Stimme von der Matte und wiederholen Sie die Übung, bis es fünf Mal in Folge klappt.

Bei fünf richtigen Wiederholungen in Folge geht es an die nächste Übung.

Wenn Ihr Hund drei Mal in Folge sein Bleib unterbricht, gehen Sie einen halben Schritt zurück und umrunden ihn nur einmal.

PLATZ AUF DER DECKE VI
1 Die Decke liegt immer noch an einer Stelle, an der Sie um sie herumlaufen können. Bringen Sie Ihren Hund mit Handzeichen dazu, auf die Decke zu gehen, loben Sie ihn dafür und sagen »Platz«. Loben Sie auch das Platz, aber anstatt ihn gleich mit Futter zu belohnen, fangen Sie direkt an, um ihn herum zu gehen.
2. Wenn er bleibt, gibt es am Ende eine dicke Belohnung, nach der Sie sofort noch zwei Mal um ihn herumlaufen. Wenn er unterbricht, sagen Sie »Schade«, bringen ihn ins Platz zurück und versuchen es noch einmal.
3. Wiederholen Sie das Bleib mit Umkreisen, ohne den Hund jedes Mal von der Matte zu locken. Belohnen Sie einfach jede korrekt durchgeführte Wiederholung und fügen Sie die nächste nahtlos an. Nach fünf Wiederholungen locken Sie Ihren Hund von der Matte. Das heißt, er hat zwar fünf Bleib ausgeführt, sich dafür aber nur einmal ganz am Anfang hingelegt.

Wenn das fünf Mal in Folge funktioniert hat, machen Sie mit der nächsten Übung weiter.

PLATZ AUF DER DECKE VII
1. Bedeuten Sie Ihrem Hund, sich auf die Decke zu begeben und sagen Sie »Platz«, sobald er es tut.
2. Behalten Sie ihn im Auge, während Sie ein Fünf-Schritte-Bungee-Bleib machen. Sobald Sie fünf Schritte von ihm entfernt sind, kehren Sie sofort wieder zu ihm zurück, um ihn für das gehaltene Bleib zu belohnen.
3. Füttern Sie die Position an – die Leckerchen auf der Decke, während Ihr Hund noch im Platz ist.

4. Halten Sie Ihren Hund im Auge. Wenn er das Bleib unterbricht, sagen Sie sofort »Schade«, um den wertvollen Ursache-Wirkung-Effekt zu erzielen.

Bei fünf richtigen Versuchen in Folge geht es mit dem nächsten Schritt weiter.

PLATZ AUF DER DECKE VIII
1. Bedeuten Sie Ihrem Hund, sich auf die Decke zu begeben, und sagen Sie »Platz«.
2. Entfernen Sie sich fünf Schritte und warten zehn Sekunden. Wenn Ihr Hund liegenbleibt, gehen Sie zu ihm zurück, loben ihn und geben ihm seine Belohnung direkt auf der Decke.
3. Wenn er das Platz aufhebt, sagen Sie sofort »Schade« und versuchen es noch einmal.

Nach fünf richtigen Versuchen in Folge machen Sie mit der nächsten Stufe weiter.

PLATZ AUF DER DECKE IX
1. Bedeuten Sie Ihrem Hund, sich zur Decke zu begeben, und sagen Sie »Platz«. Loben Sie ihn, wenn er folgt.
2. Behalten Sie ihn, während Sie sich langsam entfernen, so lange im Auge wie möglich, und verschwinden Sie dann für eine Sekunde durch die Tür, gerade so lange, dass Ihr Hund Sie nur kurz aus dem Blick verliert. Kehren Sie umgehend wieder zurück.
3. Wenn er sich hingesetzt hat oder aufgestanden ist, sagen Sie »Schade«, bringen ihn wieder ins Platz auf der Decke und versuchen es noch einmal. Viele Hunde werden versuchen, Ihnen nachzulaufen, also kein Grund zur Sorge. Konzentrieren Sie sich nur darauf, Ihr »Schade« so nah wie möglich an seiner Entscheidung, das Platz-Bleib aufzuheben, zu sagen.
4. Wenn er liegenbleibt, kehren Sie zu ihm zurück, loben ihn ausgiebig – er hat eine große Leistung vollbracht – und füttern ihn im Platz auf der Decke.

Nach fünf korrekten Wiederholungen in Folge können Sie mit der nächsten Übung weitermachen.

Wenn Sie die Übung teilen müssen, gehen Sie einfach nur bis zur Tür und stecken Ihren Kopf durch, ohne den Raum tatsächlich zu verlassen. Lassen Sie sich nicht entmutigen – für Ihren Hund ist es sehr schwer, den Blickkontakt zu Ihnen zu verlieren. Es lohnt sich, hier langsam vorzugehen, um diesen wichtigen Punkt in dieser Übung gemeinsam zu meistern.

Warum plötzlich kein »Platz«-Kommando mehr?

Einer der großen Vorteile dieser Übung ist, dass sie den Trainer – also Sie – dazu bringt, über das etwas ungenaue Konzept von Kommandos nachzudenken: Was genau sagt Ihrem Hund, dass er ein bestimmtes Verhalten zeigen soll? Wir Menschen sind so verbal, dass wir oft einen wichtigen Fakt über das Lernverhalten von Hunden vergessen: Für ihn kann alles ein Kommando für ein Platz-Bleib sein, inklusive eines vorhergehenden Befehls, wie sich auf seine Decke zu begeben. In anderen Worten, wenn dieses Verhalten komplett trainiert ist, gehören Platz und Bleib automatisch mit dazu. Eine Sequenz wie von irgendwo aus dem Haus zu der Decke zu gehen, sich darauf hinzulegen und zu bleiben, bis ein neues Kommando kommt, nennen Tiertrainer eine Verhaltenskette. Es wäre für Sie viel unbequemer, wenn Sie Ihrem Hund jedes Mal für jeden einzelnen Schritt ein Kommando geben müssten. Darum bauen wir die Übung so auf, dass wir am Ende die gesamte Verhaltenskette mit dem einen Kommando »Geh auf deinen Platz /deine Decke« abrufen können. Am effektivsten gelingt das mit dem Ablauf, nach dem Sie trainieren:
1. Schaffen Sie von Anfang an eine Assoziation zwischen Decke und Platz-Bleib.
2. Schleichen Sie die Hinweise für Platz (verbales Kommando und Handzeichen) langsam aus, bis alleine die Decke als Kommando reicht.
3. Vergrößern Sie die Distanz, so dass Ihr Hund sich nach Erreichen der Decke automatisch ins Platz legt.
4. Bringen Sie die neue Entfernung und das Bleib zusammen.
5. Fügen Sie ein neues Kommando ein, das als Startschuss für die Verhaltenskette gilt. Bringen Sie Ihrem Hund bei, auf dieses Kommando alleine das gesamte gewünschte Verhalten zu zeigen. Sobald das geschafft ist, kann die Decke zwischen den Übungseinheiten liegenbleiben, denn das verbale Kommando hat jetzt die Aufgabe der Decke übernommen, dem Hund anzuzeigen, dass es an der Zeit ist, das Verhalten zu zeigen.

PLATZ AUF DER DECKE X
1. Bedeuten Sie Ihrem Hund, sich auf die Decke zu begeben, und warten Sie fünf Sekunden. Wenn er sich von alleine hinlegt, loben und belohnen Sie ihn.
2. Wenn er nach fünf Sekunden immer noch steht, sich hingesetzt oder von der Decke entfernt hat, bringen Sie ihn auf die Decke zurück, wenn nötig, und geben Sie ihm ein klitzekleines Handzeichen für Platz. Sobald er sich hinlegt, loben und belohnen Sie ihn sofort, auch wenn Sie helfen mussten.
3. Locken Sie ihn von der Decke und versuchen Sie es noch einmal.
4. Sie sehen, dass wir das Bleib im Moment außer Acht lassen, weil wir uns erst einmal auf das automatische Platz konzentrieren.

Nach fünf richtigen Wiederholungen in Folge geht es weiter – wobei hier sowohl die Male, wo der Hund sich selber hinlegt als auch die, wo er ein kleines Handzeichen braucht, als richtig gelten.

PLATZ AUF DER DECKE XI
1. Stellen Sie sich auf den Platz neben der Decke, auf dem Sie die ganze Zeit über gestanden haben, und warten Sie fünf Sekunden, ob Ihr Hund sich selber auf die Decke begibt. Wenn er es tut und sich von alleine hinlegt, loben und belohnen Sie ihn sofort.
2. Wenn er nicht auf die Decke geht oder nur teilweise, geben Sie ihm das kleinstmögliche Handzeichen, um ihn auf die Decke zu locken. Warten Sie weitere fünf Sekunden, ob er sich hinlegt. Wenn er es tut, loben und belohnen Sie ihn.
3. Wenn er sich nicht hinlegt, sagen Sie »Schade« und gehen fort. Versuchen Sie es dann noch einmal. In dieser Runde erhält der Hund wenn nötig ein wenig Hilfe, um auf die Decke zu kommen, aber Platz muss er von alleine machen.

Auch hier brauchen Sie nur fünf richtige Wiederholungen in Folge, um mit der nächsten Übung weiterzumachen.

PLATZ AUF DER DECKE XII
1. Stellen Sie sich neben die Decke und warten Sie fünf Sekunden, ob Ihr Hund sich darauf begibt und hinlegt. Wenn ja, loben Sie ihn überschwänglich und geben ihm eine extragroße Belohnung.
2. Wenn er es innerhalb der fünf Sekunden nicht schafft, sagen Sie »Schade« und wenden sich ab. Wenn er es auf die Decke schafft, aber sich nicht hinlegt, tun Sie das Gleiche.
3. Er muss sich ohne ein verbales Kommando oder Handzeichen von Ihnen auf die Decke legen, um belohnt zu werden.

Versuchen Sie auch hier, fünf erfolgreiche Wiederholungen in Folge zu produzieren.

DECKENTRAINING MIT DEM CLICKER

Für den Rest des Trainings werden Sie einen Clicker benutzen. Ein Clicker ist ein kleines Hilfsmittel, das hilft, Ihr Timing zu verbessern. Es erlaubt Ihnen, mit hundertprozentiger Genauigkeit den Augenblick zu markieren, in dem Ihr Hund das gewünschte Verhalten zeigt. Bis jetzt haben Sie ihn nicht gebraucht, weil Sie während der Übungen direkt bei Ihrem Hund waren und die Zeit zwischen richtigem Verhalten und Belohnung kurz genug ausfiel. Außerdem hätten Sie sich dann auf noch eine Sache konzentrieren müssen, wo Sie doch Ihre ganze Konzentration brauchten, um auf die ganzen anderen Dinge zu achten, die Sie zu tun hatten. Jetzt aber sind Sie bereit, Ihre Fähigkeiten auf die nächste Stufe zu heben.

Muss ich einen Clicker benutzen?

Nein, das müssen Sie überhaupt nicht. Sie können ein vergleichbar gutes Timing erreichen, wenn Sie ein bestimmtes Wort oder Geräusch (oder bei einem tauben Hund ein Handzeichen) nutzen. Wenn Sie es jedoch probieren möchten, dann bietet der Clicker die Vorteile, eindeutig zu sein und einen besonders klaren Ton hervorzubringen. Wenn Sie der Anleitung genau folgen und sich an die Regeln halten, kann das Clickern Ihr Training noch einmal bereichern.

CLICKER AUFLADEN I

Beim Aufladen des Clickers handelt es sich um eine Pavlov'sche (also klassische) Konditionierung. Sie bringen dem Hund bei, dass der Klick ein verlässlicher Anzeiger für eine kommende Belohnung ist. Sein Hauptvorteil liegt in dem verbesserten Timing. Außerdem ermöglicht der Clicker uns, ein belohnenswertes Verhalten aus der Entfernung zu markieren, ohne dass wir uns in unmittelbarer Nähe des Hundes befinden müssen.

1. Kaufen Sie einen Clicker, aber widerstehen Sie der Versuchung, in der Nähe Ihres Hundes zu klicken. Lesen Sie erst die Anleitung für diese Übung. Klicken Sie nicht, bevor Sie nicht vollkommen bereit und gerüstet sind. Ich empfehle den Multiclicker oder »Tastenclicker«, weil er leiser und schneller ist als der Standard-Clicker.

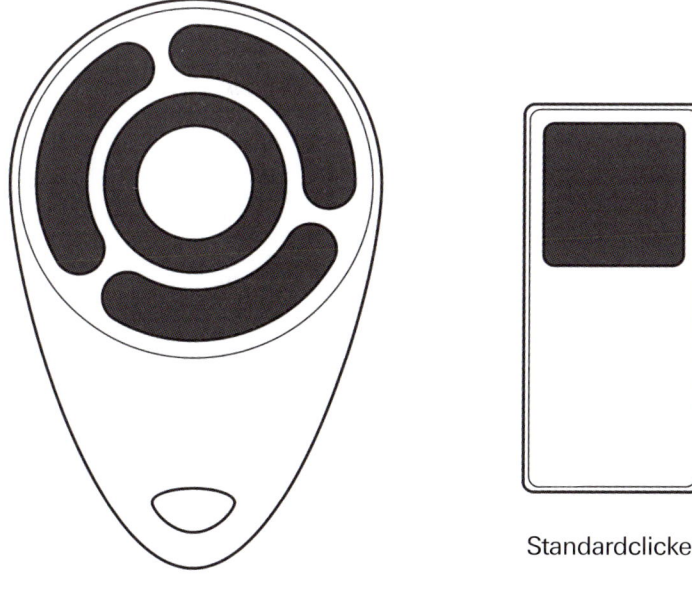

Standardclicker

Tastenclicker

2. Besorgen Sie sich die besten Leckerlis, die es für Ihren Hund gibt. Sie müssen sowohl in Beschaffenheit als auch in Menge weit über das hinausgehen, was er sonst kennt. Ich schlage vor, Sie nehmen eine Schüssel mit kleingeschnittenem Grillhähnchen, wie Sie es in Imbissen kaufen können. Lassen Sie die Haut dran (aber entfernen Sie die Knochen). Wir wollen mit unserer ersten Übungseinheiten gleich einen großen Erfolg einfahren.
3. Bereiten Sie das Hühnchen – oder eine andere Belohnung – so vor, dass Sie es an Ihren Hund verfüttern können, und stellen Sie es in den Kühlschrank. Waschen Sie sich die Hände, stecken den Clicker in die Hosentasche und widmen Sie sich dann erst einmal anderen Dingen, die nichts mit Ihrem Hund zu tun haben (arbeiten Sie am Computer, gucken Sie fern, hängen Sie Wäsche auf). Ignorieren Sie Ihren Hund.
4. Wenn Ihr Hund es am wenigsten erwartet, holen Sie den Clicker heraus und klicken ein Mal. Warten Sie zwei Sekunden. Dann fangen Sie an zu jubeln, während Sie zum Kühlschrank hinüber gehen, das Hühnchen herausholen und es Ihrem Hund geben. Jubeln Sie so lange, bis er aufgegessen hat. Das war's schon fürs Erste.
5. Warten Sie mindestens vierundzwanzig Stunden, bevor Sie das Gleiche noch einmal tun, aber zu einem anderen Zeitpunkt, während einer anderen nicht-hundlichen Aktivität, und vor allem dann, wenn er es nicht erwartet. Stellen Sie sicher, dass Sie die Belohnung lange vorher vorbereiten, damit sie Ihrem Hund nicht als Hinweis dient. Das Geräusch des Clickers soll der einzige Hinweis dafür sein, dass eine großartige Belohnung unterwegs ist.

Warten Sie eine Woche ab, in der Sie nicht klicken, bevor Sie zur nächsten Übung weitergehen.

Die Regeln

- Belohnen Sie nach jedem Klick, auch wenn Sie den Clicker aus Versehen gedrückt haben.
- Klicken Sie nur ein Mal.
- Erst klicken, dann bezahlen. Strecken Sie nicht einmal die Hand nach der Belohnung aus, bevor Sie geklickert haben.

AUFLADEN DES CLICKERS II
1. Nehmen Sie sich den Clicker und ausreichend normale Leckerlis.
2. Legen Sie die Decke Ihres Hundes hin und stellen Sie sich daneben. Warten Sie fünf Sekunden. Dies ist eine Wiederholung von Platz auf der Decke XII, aber dieses Mal klicken Sie, bevor Sie belohnen.
3. Wenn Ihr Hund sich auf die Matte legt, klicken Sie. Nehmen Sie danach ein Leckerli und geben es Ihrem Hund, während er noch liegt. Halten Sie die folgende Reihenfolge unbedingt ein:

a) Achten Sie auf das Verhalten, das Sie sehen wollen – in diesem Fall, dass Ihr Hund auf der Decke Platz macht.
b) Halten Sie Ihren Körper ganz ruhig, während Sie klicken – greifen Sie noch nicht nach der Belohnung, loben Sie nicht und zeigen Sie auch nicht mit dem Clicker in Richtung Hund wie mit einer Fernbedienung. Trainer nennen das einen stillen Körper. Ich erkläre meinen Schülern immer, sie müssten während des Klickens eine Statue sein.
c) Füttern Sie die Position nach dem Klick an. Der Klick schenkt Ihnen Zeit, also können Sie das Leckerchen in Ruhe nach ihm herausholen.
d) Locken Sie Ihren Hund von der Matte und wiederholen Sie den Vorgang zehn Mal. Konzentrieren Sie sich darauf, die »erst Klick, dann Belohnung«-Reihenfolge genau einzuhalten.

Warten Sie mindestens vierundzwanzig Stunden, bevor Sie mit der nächsten Übung weitermachen.

AUFLADEN DES CLICKERS III

Packen Sie die Decke jetzt für einen Moment zur Seite, um die folgenden Übungen zu wiederholen. Weil Ihr Hund diese Kommandos schon aus dem Effeff kann und Sie sie ebenso flüssig geben können, können Sie sich ganz auf den Clicker konzentrieren.

Verhalten	Wann klicken?	Schwerpunkte
Sitz Aus dem Stand, verbales Kommando	In dem Moment, in dem das Hinterteil Ihres Hundes den Fußboden berührt.	Achten Sie auf einen ruhigen Körper, während Sie klicken; belohnen Sie danach.
Platz Aus dem Sitz, verbales Kommando	In dem Moment, in dem die Ellbogen Ihres Hundes den Fußboden berühren.	Konzentrieren Sie sich auf die Ellbogen, um im rechten Moment zu klicken.
Bleib mit Umkreisen In beide Richtungen	Genau dann, wenn Sie die zweite Runde beendet haben.	Wenn Ihr Hund das Bleib aufhebt, sagen Sie »Schade« und versuchen es noch einmal.

Verhalten	Wann klicken?	Schwerpunkte
Lass es Leckerlis und Spielzeug auf dem Boden	Sobald Sie sehen, dass Ihr Hund sich entscheidet, es nicht anzurühren.	Halten Sie sich bereit, den Gegenstand zu bedecken, falls Ihr Hund versucht, ihn sich doch zu nehmen.
Premack-Rückruf Futter auf dem Tisch	Sobald Ihr Hund bei Ihnen ankommt.	Nach dem Klicken kehren Sie zum Tisch zurück und geben Ihrem Hund sein Futter.
Bei Fuß Vier Schritte ohne Lockmittel	Beim dritten Schritt: »Eins, zwei, klick, belohnen.«	Üben Sie den Ablauf erst ohne Hund, um sicher darin zu werden.

DECKENTRAINING

Ihr Hund ist vielleicht schon ganz begierig darauf, sich auf seine Decke zu legen und mit Ihnen das tolle »Platz auf der Decke machen«-Spiel zu spielen, sobald Sie sie herausholen. Das ist für den Moment auch in Ordnung. Später wird er lernen, dass dieses Verhalten nur funktioniert, wenn er vorher ein Kommando erhalten hat. Wenn Ihr Hund noch nicht ganz so begeistert vom Deckentraining ist, macht das auch nichts. Das kommt noch.

DECKENTRAINING I
1. Mit Leckerchen und Clicker bewaffnet, legen Sie die Decke auf den Boden.
2. Anstatt sich direkt daneben zu stellen, stellen Sie sich dreißig Zentimeter entfernt hin. Und ich meine dreißig Zentimeter und nicht einen Schritt oder einen halben Meter. Für den Anfang ist weniger mehr.
3. Warten Sie zehn Sekunden, um zu sehen, was Ihr Hund macht. Wenn er sich auf die Decke legt, klicken Sie. Warten Sie eine ganze Sekunde nach dem Klick, bevor Sie ihn in der Position belohnen (er frisst seine Belohnung liegend auf der Decke). Wenn er das Platz aufhebt, sobald Sie klicken, lassen Sie ihn sich für die Belohnung wieder hinlegen. Sie belohnen immer noch seine ursprüngliche Reaktion, befolgen dabei aber die Regel, nur in der richtigen Position zu belohnen.

Deckentraining I-A

Dies ist eine Zwischenübung für Hunde, die dazu neigen, sich an Ihnen anstatt an der Decke zu orientieren. Sie benötigen diesen Zwischenschritt, wenn Ihr Hund sich beim Deckentraining I neben Sie und nicht auf die Decke gelegt hat. Es lohnt sich, hier penibel zu sein, denn so vermeiden Sie späteren Stress.

Bitte beachten Sie, dass anders als bei den meisten Übungen bei dieser hier zwischen zwei Versionen abgewechselt wird: einer leichten (Sie direkt neben der Decke), bei der Ihr Hund alles richtig macht, und einer schwierigeren, wo er Fehler machen darf, die Sie dann korrigieren.

1. Stellen Sie sich direkt neben die Decke, um ein akkurates Ergebnis zu erzielen. Sobald Ihr Hund sich auf die Decke legt, klicken Sie, warten eine Sekunde und füttern dann seine Position an.
2. Jetzt stellen Sie sich dreißig Zentimeter entfernt hin und lassen ihn ruhig den Fehler begehen, sich neben Sie anstatt auf die Decke zu legen. Sobald er sich auf der falschen Stelle hingelegt hat, sagen Sie »Schade«, locken ihn sofort wieder hoch und auf die richtige Stelle auf der Matte. Nutzen Sie dafür Stimme und Hände (»Oh, oh, hier hin, hier hin, und Platz.«) Loben Sie ihn mit warmen Worten, aber belohnen Sie ihn nicht. Die »Strafe« für seinen Fehler ist also, dass wir ihm seine korrekte Position auf der Decke zeigen.
3. Jetzt schenken Sie ihm wieder eine leichte Übung. Sie stehen direkt neben der Matte und belohnen ihn, wenn er es richtig macht.
4. Geben Sie ihm nun wieder die Chance, einen Fehler zu machen. Stellen Sie sich dreißig Zentimeter entfernt hin und machen Sie alles wie bei Schritt 2.
5. Führen Sie jede Übung abwechselnd fünf Mal hintereinander durch. Hören Sie dann für den Tag auf, damit Ihr Hund eine Nacht darüber schlafen kann.
6. Wenn er es bei einer der schwierigen Varianten richtig macht, klicken Sie und belohnen ihn, indem Sie die Position anfüttern. Es kann sein, dass er es sofort versteht, vielleicht braucht er aber auch ein kleines Schläfchen, um die neuen Informationen zu verarbeiten.

Warten Sie vierundzwanzig Stunden, bevor Sie Deckentraining I erneut versuchen.

4. Wenn er sich hinlegt, aber näher bei Ihnen als an der Decke, sagen Sie »Schade« und versuchen es noch einmal. Wenn er den gleichen Fehler wieder macht, legen Sie die Übung Deckentraining I-A ein, die ein Zwischenschritt auf dem Weg zum Ziel ist.
5. Wenn er sich gar nicht hinlegt (er steht oder sitzt), sagen Sie »Schade« und gehen weg. Warten Sie eine Minute und versuchen Sie es dann erneut. Wenn er sich immer noch nicht hinlegt, müssen Sie einen Schritt zurückgehen. Üben Sie noch einmal Platz auf der Decke X.

6. Wenn er sich auf die Decke legt, bevor Sie sich noch richtig hinstellen konnten, macht das nichts. Gehen Sie die dreißig Zentimeter zur Seite, warten Sie eine Sekunde, klicken und belohnen Sie ihn. Der erste Versuch läuft oft so ab. Das ist sogar ein gutes Zeichen.

DECKENTRAINING II
1. Legen Sie die Decke hin und stellen Sie sich einen halben Meter entfernt hin. Bis Sie das Kommando hinzufügen (in Deckentraining IX), machen Sie sich keine Gedanken, wenn Ihr Hund sofort Platz macht, nachdem Sie die Decke hingelegt haben. Klicken und belohnen Sie ihn, dann locken Sie ihn herunter und starten den nächsten Versuch aus der Entfernung.
2. Wenn er sich aus der Entfernung auf die Decke legt, klicken, belohnen und die Position anfüttern.
3. Seien Sie genau, was seine Positionierung auf der Decke betrifft. Wenn er herumrutscht, um ein bisschen näher bei Ihnen zu liegen, sagen Sie »Schade« und versuchen Sie es noch einmal. Seien Sie bereit, zu Deckentraining I oder I-A zurückzugehen, um Ihren Punkt deutlich zu machen.

Nach fünf richtigen Wiederholungen in Folge machen Sie mit der nächsten Übung weiter.

DECKENTRAINING III
1. Legen Sie die Decke hin und stellen Sie sich einen Meter entfernt auf.
2. Wenn Ihr Hund sich auf die Decke legt, klicken, belohnen und die Position anfüttern.
3. Seien Sie penibel, was seine Position auf der Decke angeht. Wenn er zu Ihnen herüberrutscht, sagen Sie »Schade« und versuchen es noch einmal. Seien Sie bereit, einen Schritt zurückzugehen, wenn nötig. Sie können auch einen Zwischenschritt einlegen, ähnlich wie I-A. Hierbei wechseln Sie dann zwischen dreißig Zentimeter und einem Meter Entfernung ab. Sie haben vielleicht schon mal den Begriff »Versuch und Irrtum« in Bezug aufs Lernen gehört. Nun, das hier ist ein gutes Beispiel dafür.

Nach fünf richtigen Wiederholungen in Folge geht es mit der nächsten Schwierigkeitsstufe weiter.

DECKENTRAINING IV
1. Legen Sie die Decke hin und stellen Sie sich anderthalb Meter entfernt hin.
2. Wenn Ihr Hund sich auf die Decke legt, klicken, belohnen und die Position anfüttern.
3. Zeigen Sie keinerlei Toleranz für Herumrutschen oder Krabbeln. Wenn er schummelt, um näher bei Ihnen zu liegen, brechen Sie die Übung mit einem »Schade« ab und versuchen es noch einmal. Sogar wenn Ihr Hund die Übungen bis jetzt ganz hervor-

ragend gemacht hat, kann es sein, dass es jetzt einen kleinen Einbruch gibt, wo seine Zielgenauigkeit, was die Decke angeht, nachzulassen scheint. Das ist normal. Üben Sie weiter, und befolgen Sie die Vor-Zurück-Noch einmal-Regel genau. Drei »Schade« in einer Übungseinheit bedeuten, dass er es nur zwei Mal richtig gemacht hat und Sie ergo einen Schritt zurückgehen müssen. Im Deckentraining ist es sogar nicht ungewöhnlich, dass man zwischendurch zwei Schritte zurückgehen muss.

Bei fünf richtigen Wiederholungen in Folge dürfen Sie jedoch auf jeden Fall einen Schritt vorgehen.

DECKENTRAINING V
1. Wiederholen Sie die Übung mit einem Abstand von zwei und fünf Metern.
2. Wie immer kann es sein, dass Ihr Hund einen Frühstart hinlegt, sich also auf der Decke ins Platz begibt, bevor Sie auf Ihrer Position angekommen sind. Belohnen Sie ihn auch dafür. Und wie immer belohnen Sie nur, wenn Ihr Hund komplett auf der Decke liegt. Diese Übung wird klarer, wenn Sie ihm auch nicht die kleinste Bewegung in Ihre Richtung erlauben. Die Decke ist das Ziel, nicht Sie.
3. Wenn nötig, legen Sie zwischen zwei und fünf Metern Zwischenschritte ein. Einige Hunde schaffen den Sprung sofort, bei anderen muss man einen Meter nach dem anderen vorgehen. Das hat nichts mit der Intelligenz oder Trainierbarkeit Ihres Hundes zu tun, genau wie die Fähigkeit (oder Unfähigkeit) eines Menschen, zu singen oder im Judo zu brillieren nichts über seine allgemeine Intelligenz aussagt.

Nach fünf richtigen Wiederholungen in Folge geht es mit der nächsten Übung weiter.

Wenn Sie ein bewegliches Ziel haben wollen, machen Sie mit Deckentraining VI bis IX weiter. Wenn nicht, können Sie direkt zu Deckentraining X vorgehen.

OPTIONALE SCHRITTE VI – IX
Wenn die Decke an der Stelle liegt, auf die Sie Ihren Hund immer ins Platz schicken wollen, können Sie direkt mit der Übung Deckentraining X weitermachen. Wenn Sie aber einen etwas flexibleren Hund wünschen, gibt es jetzt vier optionale Schritte, die ihm beibringen, die Decke zu finden und sich darauf zu legen, egal, wo sie sich befindet.

Warum bewegt man die Decke nicht nur ein kleines Stück?

Interessanterweise ist eine drastische Veränderung der Position der Decke, wie in Deckentraining VI, einfacher zu verstehen als wenn Sie die Decke nur ein wenig verschoben hätten. Die Wiedereinführung der Geste am Anfang hilft dem Hund, die neue Position der Decke mit dem bekannten Verhalten zu verknüpfen. Falls er nun den Fehler macht, sich auf den alten Deckenplatz zu legen anstatt auf die Decke, wie in Deckentraining VII gefordert, bietet Ihr »Schade« gefolgt von einem Schritt zurück oder einem Zwischenschritt ihm wertvolle Informationen. Ich denke, viele Hunde haben Spaß an diesem Puzzlespiel. Wenn Ihr Hund in Worten denken würde, würden sie in etwa so lauten: »Hey, dieses Verhalten hat vor einer Minute doch noch funktioniert. Jetzt sagt sie stattdessen 'Schade'. Wo liegt der Unterschied? Warte! Ich hab's – es ist die Decke, nicht der Ort.«

DECKENTRAINING VI
1. Legen Sie die Decke auf die genau andere Seite des Zimmers, in dem Sie bisher trainiert haben, und stellen Sie sich dreißig Zentimeter entfernt hin.
2. Mit einem Handsignal bitten Sie Ihren Hund auf die Decke und ins Platz.
3. Klicken Sie, belohnen die Position, und wiederholen das Ganze vier Mal. Machen Sie direkt mit Deckentraining VII weiter. Das ist kein guter Punkt, um die Trainingseinheit zu beenden. Wenn Sie jetzt aufhören müssen, müssen Sie diese Übung beim nächsten Mal als Aufwärmübung durchführen, bevor Sie mit Deckentraining VII weitermachen.

DECKENTRAINING VII
1. Direkt nach Deckentraining VI locken Sie Ihren Hund von der Decke, lassen diese an ihrem neuen Ort liegen, entfernten sich fünf Meter und warten fünf Sekunden.
2. Wenn Ihr Hund die Decke ansteuert und sich darauf legt, klicken Sie und gehen mit einer doppelten Belohnung zu ihm.
3. Wenn er Ihnen hinterher läuft, nichts tut oder sich an der falschen Stelle hinlegt, sagten Sie »Schade« und verlassen das Zimmer. Versuchen Sie es dann noch einmal. Behalten Sie gut im Blick, wie oft er es richtig macht, denn bei dieser Übung ist das Vor-Zurück-Noch einmal-Reglement etwas komplizierter:

Bei fünf richtigen Wiederholungen in Folge machen Sie die nächste Übung.

Bei drei oder vier richtigen Wiederholungen bleiben Sie auf diesem Level.

Bei ein oder zwei richtigen Wiederholungen legen Sie einen Zwischenschritt ein.

Hat es kein einziges Mal geklappt, gehen Sie einen Schritt zurück (und gehen von da dann auch in Zwischenschritten vor, wie in dem unten stehenden Kasten beschrieben).

Wenn Ihr Hund eine oder zwei von fünf Wiederholungen richtig macht, empfehle ich in diesem Fall nicht, einen ganzen Schritt zurückzugehen, weil es das zweite Mal ist, dass er mit der Fünf-Meter-Entfernung arbeitet (das erste Mal war bei Deckentraining V). Er ist kein Anfänger mehr, und diese Übung bietet fantastische Möglichkeiten für Zwischenschritte. Lassen Sie uns das Spielfeld einmal ansehen, indem wir die Parameter von der letzten erfolgreichen Stufe Deckentraining VI (fünf von fünf Wiederholungen) mit denen von Deckentraining VII vergleichen, der Stufe, auf der er Schwierigkeiten hat. Danach können wir über Zwischenschritte sprechen.

Deckentraining VI	Deckentraining VII
Die Decke liegt an einem neuen Platz.	Die Decke liegt an einem neuen Platz.
Sie stehen direkt neben der Decke.	Sie stehen fünf Meter entfernt.
Handzeichen, um Ihren Hund auf die Decke zu schicken.	Kein Handzeichen.
Handzeichen für Platz.	Kein Handzeichen oder verbales Kommando für Platz.

Anhand dieser Informationen bietet sich eine ganze Reihe von Zwischenschritten an. Das einzige, was gleich bleiben muss, ist die Decke auf dem neuen Platz. Also haben wir als Variable die Entfernung zwischen Ihnen und der Decke und die Signale, die Sie dem Hund geben. Für Ihren Hund wäre es am einfachsten, wenn Sie die Nähe zur Decke aufrechterhalten, ihn mit einem Handzeichen zur Decke locken und ihn dann alleine Platz machen lassen. Am schwierigsten wäre es, wenn Sie die Entfernung beibehalten und keinerlei Signale geben. In der Mitte davon würde sich eine mittlere Entfernung – vielleicht zwei bis drei Meter – ohne Hinweis auf Decke oder Platz anbieten. Sie können auch eine Mischung probieren und jeden Schwierigkeitsgrad ein bis zwei Mal wiederholen:
1. (Zum Aufwärmen) Sie stehen direkt neben der Decke, keine Kommandos.
2. Einen halben Meter von der Decke entfernt, keine Kommandos.
3. Einen Meter von der Decke entfernt, keine Kommandos.
4. Fünf Meter von der Decke entfernt, keine Kommandos.

Normalerweise empfehle ich nicht, nur so wenige Wiederholungen einer Übung durchzuführen, aber in diesem Fall ist es vollkommen ausreichend.

DECKENTRAINING VIII
1. Legen Sie die Decke in ein anderes Zimmer.
2. Führen Sie sich das Verhalten Ihres Hundes bei der vorherigen Übung noch einmal vor Augen. Nutzen Sie es, um einen Plan für den Aufbau der Übung in diesem neuen Raum aufzustellen. Ihr Ziel ist es, dass Sie fünf Meter von der Decke entfernt stehen und Ihr Hund sich zur Decke begibt und darauf Platz macht. Wenn er bei Deckentraining VII Probleme hatte, wäre es gut, hier wieder damit anzufangen, dass Sie direkt neben der Decke stehen und ihm sowohl ein Zeichen fürs auf die Decke gehen als auch für das Platz geben. Bauen Sie die Übung von hier aus auf.
3. Timing.

Stufe	Decke angezeigt?	Kommando Platz gegeben?	Entfernung
VIII – A			
VIII – B			
VIII – C			
VIII – D			

DECKENTRAINING IX
1. Nehmen Sie Decke, Clicker, Belohnung und Ihren Hund mit zu einem Freund, ins Büro oder an einen anderen sicheren Ort in einem Gebäude.
2. Bauen Sie sich einen Plan auf, der berücksichtigt, wie Ihr Hund sich bisher geschlagen hat und dass Sie sich jetzt an einem ganz neuen Ort befinden.

Stufe	Decke angezeigt?	Kommando Platz gegeben?	Entfernung
IX – A			
IX – B			
IX – C			
IX – D			
IX – E			

DECKENTRAINING X – KOMBINATION VON ENTFERNUNG UND PLATZ-BLEIB

1. Legen Sie die Decke aus, treten Sie fünf Meter weg und warten Sie. Sobald Ihr Hund zur Decke geht und sich hinlegt, loben Sie ihn mit ruhiger Stimme, aber Sie gehen nicht zu ihm und belohnen ihn auch nicht.
2. Nach einem zehnsekündigen Platz-Bleib gehen Sie zu Ihrem Hund und füttern seine Position an. Locken Sie ihn von der Decke zu der Stelle, wo Sie am Anfang gestanden haben, so dass er für jede Belohnung die fünf Meter überwinden, sich selbstständig ins Platz begeben und zehn Sekunden warten muss. Da das Bleib jetzt ein integraler Teil der Verhaltenskette ist, ist der Einsatz des Clickers ab diesem Level optional. Wenn Sie mögen, können Sie am Ende der zehn Sekunden klickern, Sie müssen es aber nicht mehr.
3. Wenn er das Bleib aufhebt, sagen Sie »Schade« und versuchen es noch einmal. Halten Sie die Vor-Zurück-Noch einmal-Regel für diese Übung ein:

   Vor bei fünf richtigen Wiederholungen in Folge.

   Zwischenschritt auf fünf Sekunden Bleib bei drei bis vier richtigen Wiederholungen.

   Zurück auf zwei Sekunden Bleib für zwei oder weniger richtige Wiederholungen.

DECKENTRAINING XI

1. Verlängern Sie die Dauer der Übung gemäß dem folgenden Plan. Zwischen den Versuchen locken Sie Ihren Hund weit genug von der Decke, so dass er aus einer Entfernung von fünf Metern auf die Decke gehen, dort von sich aus Platz machen und bleiben muss, um am Ende eine Belohnung zu erhalten.
   - 30 Sekunden
   - 60 Sekunden
   - 2 Minuten
   - 5 Minuten
2. Bauen Sie zwischendurch kürzere Bleibs ein (die zählen zwar nicht zu den fünf Wiederholungen, sind aber zwischen den offiziellen fünf langen Bleibs notwendig). Erinnern Sie sich, dass Sie das auch schon beim Aufbau des Bleib in Teil zwei so gemacht haben. Anstatt also fünf Bleibs à 60 Sekunden hintereinander weg zu machen, sähe der Ablauf dann wie folgt aus:
   - 60 Sekunden
   - 5 Sekunden
   - 18 Sekunden
   - 60 Sekunden
   - 16 Sekunden
   - 60 Sekunden
   - 9 Sekunden

- 60 Sekunden
- 60 Sekunden

3. Auch wenn Ihr Hund das Bleib nun schon wesentlich besser beherrscht, wird er wie die meisten Hunde einige Zwischenschritte oder gar Schritte zurück benötigen. Lassen Sie uns folgendes Beispiel nehmen: Er schafft die fünfzehn Sekunden auf Anhieb fünf Mal hintereinander, liegt auch bei den dreißig Sekunden beim ersten Versuch richtig, versagt dann aber drei Mal in Folge. Der erste Rückschritt: Wiederholen Sie noch einmal eine komplette Serie mit fünfzehn Sekunden. Dann machen Sie einen Zwischenschritt: Gehen Sie auf zwanzig Sekunden. Danach versuchen Sie es noch einmal mit dreißig Sekunden. Es wäre auch gut, mehrere sehr kurze Bleibs einzubauen.

Nach fünf richtigen Wiederholungen gehen Sie einen Schritt vor.

Bauen Sie Zwischenschritte ein, wenn nötig.

DECKENTRAINING XII

1. Wiederholen Sie die vorherige Übung, allerdings sitzen Sie dabei jetzt auf einem Stuhl. Stehen Sie nur auf, um den Hund zu belohnen und ihn für den nächsten Versuch von der Decke zu locken.
2. Wenn ihm die längeren Zeiten in Deckentraining XI leicht fielen, können Sie jetzt ein paar größere Schritte machen:
   a) Ein Bleib von zehn Sekunden (um den Stuhl einzuführen, der für den Hund in der Gleichung neu ist)
   b) Zwei Minuten
   c) Fünf Minuten
3. Legen Sie wo nötig Zwischenschritte und das eine oder andere kurze Bleib ein.

Bei fünf richtigen Wiederholungen in Folge gehen Sie zur nächsten Übung weiter.

Machen Sie Zwischenschritte, wo nötig.

DECKENTRAINING XIII: HINZUFÜGEN EINES KOMMANDOS

Holen Sie die Decke und legen Sie sie auf einen Tisch oder eine andere erhöhte Oberfläche, die sich in der Nähe Ihres ursprünglichen Trainingsplatzes befindet. Dieser Platz sollte der sein, an den Sie Ihren Hund in den meisten Fällen schicken wollen. Setzen Sie sich irgendwo in dem Zimmer hin, benehmen Sie sich dabei ganz natürlich und ignorieren Sie Ihren Hund. Versuchen Sie, nicht mit dem Training anzufangen, solange der Hund noch auf die Decke fokussiert ist.

Während Sie so herumsitzen und ganz natürlich tun, lesen Sie die folgenden Schritte aufmerksam. Sie müssen sie auswendig kennen, bevor Sie mit der Übung anfangen. Es ist wichtig, dass Ihr verbales Kommando erfolgt, bevor Ihr Hund sich der Decke zuwendet. Und so geht's:

1. Rufen Sie den Namen Ihres Hundes und sagen ihm dann »Geh auf deinen Platz«. Warten Sie eine Sekunde. Dann stehen Sie auf und legen die Decke an die gewünschte Stelle. Setzen Sie sich wieder irgendwo im Zimmer hin und warten ein paar Sekunden.
2. Wenn er sich zur Decke begibt und sich darauf legt, loben Sie ihn und fordern ein zehnsekündiges Bleib ein. Dann gehen Sie zu ihm und belohnen ihn, während er auf der Decke liegt.
3. Locken Sie ihn von der Decke, legen die Decke weg und setzen sich wieder hin.
4. Wenn er sich nicht der Decke nähert, nicht hinlegt oder nicht bleibt, sagen Sie »Schade«, packen die Decke weg und verlassen den Raum. Versuchen Sie es dann noch einmal.

Wenn er es fünf Mal in Folge richtig gemacht hat, warten Sie vierundzwanzig Stunden, bevor Sie die Übung wiederholen.

Nach der zweiten Runde mit fünf richtigen Wiederholungen machen Sie mit Deckentraining XIV weiter.

DECKENTRAINING XIV

1. Legen Sie die Decke auf den dafür vorgesehenen Platz. Rufen Sie Ihren Hund so zu sich, dass er sich nicht gleich zur Decke begibt und darauflegt. Wenn er sehr von seiner Decke angezogen wird, müssen Sie sich ordentlich ins Zeug legen, um ihn von ihr fern zu halten.
2. Halten Sie ihn solange von der Decke ab, bis er nicht mehr versucht, zu ihr zu gehen. Bei einigen Hunden ist das leicht, bei anderen etwas schwieriger.
3. Wenn er sich einigermaßen entspannt in Ihrer Nähe aufhält, sagen Sie »Geh auf deinen Platz«.
4. Warten Sie ein paar Sekunden, um zu sehen, ob er zur Decke geht. Wenn er es tut und sich hinlegt, gehen Sie lobend zu ihm und geben ihm eine dicke Belohnung. Er ist ein Star!
5. Wenn er nicht innerhalb der nächsten fünf Sekunden nach Ihrem Kommando zur Decke geht, locken Sie ihn hin, bitten ihn ins Platz und belohnen ihn trotzdem, auch wenn Sie helfen mussten. Das ist eine sehr schwierige Übung. Viele, viele Hunde brauchen hier anfangs Hilfe. Machen Sie nur nicht den Fehler, Ihr Kommando mehrmals zu wiederholen.

Wenn fünf von fünf Wiederholungen mit Ihrer Hilfe funktioniert haben, bleiben Sie bei dieser Übung.

Sobald er fünf Wiederholungen ohne Ihre Hilfe schafft, machen Sie mit der nächsten Übung weiter.

DECKENTRAINING XV
1. Legen Sie die Decke an der gewünschten Stelle aus. Halten Sie Ihren Hund von ihr fern.
2. Setzen Sie sich in einen Sessel oder auf einen Stuhl. Nutzen Sie Ihre Stimme, Ihren Charme, notfalls auch Ihre Hände, um Ihren Hund von der Decke fernzuhalten.
3. Wenn er aufgegeben hat, sagen Sie »Geh auf deinen Platz«.
4. Warten Sie ein paar Sekunden. Wenn er zur Decke geht und sich hinlegt, gehen Sie zu ihm, um ihn zu belohnen. Wenn er nicht von alleine auf die Decke geht, helfen Sie ihm mit einem Handzeichen und belohnen Sie ihn trotzdem.

Machen Sie erst mit der nächsten Übung weiter, wenn er es fünf Mal in Folge ohne Ihre Hilfe geschafft hat. Ansonsten bleiben Sie solange auf dieser Stufe.

DECKENTRAINING XVI
1. Legen Sie die Decke auf die übliche Stelle, aber dieses Mal lassen Sie Ihren Hund tun, was immer er will, auch wenn er sich entscheidet, sich auf die Decke zu legen. Ab jetzt wird die Decke immer auf der Erde liegen. Geben Sie noch nicht das Kommando.
2. Wenn Ihr Hund sich auf die Decke legt, ignorieren Sie ihn. Bleiben Sie ein paar Minuten in Ihrem Sessel sitzen, dann stehen Sie auf und verlassen das Zimmer.
3. Gehen Sie Ihren täglichen Pflichten nach, wobei Sie die Decke liegenlassen und Ihren Hund ignorieren, wenn er sich darauf legt. Bewaffnen Sie sich mehrere Stunden, bevor Sie mit Ihrem Hund üben wollen, mit köstlichen Leckerchen. Ignorieren Sie auch sein Interesse daran (Sie können einige kleine Gehorsamkeitsübungen einbauen, aber noch kein Deckentraining).
4. Einige Stunden später, oder sogar erst am nächsten Tag, wenn Ihr Hund es aufgeben hat, Sie mit seinem selbstständigen auf die Decke gehen zu beeindrucken, gehen Sie in das Zimmer, in dem die Decke liegt, rufen Ihren Hund zu sich, loben ihn fürs Kommen und sagen »Geh auf deinen Platz«.
5. Wenn er sich zur Decke begibt und hinlegt, klicken Sie, loben ihn wie verrückt und belohnen ihn großzügig, während er noch liegt.
6. Wenn er sich nicht zur Decke begibt, helfen Sie ihm. Geben Sie ihm so kleine und wenig Zeichen wie möglich. Vielleicht reicht es schon, dass Sie ihm bedeuten, auf die Decke zu gehen, er sich dort dann aber ohne weitere Aufforderung von Ihnen hinlegt. Belohnen Sie ihn, indem Sie die Position anfüttern, auch wenn Sie ihm helfen mussten. Der richtige Zeitpunkt für den Clicker ist immer der genaue Punkt, wenn Ihr Hund sich hingelegt hat.

Wiederholen Sie diese Übung zu verschiedenen Zeiten am Tag, damit Ihr Hund nie vorab »aufgewärmt« ist.

Lassen Sie die Decke die ganze Zeit über liegen. Ignorieren Sie Ihren Hund, wenn er sich ohne Kommando darauf niederlässt.

Wenn Sie bei fünf Wiederholungen in Folge helfen mussten, bleiben Sie auf dieser Stufe.

Wenn es über den Tag verteilt fünf Mal zu verschiedenen Zeiten ohne Hilfe geklappt hat, gehen Sie einen Schritt weiter.

DECKENTRAINING XVII: AUS EINEM ANDEREN RAUM

1. Irgendwann während des Tages, wenn Sie sich in einem anderen Raum aufhalten, geben Sie Ihrem Hund das Kommando »Auf deinen Platz«.
2. Warten Sie eine Sekunde oder zwei. Ermutigen Sie ihn dann, Ihnen in das andere Zimmer zu folgen, in dem die Decke liegt. Wenn er hingeht und sich darauf legt, klicken Sie, loben Ihn und füttern die Position an. Wenn er verwirrt wirkt, unterstützen Sie ihn durch kleine Handzeichen darin, auf die Decke zu gehen und Platz zu machen. Belohnen Sie ihn, auch wenn Sie helfen mussten.
3. Gehen Sie gemeinsam mit Ihrem Hund in das andere Zimmer zurück und starten Sie einen neuen Versuch. Wenn er wieder Hilfe benötigt, obwohl er nun schon »aufgewärmt« ist, geben Sie sie ihm, aber versuchen Sie, dass er irgendeinen Teil der Übung (z.B. das Platz) von alleine macht. Belohnen Sie ihn, egal, wie viel Hilfe Sie ihm geben mussten.
4. Wiederholen Sie die Übung noch drei Mal, so dass Sie insgesamt fünf Versuche hatten. Merken Sie sich, ob er sich im Laufe der Wiederholungen verbessert. Hier ist ein Beispiel für ein normales Trainingsergebnis:

Versuch-Nr.	Kalt oder aufgewärmt?	Hinweis gegeben, in das andere Zimmer zu gehen?	Hinweis gegeben, auf die Decke zu gehen?	Hinweis gegeben, Platz zu machen?
Eins	Kalt	Ja	Ein bisschen	Nein, hat er von allein gemacht
Zwei	Leicht aufgewärmt	Ja	Nein – er ist direkt darauf zugesteuert	Nein, hat er von allein gemacht
Drei	Aufgewärmt	Ja	Nein	Nein
Vier	Aufgewärmt	Nur ein bisschen!	Nein	Nein
Fünf	Aufgewärmt	Kaum	Nein	Nein

Merken Sie, wie das Verhalten im Laufe der Übung immer besser ausgeführt wird? Sobald Ihr Hund einmal aufgewärmt ist, wird es immer einfacher. Das ultimative Ziel dieser Übung ist es, dass der Hund es »kalt« richtig macht: nachdem er es einige Tage nicht gemacht hat, geht er auf das erste Kommando hin in das Zimmer mit der Decke, steuert sie an und macht darauf Platz. Wie lief Ihre erste Übungsrunde?

Runde 1

Versuch-Nr.	Kalt oder aufgewärmt?	Hinweis gegeben, in das andere Zimmer zu gehen?	Hinweis gegeben, auf die Decke zu gehen?	Hinweis gegeben, Platz zu machen?
Eins	Kalt			
Zwei	Leicht aufgewärmt			
Drei	Aufgewärmt			
Vier	Aufgewärmt			
Fünf	Aufgewärmt			

Warten Sie mindestens vierundzwanzig Stunden, so dass Ihr Hund komplett »abkühlen« kann, bevor Sie eine weiter Übungseinheit mit fünf Wiederholungen einlegen. Führen Sie Buch darüber, wie er sich entwickelt.

Runde 2

Versuch-Nr.	Kalt oder aufgewärmt?	Hinweis gegeben, in das andere Zimmer zu gehen?	Hinweis gegeben, auf die Decke zu gehen?	Hinweis gegeben, Platz zu machen?
Eins	Kalt			
Zwei	Leicht aufgewärmt			
Drei	Aufgewärmt			
Vier	Aufgewärmt			
Fünf	Aufgewärmt			

Warten Sie mindestens vierundzwanzig Stunden, so dass Ihr Hund komplett »abkühlen« kann, bevor Sie eine weiter Übungseinheit mit fünf Wiederholungen einlegen. Führen Sie Buch darüber, wie er sich entwickelt.

Versuch-Nr.	Kalt oder aufgewärmt?	Runde 3 Hinweis gegeben, in das andere Zimmer zu gehen?	Hinweis gegeben, auf die Decke zu gehen?	Hinweis gegeben, Platz zu machen?
Eins	Kalt			
Zwei	Leicht aufgewärmt			
Drei	Aufgewärmt			
Vier	Aufgewärmt			
Fünf	Aufgewärmt			

Wiederholen Sie diese Übung, bis Sie Ihrem Hund gar kein Zeichen mehr geben müssen, sondern er auf Ihr Kommando beim ersten Versuch alles richtig macht.

Gehen Sie zur nächsten Übung über, wenn es fünf Tage in Folge »kalt« klappt.

DECKENTRAINING XVIII
1. Wiederholen Sie diese Übung aus jedem Zimmer Ihres Zuhauses aus. Fangen Sie mit den Räumen an, die dem mit der Decke am nächsten liegen, und gehen Sie langsam zu den entfernteren Zimmern über. Belohnen Sie Ihren Hund, auch wenn Sie ihm helfen müssen. Aber helfen Sie nur so viel, wie unbedingt nötig ist.
2. Gehen Sie erst zum nächsten Zimmer über, wenn Ihr Hund ohne zusätzliches Signal von Ihnen gleich beim ersten Mal auf Ihr Kommando »Geh auf deinen Platz« zu der Decke geht, sich hinlegt und bleibt (das heißt, die Übung »kalt« absolviert). Wenn er es beim ersten Mal nicht ganz perfekt schafft, machen Sie noch vier Wiederholungen und notieren Sie, wie er sich macht. Diese Art von Aufzeichnung bietet einen hervorragenden Blick in das Lernverhalten Ihres Hundes. Bei jedem neuen Zimmer mag sein Verhalten anfangs noch etwas unsicher sein, aber je mehr Zimmer Sie hinzunehmen,

desto steiler wird die Lernkurve Ihres Hundes. Es kann sogar sein, dass er es ab einem gewissen Zeitpunkt selbst aus einem neuen Raum heraus sofort ohne Ihre Hilfe schafft. Jetzt ist Ihr Hund auf gar keinen Fall mehr ein Anfänger.

Gehen Sie einen Schritt weiter, wenn Ihr Hund das Kommando von jedem Zimmer Ihres Hauses aus beim ersten Mal richtig ausführt.

DECKENTRAINING XIX: NATÜRLICHE ABLENKUNGEN

1. Erstellen Sie eine Liste mit allen möglichen Situationen, in denen Sie Ihren Hund gerne auf seinen Platz schicken würden. Hier ein paar Beispiele:
   a) Wenn ich schwere Kisten die Treppen hinauf oder hinunter trage.
   b) Wenn wir essen und er bettelt.
   c) Wenn jemand zu Besuch kommt, der keine Hunde mag.
2. Schauen Sie sich die Liste an. Markieren Sie die Situationen mit dem Hinweis »leicht«, bei denen die Ablenkung nicht sonderlich groß ist. In der obigen Liste wäre das das Kistenschleppen. Schreiben Sie »mittel« an die, wo die Ablenkung schon deutlich ist, Sie aber logistisch gesehen keine Schwierigkeiten haben, es zu üben. In diese Kategorie fällt »Abendessen«. Das ist eine attraktive Ablenkung, aber auch etwas, das regelmäßig anfällt und wo Sie also durchaus etwas Zeit investieren können, um in Zukunft Ihre Ruhe zu haben. »Schwierig« sind die Fälle, in denen die Ablenkung immens und die Logistik etwas komplizierter ist. Das Besucher-Szenario würde in diese Rubrik fallen, denn für die meisten Hunde sind neue Menschen unglaublich interessant, und für uns ist es schwierig, unseren Hund zu trainieren, wenn wir doch eigentlich unseren Besuch höflich empfangen wollen.
3. Basierend auf dieser Einteilung (die Ihnen einen Einblick gibt, wie »teuer« das Training für Sie sein wird) und Ihrer Motivation, die gesteckten Ziele zu erreichen, erstellen Sie eine neue Liste mit den Situationen, die Sie tatsächlich üben wollen. Sortieren Sie von leicht nach schwer. Wir werden zuerst die einfachen in Angriff nehmen – jede davon wird Sie und Ihren Hund ein kleines Stückchen besser machen, so dass Sie schon fortgeschritten sind, wenn es an die schwierigeren Fälle geht.
Entwerfen Sie jetzt einen Trainingsplan für Ihr erstes Ziel. Es folgt ein Beispiel eines Schritt-für-Schritt-Plans für das obige Szenario mit den schweren Kisten, die Sie die Treppe hinauftragen wollen. Sie werden Ihrem Hund nur so viel Hilfestellung geben, wie nötig. Das bedeutet, dass Sie ihm erst ein verbales Kommando geben, ein paar Sekunden warten, ihm dann wenn nötig die Decke zeigen, wieder ein paar Sekunden warten, und dann erst das Handzeichen für Platz geben, wenn er sich nicht von alleine hinlegt. Belohnen Sie ihn, auch wenn Sie ihm helfen mussten, aber gehen Sie erst zu einer größeren Ablenkung vor, wenn Sie beim ersten Versuch nicht mehr helfen müssen: Ihr Hund geht von alleine zur Decke und legt sich hin, bis Sie ihn abrufen. Folgend ein Ergebnis für einen fiktiven Beispielhund:

Runde 1

Versuch	Kalt oder aufgewärmt?	Ablenkung	Hilfe nötig?	Vor-Zurück-Noch einmal
Eins	Kalt	Mit Kisten in der Nähe der Decke herumlaufen	Musste ihm nach dem Kommando zwei Mal zeigen, auf die Decke zu gehen. Selbstständiges Platz nach ein paar Sekunden.	
Zwei	Leicht aufgewärmt	s.o.	s.o.	
Drei	Aufgewärmt	s.o.	Musste nur einmal zeigen. Schnelleres selbstständiges Platz.	
Vier	Aufgewärmt	s.o.	Auf Kommando hin die Decke angesteuert! Selbstständiges Platz.	
Fünf	Aufgewärmt	s.o.	s.o.	Noch einmal

Gehen Sie erst dann zur nächstschwierigeren Situation vor, wenn Ihr Hund beim ersten Mal »kalt« sofort auf Ihr Kommando hin selbstständig zur Decke geht und sich hinlegt – und zwar nach einer mindestens vierundzwanzigstündigen Trainingspause.

Wieso soll ich belohnen, auch wenn ich geholfen habe?

In einer längeren Verhaltenskette wie dieser, wo es egal ist, in welcher Manier Ihr Hund sein Verhalten ausführt, wird unser konstantes Belohnen am Ende und das Anfüttern der Position dazu führen, dass unser Hund es kaum erwarten kann, das finale Verhalten zu zeigen, in diesem Fall das Platz auf der Decke (und später das Bleib). Trotzdem Sie ihn sowohl belohnen, wenn er das alles ganz alleine macht, als auch wenn er Ihre Hilfe braucht, ist der Anreiz für ihn groß genug, es zukünftig alleine zu machen, weil er dann schneller belohnt wird.

Runde 2

Versuch	Kalt oder aufgewärmt?	Ablenkung	Hilfe nötig?	Vor-Zurück-Noch einmal
Eins	Kalt	Mit Kisten in der Nähe der Decke herumlaufen	Machte ohne Kommando auf der Decke Platz, sobald ich die Kisten anhob. Hab ihn trotzdem belohnt..	
Zwei	Leicht aufgewärmt	s.o.	Perfekte Ausführung aufs verbale Kommando hin. (Schwer, ihn für neuen Versuch von der Decke zu locken!)	
Drei	Aufgewärmt	s.o.	s.o.	
Vier	Aufgewärmt	s.o.	s.o.	
Fünf	Aufgewärmt	s.o.	s.o.	Vor

Runde 3

Versuch	Kalt oder aufgewärmt?	Ablenkung	Hilfe nötig?	Vor-Zurück-Noch einmal
Eins	Kalt	Mit Kisten die Treppe hinaufgegangen	Brauchte Handzeichen für die Decke, legte sich dann alleine hin	
Zwei	Leicht aufgewärmt	s.o.	Perfekte Ausführung auf verbales Kommando hin.	
Drei	Aufgewärmt	s.o.	s.o.	
Vier	Aufgewärmt	s.o.	s.o.	
Fünf	Aufgewärmt	s.o.	s.o.	Noch einmal

Runde 4

Versuch	Kalt oder aufgewärmt?	Ablenkung	Hilfe nötig?	Vor-Zurück-Noch einmal
Eins	Kalt	Noch einmal die Treppe	Perfekt!	
Zwei	Leicht aufgewärmt	s.o.	s.o.	
Drei	Aufgewärmt	s.o.	s.o.	
Vier	Aufgewärmt	s.o.	Kurz von Lärm draußen abgelenkt, dann okay	
Fünf	Aufgewärmt	s.o.	Pefekt!	Vor

Als Nächstes schauen wir uns die Situation beim Abendessen an. Sie bietet zwei Herausforderungen für den Hund. Zum einen das Aufsuchen der Decke von dem Ort, wo der Esstisch steht, und zum anderen, während der Dauer des Essens Platz-Bleib zu machen. Am besten trainiert man so etwas systematisch. Zum Beispiel so:

Runde 1

Versuch	Kalt oder aufgewärmt?	Dauer (Bleib) und Ablenkung	Hilfe nötig?	Verhalten des Hundes	Vor-Zurück-Noch einmal
Eins	Kalt	Eine Minute während des Essens	Musste mit ihm zur Decke gehen, dort selbstständiges Platz	Nach fünfzehn Sekunden aufgestanden.	
Zwei	Leicht aufgewärmt	s.o.	s.o.	Sofort wieder aufgestanden	
Drei	Aufgewärmt	s.o.	s.o.	Zurück!	
Vier	Aufgewärmt	s.o			
Fünf	Aufgewärmt	s.o.			

Beachten Sie, dass der Trainer sofort einen Schritt zurückgeht, sobald drei Versuche in Folge fehlschlagen. Runde 2 ist eine Fortführung von Runde 1, so dass der Hund jetzt beim ersten Versuch schon aufgewärmt ist.

Runde 2

Versuch	Kalt oder aufgewärmt?	Dauer (Bleib) und Ablenkung	Hilfe nötig?	Verhalten des Hundes	Vor-Zurück-Noch einmal
Eins	Aufgewärmt	10 Sekunden während des Essens	Musste Hinweis auf Decke geben, habe während des Bleib in der Tür gestanden, um einen Erfolg zu erzielen, während die anderen gegessen haben.	Hat geklappt!	
Zwei	Aufgewärmt	s.o.	s.o.	s.o.	
Drei	Aufgewärmt	s.o.	s.o.	s.o.	
Vier	Aufgewärmt	s.o	s.o.	s.o.	
Fünf	Aufgewärmt	s.o.	s.o.	s.o.	Vor

Runde 3

Versuch	Kalt oder aufgewärmt?	Dauer (Bleib) und Ablenkung	Hilfe nötig?	Verhalten des Hundes	Vor-Zurück-Noch einmal
Eins	Aufgewärmt	30 Sekunden während des Essens	Musste Hinweis auf Decke geben, habe während des Bleib in der Tür gestanden, um einen Erfolg zu erzielen, während die anderen gegessen haben.	Hat geklappt!	
Zwei	Aufgewärmt	s.o.	Auf Kommando zur Decke gegangen und Platz gemacht		
Drei	Aufgewärmt	s.o.	s.o.	s.o.	
Vier	Aufgewärmt	s.o	s.o.	s.o.	
Fünf	Aufgewärmt	s.o.	s.o.	s.o.	Vor

Runde 4

Versuch	Kalt oder aufgewärmt?	Dauer (Bleib) und Ablenkung	Hilfe nötig?	Verhalten des Hundes	Vor-Zurück-Noch einmal
Eins	Aufgewärmt	10 Sekunden während des Essens	Mit zur Decke gegangen, an den Tisch, um zu essen	Hat es geschafft (puh!)	
Zwei	Aufgewärmt	s.o.	s.o.	s.o.	
Drei	Aufgewärmt	s.o.	Auf Kommando gehorcht!	s.o.	
Vier	Aufgewärmt	s.o	s.o.	s.o.	
Fünf	Aufgewärmt	s.o.	s.o.	s.o.	Vor

Es wäre gut, während des Essens noch ein bisschen mehr zu üben, aber das hier ist schon eine gute Basis und auch ein guter Punkt, um aufzuhören und ein anderes Mal weiterzumachen. Für den Rest der Mahlzeit können Sie den Hund ignorieren, wenn er am Tisch herumlungert, oder Sie sperren ihn in seine Box oder ein anderes Zimmer, wenn er Ihnen zu sehr auf die Nerven geht.

Lassen Sie uns einen Blick auf die nächste Übungseinheit zwei Tage später werfen.

Runde 5

Versuch	Kalt oder aufgewärmt?	Dauer (Bleib) und Ablenkung	Hilfe nötig?	Verhalten des Hundes	Vor-Zurück-Noch einmal
Eins	Kalt	Zehn Sekunden während des Essens	Hat aufs verbale Kommando sofort gehorcht!	Hat es geschafft (und doppelte Belohnung bekommen)	
Zwei	Leicht aufgewärmt	s.o.	s.o.	s.o.	
Drei	Aufgewärmt	s.o.	s.o.	s.o.	
Vier	Aufgewärmt	s.o	s.o.	s.o.	
Fünf	Aufgewärmt	s.o.	s.o.	s.o.	Vor

Runde 6

Versuch	Kalt oder aufgewärmt?	Dauer (Bleib) und Ablenkung	Hilfe nötig?	Verhalten des Hundes	Vor-Zurück-Noch einmal
Eins	Aufgewärmt	30 Sekunden während des Essens	Auf Kommando sofort zur Decke ins Platz!	Hat durchgehalten!	
Zwei	Aufgewärmt	s.o.	s.o.	Ist nach ungefähr 20 Sekunden aufgestanden. Habe »Schade« gesagt, als er im Esszimmer auftauchte, und ihn wieder zurück begleitet.	
Drei	Aufgewärmt	s.o.	s.o.	Hat geklappt!	
Vier	Aufgewärmt	s.o	s.o.	Wieder aufgestanden	
Fünf	Aufgewärmt	s.o.	s.o.	Hat geklappt!	Noch einmal

Runde 7

Versuch	Kalt oder aufgewärmt?	Dauer (Bleib) und Ablenkung	Hilfe nötig?	Verhalten des Hundes	Vor-Zurück-Noch einmal
Eins	Aufgewärmt	30 Sekunden während des Essens	Perfekt!	Perfekt!	
Zwei	Aufgewärmt	s.o.	s.o.	s.o.	
Drei	Aufgewärmt	s.o.	s.o.	s.o.	
Vier	Aufgewärmt	s.o	s.o.	s.o.	
Fünf	Aufgewärmt	s.o.	s.o.	s.o.	Vor

Als Nächstes würde ein Versuch mit sechzig Sekunden kommen. Wenn der erfolgreich ist, geht es weiter mit zwei Minuten, fünf Minuten, zehn, und dann die gesamte Essenszeit über. Die Dauer des Bleib bietet unzählige Optionen für Zwischenschritte, genau wie die Örtlichkeiten. Sie können z.B. im Türrahmen stehen, um die längeren Bleib-Zeiten einzuführen. Denken Sie daran, immer wieder ein paar kürzere Zeiten einzustreuen. Sie müssen das nicht mehr so exzessiv tun wie in den Übungen, mit denen wir die längeren Bleibs geübt haben, aber es empfiehlt sich, nicht ganz darauf zu verzichten.

Wenn Sie bei der Entfernung einen Zwischenschritt einlegen und von der Tür aus üben, um die Dauer des Bleib zu erhöhen, sollten Sie ab dem Moment, wo Ihr Hund die gesamte Dauer des Essens schafft, wieder vom Tisch aus trainieren. Sie müssen dann nicht wieder alle kleinen Zwischenschritte gehen. Versuchen Sie erst, die halbe Zeit, die Sie fürs Abendessen brauchen, und dann die ganze Zeit, wobei Sie zwischendurch zwei bis drei Belohnungen reichen. Das heißt zwar, dass Sie während des Essens aufstehen und Ihrem Hund ein Leckerli bringen müssen, aber diese Investition wird sich auszahlen. Denn damit erreichen Sie ein ruhiges Platz-Bleib während sämtlicher Mahlzeiten für den Rest des Lebens Ihres Hundes.

Zum Schluss möchte ich Ihnen hier noch ein paar Beispiele für das »Geh auf deinen Platz« mit ausgiebigem Platz-Bleib zeigen, wenn Besuch kommt. Nutzen Sie es als Sprungbrett, um sich einen eigenen Plan aufzustellen. Diese Ablenkung ist sehr schwierig, also scheuen Sie sich nicht, umwerfende Belohnungen einzusetzen.

Trotz des etwas wackeligen Anfangs hat sich der Trainer für ein Vor nach eigenem Ermessen entschieden, also dafür, einen Schritt weiterzugehen, obwohl nur vier der fünf Versuche erfolgreich waren. Normalerweise würde das zu einem Noch einmal führen.

Der erste Versuch war aber der einzige »unaufgewärmte«, so dass der Hund technisch gesehen vier von vier aufgewärmten Wiederholungen richtig gemacht hat. Da er auch aufgewärmt in die nächste Runde startet, schauen wir einfach mal, was passiert.

Runde 1

Versuch	Kalt oder aufgewärmt?	Dauer (Bleib) und Ablenkung	Hilfe nötig?	Verhalten des Hundes	Vor-Zurück-Noch einmal
Eins	Kalt	Fünf Sekunden, während Besuch sitzt	Decke angezeigt, Platz angezeigt	Neben der Decke gestanden und alle fünf Sekunden belohnt – er hat's aus Freude unterbrochen, »Schade« und keine Belohnung in Form von Begrüßung des Besuchs	
Zwei	Aufgewärmt	s.o.	Nicht notwendig, nur am Bleib gearbeitet.	Hat geklappt, Puh.	
Drei	Aufgewärmt	s.o.	s.o.	Hat geklappt!	
Vier	Aufgewärmt	s.o	s.o.	Hat geklappt!	
Fünf	Aufgewärmt	s.o.	s.o.	Hat geklappt!	Vor

Runde 2

Versuch	Kalt oder aufgewärmt?	Dauer (Bleib) und Ablenkung	Hilfe nötig?	Verhalten des Hundes	Vor-Zurück-Noch einmal
Eins	Aufgewärmt	Fünf Sekunden, während Besuch sitzt	Auf Kommando gehorcht!	»Bungee« zum Besuch auf dem Sofa und sofort zurück zur Decke, um zu belohnen. Hat funktioniert.	
Zwei	Aufgewärmt	s.o.	s.o.	s.o.	
Drei	Aufgewärmt	s.o.	s.o.	s.o..	
Vier	Aufgewärmt	s.o	s.o.	s.o.	
Fünf	Aufgewärmt	s.o.	s.o.	s.o.	Vor

Runde 3

Versuch	Kalt oder aufgewärmt?	Dauer (Bleib) und Ablenkung	Hilfe nötig?	Verhalten des Hundes	Vor-Zurück-Noch einmal
Eins	Aufgewärmt	Dreißg Sekunden, Besuch und ich sitzen	Auf Kommando gehorcht!	Kurz vorm Ende aufgestanden – was für ein Ärger	
Zwei	Aufgewärmt	s.o.	Brauchte Hinweis	Hat geklappt!	
Drei	Aufgewärmt	s.o.	s.o.	s.o..	
Vier	Aufgewärmt	s.o	s.o.	s.o.	
Fünf	Aufgewärmt	s.o.	s.o.	s.o.	Noch einmal

Die Möglichkeiten, diese Übung auszubauen, sind nahezu grenzenlos, solange Sie sich an die Vor-Zurück-Noch einmal-Regel halten und einen organisierten, im Schwierigkeitsgrad ansteigenden Trainingsplan haben. Trainer, die aus dem Blauen heraus trainieren und einfach nach Gefühl einen Schritt weitergehen, erhalten ungleichmäßige Ergebnisse. Manchmal kommen sie damit durch, was ihnen das Gefühl gibt, ihre Technik wäre gut, aber aufgrund seines unregelmäßigen Trainingsstils werden die Hunde irgendwann unweigerlich einbrechen. Ein korrektes Training erhöht die Chancen auf ein professionelles Ergebnis, was heißt, dass praktisch jeder Hund beim Lernen neuer Verhaltensweisen stete Fortschritte macht.

Machen Sie es richtig – trainieren Sie wie ein Profi, mit einem organisierten, stufenweisen Plan und der richtigen Anwendung von Vor-Zurück-Noch einmal.

14. KAPITEL

APPORTIEREN

Am liebsten bringe ich Hunden das Apportieren bei. Als ich noch Gasthunde bei mir aufgenommen habe, um sie zu erziehen, habe ich ihnen beinahe immer den Apport als kleines Extra beigebracht. Dadurch konnte ich meine Fähigkeiten an einer großen Bandbreite von Hunden verfeinern und gleichzeitig dem Besitzer ein tolles neues Kommando mitgeben, das sein Leben und das seines Hundes unglaublich bereichert. Wenn der Apport einmal im Kopf des Hundes verankert ist, kann er auf alle Objekte, die er im Maul halten kann, übertragen werden und zudem als Basis für viele Spiele dienen, wie z. B. Spielzeug suchen. Ich denke, das Apportieren verleiht dem Spielzeug des Hundes auch noch einmal eine andere Wertigkeit, weil er es nun mit den lustigen Zeiten in Verbindung bringt, in denen Sie gemeinsam geübt haben, es zu bringen.

DER »TOTE« APPORT

Wir fangen an, den sogenannten toten Apport, wo sich das zu apportierende Objekt ruhig auf dem Fußboden liegend oder in Ihrer Hand befindet, in kleinen Schritten zu üben. (Dieses Vorgehen in kleinen Schritten nennt man im Hundetraining auch formen, weil man das Verhalten des Hundes nach und nach formt.) Das ist etwas anderes als der lebende Apport, wo der Trainer den Hund durch Werfen oder Wackeln des Objekts animiert. Weil Hunde Raubtiere sind, haben sie genau wie Katzen die natürliche Tendenz, sich bewegende Objekte zu jagen und zu packen. Dieser Drang ist nicht bei allen Hunden gleich stark ausgeprägt, aber jeder Hund hat ihn zumindest bis zu einem gewissen Grad. Selbst wenn Ihr Hund einen starken Apportierwillen hat – er jagt auch ohne Training jedem Objekt, dass Sie werfen, hinterher, nimmt es ins Maul und bringt es Ihnen – empfehle ich, mit dem toten Apport zu beginnen.

Auch wenn ich ein großer Fan des lebendigen Apports bin, entscheide ich mich hier aus verschiedenen Gründen für den toten Apport. Er ist einfach einmalig, was das Aufbauen gewisser Trainerfertigkeiten angeht: Timing, Festlegen von Kriterien für superfeine Zwischenschritte, diszipliniertes Anwenden der Vor-Zurück-Noch einmal-Regel und strategisches Anfüttern der Position. Indem Sie ohne Animation arbeiten (vor allem ohne das Animieren des Objekts), werden Sie in der Lage sein, sich völlig auf die oben genannten Fertigkeiten zu fokussieren. Mein Ziel ist es, dass Sie sich auf sekundengenaues Timing, anspruchsvolle Kriterien und passgenaues Belohnen konzentrieren!

DAS BRAUCHEN SIE
- Einen aufgeladenen Clicker (s. S. 161)
- Ein Apportierobjekt, das Ihr Hund nicht kaputt macht

- Einen Countdown-Timer, der piept (Eieruhr o.ä.)
- Einen Vorrat an kleinen, weichen Leckerlis.

VORBEREITUNG DES APPORTS

1. Wenn Sie es noch nicht getan haben, laden Sie Ihren Clicker auf (s. S. 161). (Das hier ist keine gute Übung, um den Clicker nebenbei zu lernen, also während Sie versuchen, Ihrem Hund den Apport beizubringen.) Holen Sie sich einen einfach zu bedienenden Countdown-Timer, den Sie auf eine Minute stellen können. Wir werden in Ein-Minuten-Schritten üben, bei denen Sie festhalten, wie oft Ihr Hund belohnt wurde. Sie setzen den Timer auf eine Minute und üben solange, bis er piept. Die Anzahl der Belohnungen (= Anzahl der Klicks mit dem Clicker) innerhalb der Minute entscheidet darüber, ob Sie vorgehen, zurückgehen oder noch einmal auf der Stufe bleiben.
2. Als Apportierobjekt bietet sich ein haltbares Hundespielzeug an. Es geht eigentlich alles, was Ihr Hund nicht zerbeißen oder kaputt machen kann und was nicht herumrollt – das würde Ihre Aufgabe nur unnötig erschweren. Sobald der Apport beigebracht ist, können Sie auf andere Dinge übergehen wie Zeitung oder Hausschuhe. Aber für den Anfang wäre das keine gute Wahl.
3. Machen Sie sich bereit und mit den einzelnen Meilensteinen vertraut:

	Meilensteine für den toten Apport
Eins	Berührung mit der Nase
Zwei	Berührung mit dem Maul
Drei	Am Objekt knabbern oder es teilweise ins Maul nehmen
Vier	Objekt teilweise aufnehmen
Fünf	Objekt komplett aufnehmen
Sechs	Objekt aufnehmen, sich umdrehen und es teilweise zurückbringen
Sieben	Objekt aufnehmen, sich umdrehen, es ganz zurückbringen
Acht	Kommando einführen

Jetzt prägen Sie sich die ersten Schritte gut ein – inklusive des Infokastens »Hilfe! Mein Hund schaut das Objekt nicht einmal an« –, bewaffnen sich mit ausreichend Leckerlis, bringen Ihren Daumen am Clicker in Position, damit Sie beim ersten Versuch nicht zu spät reagieren, und suchen sich eine geeignete Stelle in Ihrem Haus, in der Sie sich auf alle Viere niederlassen können, um einen guten Blick auf das Geschehen zu haben. Legen Sie das Objekt hin und haben Sie genau im Kopf, wann Sie das erste Mal zu klicken haben: Wenn die Nase Ihres Hundes das Objekt berührt.

Vergessen Sie nicht, nach jedem Klick zu belohnen!

APPORTIEREN I: NASENBERÜHRUNG

1. Stellen Sie Ihren Timer auf eine Minute. Mit dem aktionsbereiten Clicker in der Hand starten Sie die Uhr und legen das Objekt auf den Boden. Vermutlich wird Ihr Hund sich dranmachen, es zu untersuchen. Klicken Sie in der Sekunde, wenn er mit seiner Nase in die Nähe des Objekts kommt. Zählen Sie »eins«. Geben Sie ihm die Belohnung ein wenig von dem Objekt entfernt auf dem Fußboden. Dann warten Sie und behalten das Objekt dabei genau im Auge.
2. Klicken Sie jedes Mal, wenn Ihr Hund seine Nase in die Nähe des Objekts bringt, und füttern Sie immer ein Stück vom Objekt entfernt auf dem Fußboden. Stellen Sie sicher, dass Sie erst klicken und dann füttern. Ihr Ziel ist es, genau dann zu klicken, wenn die Nase Ihres Hundes dem Objekt am nächsten ist. Zählen Sie Ihre Klicks laut mit – dann ist es einfacher, sie sich zu merken.
3. Wenn der Timer piept, heben Sie das Objekt auf. Wie viele Klicks hat Ihr Hund erhalten?

Anzahl der Klicks	Was genau haben Sie geklickert?	Vor, zurück, noch einmal?
Mehr als zehn	Hundenase berührt Objekt	Vor zu Apportieren II
Mehr als zehn	Hundenase nur wenige Millimeter von Objekt entfernt	Vor zu: Berührung des Objekts mit der Nase
Fünf bis neun	Hundenase berührt Objekt	Noch einmal – üben Sie eine weitere Minute
Fünf bis neun	Hundenase nur wenige Millimeter vom Objekt entfernt	Noch einmal – üben Sie eine weitere Minute
Null bis vier	Hundenase berührt Objekt	Zurück zu: Nase Millimeter entfernt vom Objekt
Null bis vier	Hundenase nur wenige Millimeter vom Objekt entfernt	Zurück zu: Nase orientiert sich innerhalb eines halben Meters am Objekt

Üben Sie weiter und nutzen Sie die obige Tabelle als Grundlage für die Vor-Zurück-Noch einmal-Regel. Wenn Ihr Hund für die Berührung des Objekts mit der Nase zehn oder mehr Klicks pro Minute erzielt, gehen Sie zu Apportieren II über.

Bei zehn Klicks pro Minute geht es mit der nächsten Übung weiter.

Hilfe! Mein Hund schaut das Objekt nicht einmal an

Mit diesem Problem stehen Sie nicht alleine da. Viele Hunde fangen so an – und werden dann doch zu ausgezeichneten Apportierern. Versuchen Sie einfach das Folgende:
1. Legen Sie das Objekt auf den Boden und klicken Sie jede Bewegung, die Ihr Hund macht – egal was, und wenn es nur atmen ist.
2. Belohnen Sie ihn nur wenige Zentimeter vom Objekt entfernt auf dem Fußboden.
3. Wenn er kommt und sich seine Belohnung nimmt, klicken Sie – seine Nase ist jetzt ganz nah am Objekt.
4. Belohnen Sie an anderer Stelle auf dem Fußboden, aber immer noch nah am Objekt.
5. Klicken Sie, wenn Ihr Hund die Belohnung aufnimmt.
6. Machen Sie das insgesamt zehn Mal, dann heben Sie das Objekt auf.
7. Warten Sie eine oder zwei Minuten und machen dann noch einmal zehn Wiederholungen.
8. Beenden Sie die Übung für den Tag und versuchen Sie morgen noch einmal Apportieren I – klicken Sie jedes Mal, sobald seine Nase sich in der Nähe des Objekts befindet, aber belohnen Sie jetzt ein gutes Stück weit entfernt.

APPORTIEREN II: VORAUSSCHAUEN
Lesen Sie sich den Infokasten Vorausschauen auf Seite 199 durch.
1. Starten Sie Ihren Timer und wärmen Sie Ihren Hund mit ein paar Runden Nasenberührung wie in Apportieren I auf.
2. Klicken Sie alle Nasenberührungen, aber zählen Sie sie nicht. Stattdessen tun Sie etwas anderes: Sie beobachten.
Um das wirklich gut zu machen, ist es am besten, wenn Sie sich auf alle Viere begeben oder eine andere bequeme Position finden, in der Sie auf Höhe des Fußbodens alle Aktivitäten im Blick haben. Wenn Sie das das erste Mal tun, könnte Ihr Hund anfangen, Sie abzuschlecken, Sie zum Spielen aufzufordern, oder sich zu erschrecken. Sitzen Sie das aus und fangen mit dem Klicken und Belohnen an, sobald er sich wieder der eigentlichen Aufgabe zuwendet.
Sie sollen sich so unglaublich nah am Geschehen befinden, damit Sie genau sehen können, wie Ihr Hund seine Nasenberührungen ausführt. Sind sie immer gleich, oder benutzt er verschiedene Teile seiner Nase? Sind einige Berührungen energischer als andere? Wenn Sie sich nicht sicher sind oder nur damit beschäftigt waren, zu klicken und zu belohnen, hängen Sie noch eine weitere Minute dran. Richtig zu beobachten will gelernt sein und braucht Übung.
3. Wenn der Timer piept, ziehen Sie Bilanz. Welche Variationen haben Sie gesehen?

Varianten der Nasenberührung
- Nasenrücken oder Seite der Nase
    - Immer oder meistens
    - Manchmal
    - Nie
- Spitze der Nase oder Lippen
    - Immer oder meistens
    - Manchmal
    - Nie

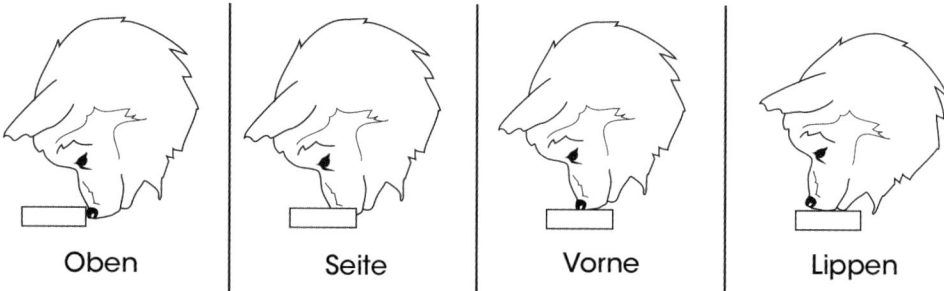

Oben | Seite | Vorne | Lippen

Stärke der Nasenberührung
- Berührt das Objekt kaum
    - Immer oder meistens
    - Manchmal
    - Nie
- Drückt Nase gegen das Objekt oder bewegt es
    - Immer oder meistens
    - Manchmal
    - Nie

Vorausschauen

Den meisten Hunden reicht für die grundlegenden Übungen wie Sitz, Platz, Bleib und ähnliches ein standardisierter Trainingsplan. Die Meilensteine unterscheiden sich nicht groß, und es wäre unnötige Arbeit, das Rad neu erfinden zu wollen und jedem Hund einen individuellen Trainingsplan zu erstellen. Beim Apportieren hingegen unterscheiden sich die individuellen Wege, die die Hunde gehen, ganz enorm. Also muss der Trainingsplan viel genauer auf den einzelnen Hund zugeschnitten werden. Darum müssen Sie in dem besser werden, was wir Vorausschauen nennen.

Vorausschauen heißt darauf zu warten, dass Ihr Hund wenigstens ab und zu spontan den nächsten Schritt macht, bevor Sie offiziell zu diesem Schritt vorrücken. Lassen Sie mich das an einem menschlichen Beispiel erklären. Nehmen wir an, ein Kind lernt, ein Bild innerhalb der vorgegebenen Linien auszumalen. Bei den ersten Versuchen liegt es ungefähr 50 Prozent des Bildes richtig. Es ist schwer, vorherzusagen, wie es sich bei der nächsten Runde Bilder machen wird. Wenn Sie jetzt entscheiden, nur noch zu loben, wenn das Kind in 80 Prozent der Fälle innerhalb der Linie bleibt, kann es sein, dass das Kind gar kein Lob erfährt. Die beste Entscheidung wäre in dieser Übung also, weiterhin die 50 richtigen Prozent zu loben (»Oh, sieh dir mal diese Stelle an – da warst du richtig schön innerhalb der Linie«) und abzuwarten, bis das Kind von sich aus Anzeichen zeigt, dass es mehr kann. Dann erst gehen Sie dazu über, dieses »mehr« offiziell zu verlangen.

Jetzt tun Sie also zwei Dinge auf einmal: Sie klicken ein bestehendes Verhalten und halten nach einem zukünftigen Verhalten Ausschau. Um einen Schritt vor zu machen, müssen Sie nicht nur zehn Mal das bestehende Verhalten geklickt haben, sondern mindestens auch vier bis fünf Anzeichen für die nächste Schwierigkeitsstufe gesehen haben.

Mal ein Beispiel: Wenn Ihr Hund das Objekt zehn oder mehr Mal innerhalb einer Minute ganz leicht mit seinem Nasenrücken berührt, klicken und belohnen Sie die meisten dieser Versuche. Wenn Sie nur die meisten, aber nicht alle Versuche belohnen, fördern Sie damit das Ausprobieren neuer Varianten, was die Grundlage dafür ist, dass wir überhaupt vorausschauen können. Während Sie das tun, halten Sie Ausschau – beobachten und zählen – nach energischeren Berührungen und allen Berührungen, die Ihr Hund mit der seitlichen Nase, der Nasenspitze oder den Lippen ausführt.

Sobald die beiden Zutaten vorhanden sind – zehn Klicks pro Minute und vier bis fünf Anzeichen für das neue Verhalten innerhalb derselben Minute – gehen Sie einen Schritt vor: Klicken Sie nur noch das neue Verhalten.

Die folgende Tabelle kann Ihnen helfen, sich mit dieser Art des Trainings vertraut zu machen:

Variation	Wie oft?	Vor, zurück, noch einmal?
Nasenrücken oder -seite Kaum berührt	Manchmal oder nie	Noch einmal, wenn manchmal siehe »Hilfe!«-Artikel, wenn nie
Nasenrücken oder -seite Kaum berührt	Immer oder oft (zehn Mal und mehr)	Klicken Sie die meisten, aber nicht alle, und halten Sie Ausschau nach größerem Druck oder Berührung mit Nasenspitze/Lippen
Nasenrücken oder -seite Drückt gegen das Objekt oder verschiebt es	Manchmal	Noch einmal, bis Sie zehn pro Minute erreichen, dann Ausschau halten nach Nasenspitze/Lippen
Nasenrücken oder -seite Drückt gegen das Objekt oder verschiebt es	Immer oder oft (zehn Mal und mehr)	Klicken Sie die meisten, aber nicht alle, und halten Sie Ausschau nach Nasenspitze/Lippe
Nasenspitze oder Lippen Kaum berührt	Manchmal	Noch einmal bis Sie zehn pro Minute erreichen, dann Ausschau halten nach mehr Druck
Nasenspitze oder Lippen Kaum berührt	Immer oder oft (zehn Mal und mehr)	Klicken Sie die meisten, aber nicht alle, halten Sie Ausschau nach mehr Druck oder Bewegung des Objekts
Nasenspitze oder Lippen Drückt gegen das Objekt oder verschiebt es	Manchmal	Noch einmal bis Sie zehn pro Minute haben. Vor zu Apportieren III
Nasenspitze oder Lippen Drückt gegen das Objekt oder verschiebt es	Immer oder oft (zehn Mal und mehr)	Vor zu Apportieren III

APPORTIEREN III: MAUL

1. Mittlerweile drückt Ihr Hund seine Nasenspitze oder seine Lippen gegen das Objekt, wobei es sich vielleicht sogar bewegt. Das Ganze tut er mit einer Rate von ungefähr zehn Mal pro Minute. Jetzt halten Sie Ausschau nach:
   - Knabbern mit den Lippen
   - Einen Berührung mit offenem Maul
   - Alles, was mit seinen Zähnen zu tun hat.

   Klicken Sie viele, aber nicht alle seiner Berührungen mit der Nasenspitze oder den Lippen. Schauen Sie sehr genau hin, um die ersten Anzeichen von Knabbern, Maul- oder Zahnaktivitäten zu sehen. Um das gut erkennen zu können, werden Sie sich wieder auf alle Viere begeben müssen. Es hilft außerdem, nicht zu blinzeln.

2. Sobald Sie irgendwelche Maulaktivitäten sehen, klicken Sie sie genau wie die meisten der Nasenspitze/Lippen-Berührungen.

3. Wenn Sie keine Maulaktivitäten sehen, fahren Sie fort, die meisten aber nicht alle der Nasenspitzen/Lippen-Berührungen zu klicken und konzentrieren Sie sich darauf, einen noch feineren Zwischenschritt einzulegen: Jetzt, wo Sie nicht jede Berührung mit der Nasenspitze/den Lippen klicken, können Sie da welche erkennen, die besser sind als die anderen? Besser heißt hier, dass sie länger dauern, das Objekt sich mehr bewegt oder – wenn Ihr Hund mit der Nasenspitze arbeitet – er das Objekt auch mit den Lippen berührt.

4. Wenn Sie frustriert sind oder beim besten Willen keine Varianten entdecken können, beenden Sie die Sitzung und gönnen Sie sich mindestens zwei freie Tage. Diese Verarbeitungsphase kann den Prozess manchmal erst richtig ins Rollen bringen, was einer der Vorteile davon ist, Übungseinheiten zeitlich zu verteilen.

So sieht die Ergebnistabelle aus:

Variation	Wie oft?	Vor, zurück, noch einmal?
Nasenspitze	Selten oder nie	Zurück zu Apportieren II
Nasenspitze	Immer oder oft (zehn plus)	Klicken Sie fast alle und halten Sie Ausschau nach Knabbern, offenem Maul oder Zähnen
Lippen	Manchmal	Klicken Sie die meisten aber nicht alle der Nasenspitzenberührungen und alle Lippenaktivitäten
Lippen	Immer oder oft (zehn plus)	Klicken Sie die meisten, aber nicht alle, und halten Sie Ausschau nach Knabbern, offenem Maul oder Zahnaktivitäten. (Wenn Ihr Hund nach mehreren Versuchen nichts davon zeigt, legen Sie einen Zwischenschritt ein: längere Lippenberührungen oder stärkere Bewegung des Objekts)
Maulaktivität!	Manchmal	Klicken Sie alle und zählen mit
Maulaktivität!	Immer oder oft	Vor zu Apportieren IV

APPORTIEREN IV: NEHMEN UND ANHEBEN
1. Die Maulaktivität – ob knabbern, eine Berührung mit den Zähnen oder offenem Fang – ist ein wichtiger Meilenstein im Training. Zum Aufwärmen klicken Sie jede Aktivität, die Ihr Hund mit dem Maul ausführt. Dabei halten Sie Ausschau nach einem weiter geöffneten Fang, was die Vorstufe zum Aufnehmen ist, und nach einem leichtem Anheben des Objekts vom Fußboden.
2. Schauen Sie sich die folgende Tabelle an und erkennen Sie, welches Verhalten aus der linken Spalte Ihr Hund während des Aufwärmens häufig wiederholt. Dann gucken Sie in der rechten Spalte nach, nach welchem Verhalten Sie am wahrscheinlichsten Ausschau halten können. Starten Sie Ihren Timer und machen Sie es sich auf dem Boden gemütlich, um den perfekten Blick auf das Objekt und die Schnauze Ihres Hundes zu genießen. Während Sie eine Minute lang das Verhalten aus der linken Spalte klicken und belohnen zählen Sie mit, wie oft er die Variante aus der rechten Spalte zeigt.

Welche dieser Maulaktivitäten führt er bereits aus? Klicken Sie jedes Mal	Mögliche Ziele – zählen Sie, wie oft er eines dieser Verhalten zeigt
Kombination aus knabbern und schieben	Klicken Sie nur das Knabbern und halten Sie Ausschau nach weiter geöffnetem Maul
Kombination aus Berührungen mit offenem Maul und beißen	Klicken Sie jedes Beißen und einige der Berührungen mit offenem Maul; halten Sie Ausschau nach der kleinsten Bewegung des Objekts vom Boden
Kombination von allem	Klicken Sie alle Berührungen mit offenem Maul, einige Knabberversuche aber kein Schieben
Knabbern mit den vorderen Zähnen	Jede noch so kleine weitere Maulöffnung
Drücken mit den vorderen Zähnen	Objektbewegung, jedes kleine Knabbern
Öffnen des Mauls und Berührung mit den Fangzähnen	Objektbewegung, vor allem nach oben
Eine Art von beißen oder packen	Einen Teil des Objekts vom Boden heben

3. Arbeiten Sie sich an dieser Tabelle entlang, bis Sie das Ende erreichen und mindestens acht Mal pro Minute sehen, dass ein Teil des Objekts sich vom Boden hebt. Der Grund, warum wir jetzt schon bei acht Klicks pro Minute einen Schritt weitergehen und nicht erst bei zehn ist der, dass das Anheben des Objekts länger dauert und Ihr Hund davon weniger in einer Minute schaffen kann.
4. Akzeptieren Sie jeden Zufall. Frühe Erfolge beruhen oft auf Zufall: Ein Zahn aus dem Unterkiefer bleibt am Objekt hängen und hebt es dadurch ein Stück vom Boden ab. Klicken und belohnen Sie, auch wenn Sie denken, dass Ihr Hund das nicht beabsichtigt hatte. Gute Tiertrainer interessiert es nicht, warum ein Tier ein bestimmtes Verhalten gezeigt hat, sondern nur, dass es es tat. Auch zufällige Erfolge führen im Laufe der Zeit zu vorsätzlichem Anbieten des Verhaltens. Also klicken Sie alle Verbesserungen, die Sie zu sehen bekommen. Klicken Sie so früh wie möglich, wenn das Objekt noch auf dem Weg nach oben ist und nicht nach dem Anheben schon wieder in Richtung Boden geht.

Hebt Ihr Hund das Objekt acht Mal in der Minute teilweise an, gehen Sie einen Schritt weiter.

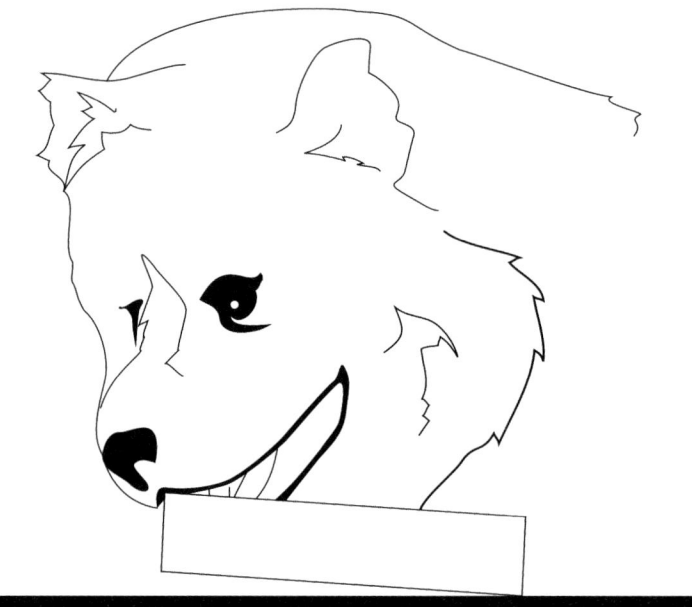

»Teilweises Anheben«

APPORTIEREN V: AUFNEHMEN
1. Um den Übergang von einem teilweisen Anheben zu einem vollen Anheben zu schaffen, klicken Sie jedes partielle Anheben und halten Sie Ausschau nach vollem Anheben.
2. Sobald Sie sechs Mal in der Minute ein volles Anheben gesehen haben, klicken Sie nur noch diese Versuche.
3. Klicken Sie früh! Das Timing ist hier extrem wichtig. In diesem Stadium nehmen die meisten Hunde das Objekt nur sehr kurz auf und lassen es dann wieder aus dem Maul rutschen. Sie müssen das Anheben klicken, nicht das Fallenlassen. Sobald das Objekt sich vom Boden hebt, klicken Sie. Der Hund muss es nicht auf eine bestimmte Höhe anheben, es muss sich nur komplett vom Boden lösen. Wenn er es nach dem Klick noch weiter anhebt, ist das schön, aber nicht notwendig, also warten Sie nicht

darauf. Klicken Sie, sobald es in der Luft ist, auch wenn Sie denken, Ihr Hund wird es noch höher heben. Späte Klicks führen in diesem Stadium oft dazu, dass sie erst kommen, wenn der Hund das Objekt fallenlässt, was für unser Ziel katastrophal ist.

4. Sobald Sie auch hier acht echte Versuche in einer Minute zählen, lesen Sie sich die folgenden Anweisungen durch – es gibt eine kleine Veränderung des Systems. Hier noch einmal die Ergebnistabelle:

Variation	Wie oft zeigt der Hund sie?	Wann klicke ich?	Vor-Zurück-Noch einmal und Vorausschauen
Teilweises Anheben	Manchmal	Alle	Noch einmal bis es regelmäßig klappt
Teilweises Anheben	Regelmäßig (acht Mal und mehr)	Einige, aber nicht alle	Ausschau halten nach vollem Anheben
Volles Anheben	Manchmal	Alle	Klicken Sie ab und zu das teilweise Anheben und jedes volle Anheben. Bleiben Sie auf dieser Stufe, bis das Anheben regelmäßig erfolgt (acht und mehr Mal)
Volles Anheben (Aufnehmen)	Regelmäßig (acht Mal und mehr)	Alle – und belohnen Sie beim Trainer (s.u.)	Vor zu Apportieren VI

»Volles Anheben oder Aufnehmen«
Klicken Sie, wenn der Hund das Objekt anhebt, nicht wenn er es fallenlässt.

TOTER APPORT MIT FÜTTERN BEIM TRAINER
Sobald Ihr Hund das Objekt regelmäßig aufnimmt, fangen Sie an, die Belohnung beim Trainer zu geben. Stellen Sie sich gute zwei Meter von Hund und Objekt entfernt hin und klicken Sie weiter jedes richtige Aufnehmen des Objekts. Nach jedem Klick bieten Sie das Leckerchen aus Ihrer Hand an, so dass Ihr Hund ein paar Schritte auf Sie zu machen muss, um es zu bekommen. Nachdem er das Leckerli genommen hat, legen Sie das Objekt wieder zwei Meter entfernt auf den Boden.

Bleiben Sie von Anfang an auf Ihrer Position stehen. Gehen Sie Ihrem Hund nicht entgegen, und strecken Sie auch Ihre Hand nicht besonders weit aus, wenn Ihr Hund auf Sie zukommt Das würde ihn nur davon abhalten, den ganzen Weg zu Ihnen zurückzulegen. Anfangs wird Ihr Hund alleine zu Ihnen kommen, aber später soll er das Objekt mitbringen.

Bis zu diesem Zeitpunkt haben Sie auf dem Fußboden gefüttert, also kann es sein, dass Ihr Hund ein paar Versuche braucht, um die neuen Regeln zu verstehen. So sieht jetzt der Ablauf aus:
1. Legen Sie das Objekt auf den Boden und stellen sich selber zwei Meter entfernt davon hin. Warten Sie darauf, dass Ihr Hund das Objekt aufnimmt.

2. Aufnehmen des Objekts durch den Hund.
3. Klick (sobald das Objekt den Boden verlässt).
4. Bleiben Sie still stehen und halten Sie Ihre Hand mit dem Leckerli auf ungefähr Kopfhöhe des Hundes vor sich – gehen Sie nicht auf den Hund zu; geben Sie ihm das Leckerchen direkt vor Ihrem Körper.
5. Der Hund kommt zu Ihnen und nimmt die Belohnung.
6. Legen Sie das Objekt an eine andere Stelle und nehmen Sie Ihre Position für den nächsten Versuch ein.

Dieser Ablauf ist zeitintensiv, so dass Ihre neue Zielvorgabe bei sechs oder mehr Wiederholungen pro Minute liegt.

Wenn Ihr Hund sechs Mal oder öfter pro Minute das Objekt aufnimmt und danach das Leckerchen beim Trainer einsammelt, machen Sie mit der nächsten Übung weiter.

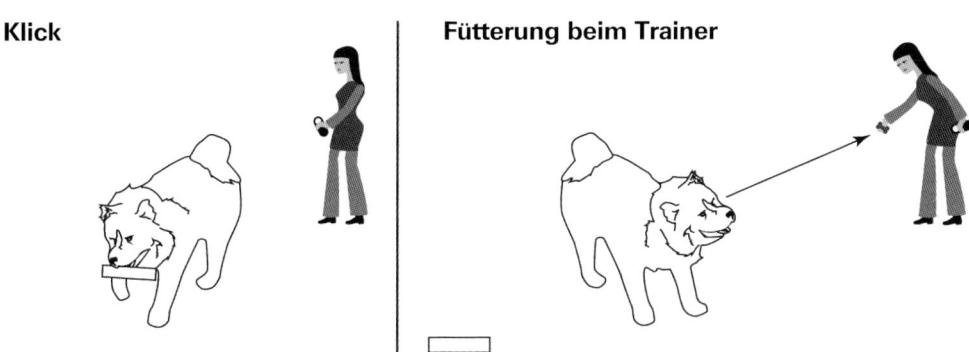

Klick   **Fütterung beim Trainer**

Wieso wird jetzt beim Trainer belohnt?

Das finale Verhalten beim Apportieren besteht darin, dass der Hund das zu apportierende Objekt in Ihre Hände legt. Mit geschickten Belohnungen auf genau dieser Position können Sie das bereits in diesem frühen Stadium der Übung vorbereiten. Indem Sie das Ausgeben der Belohnung auf Ihre, also die Trainerposition verlegen, entwickelt der Hund schon früh die Gewohnheit, sich umzudrehen und zu Ihnen zu kommen, anstatt nach dem Aufnehmen erst einmal ruhig stehenzubleiben. Im Laufe der Zeit, in der Sie das Aufnehmen üben, werden Sie merken, dass Ihr Hund das Objekt ab und zu schon ein kleines Stück mit sich trägt, indem er sich vielleicht mit dem Objekt im Maul umdreht, nachdem Sie geklickt haben. Dieses Tragen nach dem Klick lässt sich in den nächsten Schritten dann hervorragend weiter ausbauen.

Sie konnten jedoch noch nicht früher in diesem Lernprozess bei sich füttern, weil Sie sich auf Ihre Hände und Knie niederlassen mussten, um die kleinen Feinheiten in den Nasen- und Maulbewegungen Ihres Hundes zu erkennen. Genau diese Sicht auf das Geschehen ermöglichte das Belohnen ein paar Schritte vom Objekt entfernt. Außerdem gab es bisher noch kein Aufnehmen, und somit auch keinen Grund, das Tragen nach dem Klick zu motivieren.

APPORTIEREN VI: DREHEN UND TRAGEN

1. Erhöhen Sie Ihre Entfernung auf fünf Meter und füttern Sie weiter nach jedem Klick direkt bei sich. Markieren Sie Ihre Position und die des Objekts mit einem kleinen Klebestreifen auf dem Boden. Beugen Sie sich vor oder strecken Sie den Hals wenn nötig, um genau den Moment zu sehen, in dem der Hund das Objekt aufnimmt, um entsprechend zu klicken.
2. Halten Sie Ausschau, ob Ihr Hund irgendwelche Anzeichen macht, das Objekt länger im Maul zu behalten. Je mehr sich Ihr Hund daran gewöhnt, die Belohnung bei Ihnen einzustreichen, desto eher kann es passieren, dass er vergisst, das Objekt nach dem Klick direkt fallenzulassen. Vielleicht dreht er sich erst um, bevor er es fallenlässt, oder macht sogar noch ein paar Schritte auf Sie zu. Merken Sie sich alle diese Varianten. Widerstehen Sie dem Impuls, Ihren Klick zu verzögern, auch wenn Sie sehr viel »Tragen nach dem Klick« zu sehen bekommen. Klicken Sie im Moment einfach weiter das richtige Aufnehmen durch Ihren Hund.
3. Machen Sie zwei Runden à zwei Minuten und ziehen Sie dann Bilanz, indem Sie die folgende Tabelle nutzen. Denken Sie daran, Sie klicken das Aufnehmen und merken sich gleichzeitig, wie oft Sie das Folgende gesehen haben:

Tragen nach dem Klick – Bilanz des ersten Durchgangs

Teilweises Umdrehen:

Volles Umdrehen:

Drehen und halber Schritt:

Drehen und ganzer Schritt:

Drehen und zwei Schritte oder mehr:

Tragen nach dem Klick – Bilanz des zweiten Durchgangs

Teilweises Umdrehen:

Volles Umdrehen:

Drehen und halber Schritt:

Drehen und ganzer Schritt:

Drehen und zwei Schritte oder mehr:

4. Ist beim zweiten Durchgang eine der Varianten sechs oder mehr Mal pro Minute vorgekommen? Wenn ja, schreiben Sie es auf (z.B. »sieben Mal Drehen und halber Schritt«). Dann machen Sie mit einminütigen Übungseinheiten weiter, wobei Sie wieder das Aufnehmen klicken und darauf achten, was für ein Verhalten Ihr Hund nach dem Klick zeigt. Gehen Sie nur zu Apportieren VII vor, wenn Sie sechs Mal oder öfter pro Minute ein Drehen mit einem ganzen Schritt gesehen haben. Weil es so unglaublich wichtig ist, auf keinen Fall ein Fallenlassen des Objekts zu klicken, brauchen wir ein verlässliches Drehen & Schritt nach dem Klick, bevor wir den Schwierigkeitsgrad erhöhen.

5. Wenn Ihr Hund nach dem Klick das Objekt gar kein bisschen im Maul behält, legen Sie noch ein paar Übungseinheiten ein, bei denen Sie Ihre Technik überprüfen:
   - Klicken Sie früh genug – beim Aufnehmen? Ironischerweise kann das späte Klicken, um den Hund zu einem längeren Tragen zu animieren, darin resultieren, dass Sie den Anfang des Fallenlassens klicken, was genau das Gegenteil bewirkt, nämlich, dass der Hund gar nicht mehr trägt.
   - Belohnen Sie wirklich fünf Meter entfernt?

   Wenn Sie diesen beiden wichtigen Regeln treu folgen, bleiben Sie noch für einige weitere Übungseinheiten auf dieser Schwierigkeitsstufe. Einige Hunde brauchen Zeit, um den Ablauf zu verinnerlichen – erst zum Objekt gehen, es aufheben, dann ganz zu Ihnen zurückkehren, um die Belohnung einzusammeln. Erst wenn Ihnen das in Fleisch und Blut übergegangen ist, zeigen Sie erste Anzeichen, das Objekt zu tragen. Wenn Sie mindestens zwei weitere Übungseinheiten mit nächtlichen Ruhepausen dazwischen eingelegt haben und immer noch keine Ergebnisse erzielen, arbeiten Sie an Ihrem In die Hand geben, wie auf Seite 215 beschrieben.

Gehen Sie zur nächsten Übung über, wenn Ihr Hund sechs Mal Drehen plus vollen Schritt pro Minute schafft.

Denken Sie daran, dass alles Drehen und Tragen nach dem Klick passiert.

APPORTIEREN VII: ENTFERNUNG AUFBAUEN

Mein Hund geht zum Objekt, umrundet es halb und nimmt es dann auf

Diese Variante zählt trotzdem als Drehen, auch wenn das Drehen vor dem Aufnehmen und dem Klick passiert. Klicken Sie das Aufnehmen und halten Sie Ausschau nach weiteren Schritten nach dem Klick.

Klicken Sie das Aufnehmen | **Hund lässt Objekt auf dem Rückweg nach dem Klick fallen** | **Belohnung erfolgt beim Trainer**

1. Inzwischen geht Ihr Hund zuverlässig die fünf Meter zum Objekt, hebt es auf (klick), dreht sich um und trägt es mindestens zwei Schritte mit sich in Ihre Richtung, bevor er es fallenlässt. Dann setzt er seinen Weg zu Ihnen fort und holt sich seine Belohnung aus Ihrer Hand ab.
2. Jetzt ist es an der Zeit, die Kriterien fürs Drehen und Tragen anzuheben. Das bedeutet, sehr akkurat zu klicken. Klicken Sie nur und ausschließlich, wenn das Objekt sich sicher im Maul Ihres Hundes befindet. Wenn er anfängt, das Objekt fallenzulassen, klicken sie nicht! Das ist der Moment für ein »Schade«. Geben Sie dem Verlangen nicht nach, zu klicken, um den Versuch »zu retten«.
3. Weil das Timing so wichtig und die Versuchung, mehr zu verlangen so groß ist, gilt folgende Regel: Klicken Sie einen Schritt vor dem Punkt, an dem Ihr Hund das Objekt normalerweise fallenlässt. Wenn Sie gierig werden und spät klicken, um mehr Schritte aus ihm herauszuholen, werden Sie unweigerlich das Fallenlassen klicken, was katastrophal wäre. Nutzen Sie die folgende Tabelle als Leitlinie:

Wenn er regelmäßig (sechs Mal plus) ... macht	Klicke ich beim ...
Drehen und einen Schritt	Drehen
Drehen und zwei Schritte	Ersten Schritt
Drehen und drei Schritte	Zweiten Schritt
Drehen und vier Schritte	Dritten Schritt
etc.	

Achten Sie auf das Polster von einem Schritt. Versuchen Sie nicht, einen Zwischenschritt einzulegen, indem Sie etwas später klicken (kurz vor dem erwarteten Punkt, an dem er das Objekt fallenlässt), nur um schnellere Fortschritte zu erzielen. Ich habe Hunderte von Schülern dabei beobachtet, wie sie dieses Verhalten geübt haben, und ich habe es mit vielen verschiedenen Hunden selber trainiert. Lassen Sie sich versichern: Gier ist der Feind. Spätes Klicken bestätigt den Moment des Fallenlassens, nicht das sichere Tragen des Objekts.

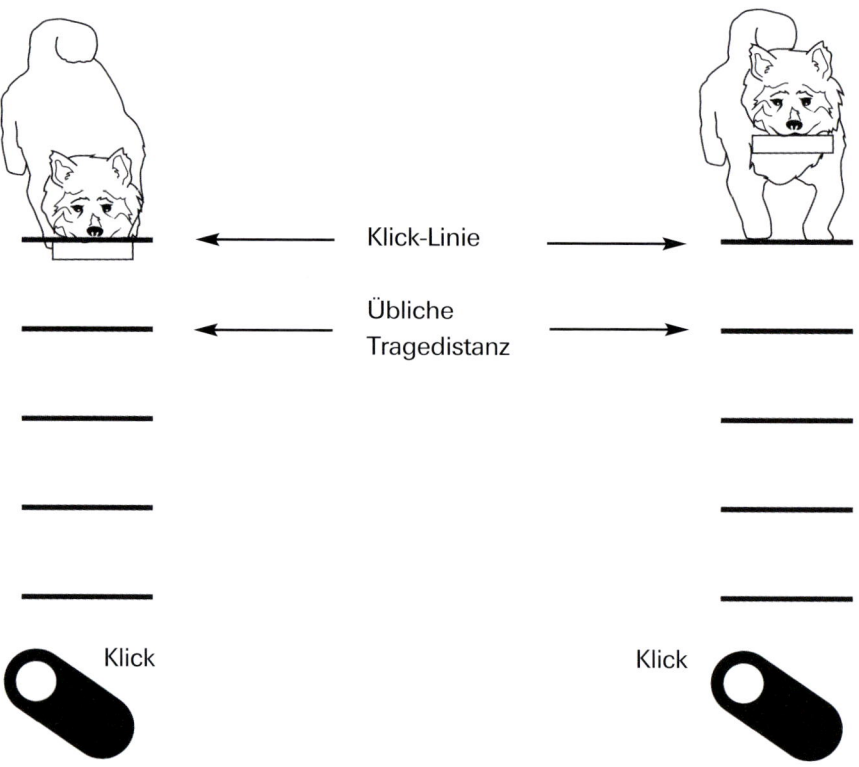

Hilfe! Ich kann die Schritte meines Hundes nicht zählen

Eine Alternative zum Zählen der Schritte Ihres Hundes ist es, sich kleine Markierungen auf den Fußboden zu kleben. Legen Sie fest, wo Sie stehen, und machen Sie fünf Meter entfernt ein X für das Objekt. Damit haben Sie ein objektives und sichtbares Maß für die Entfernung, die Ihr Hund das Objekt trägt. Entscheiden Sie sich entweder für Nase oder Vorderpfote und klicken Sie in dem Moment, wo das entsprechende Körperteil die Markierung erreicht. Die Klick-Linie sollte immer eine Markierung vor der üblichen Tragedistanz Ihres Hundes liegen. Dieses konservative Klicken verhindert, dass Sie aus Versehen das Fallenlassen klicken. In dem Beispielbild oben tragen die Hunde das Objekt regelmäßig bis zur zweiten Linie. Also klickt der Trainer, wenn das entsprechende Körperteil (bei dem linken Hund die Nase, bei dem rechten die Vorderpfote) die erste Linie erreicht. Erst wenn der Hund es nach dem Klick gewissenhaft zur dritten Linie schafft, fängt der Trainer an, an der zweiten Linie zu klicken.

4. Behalten Sie im Überblick, wie oft und weit Ihr Hund das Objekt noch trägt, nachdem Sie geklickt haben. Wenn er verlässlich (sechs Mal oder mehr in der Minute) nach dem Klick das Objekt ein paar Schritte trägt, können Sie einen Schritt später klicken. Behalten Sie aber immer den Puffer von einem Schritt bei.
5. Wenn der Hund das Objekt zu früh fallenlässt, sagen Sie »Schade« und legen es für den nächsten Versuch wieder auf den Ausgangspunkt. Klicken Sie nicht, um misslungene Versuche doch noch irgendwie zu retten. Damit belohnen Sie lediglich das Fallenlassen. Wenn Ihr Hund das Objekt sehr oft früh fallenlässt, gehen Sie zu Apportieren VI zurück, um Ihre Belohnungsrate wieder zu erhöhen.
6. Fügen Sie nur einen Schritt zurzeit hinzu und behalten Sie stets den Ein-Schritt-Puffer bei. Sobald Ihr Hund das Objekt verlässlich ganz bis zu Ihnen trägt, fangen Sie an, das Objekt anzufassen, bevor Sie klicken. Das sieht dann wie folgt aus:
   a) Der Hund bringt das Objekt zu Ihnen.
   b) Sie nehmen es in die Hand.
   c) Klicken und belohnen.
   d) Das Objekt für einen neuen Versuch auslegen.

   Wenn das etwas ungeschickt vonstattengeht, kann es daran liegen, dass Sie versuchen, gleichzeitig zu klicken und das Objekt in die Hand zu nehmen. Da es an dieser Stelle nicht auf ein sekundengenaues Timing ankommt, können Sie sich ruhig erst einmal darauf konzentrieren, das Objekt in die Hand zu nehmen, und danach erst klicken. Es ist sogar erlaubt, an dieser Stelle den Clicker ganz wegzulassen. Auch sollten Sie Ihre Leckerchen in einem Leckerlibeutel oder einer in Griffweite stehenden Schüssel bereitstellen, damit Sie die Hände freihaben. Ihr Hund ist jetzt fortgeschritten genug, um die zeitliche Verzögerung zwischen dem Klick und der Belohnung zu tolerieren, so dass Sie genügend Zeit haben, sich nach dem Klick das Leckerli zu holen und ihm zu geben.

   Wenn Ihr Hund das Objekt den ganzen Weg zu Ihnen trägt, aber Probleme hat, es Ihnen in die Hand zu geben, machen Sie die Übung In die Hand geben auf Seite 215.

Trägt Ihr Hund das Objekt zehn Mal in Folge die gesamten fünf Meter und gibt es Ihnen in die Hand, können Sie zur nächsten Übung vorrücken.

Hilfe! Mein Hund macht nicht mehr mit

Sollte Ihr Hund jemals aufhören, das Objekt aufzuheben, gehen Sie sofort zu Berührungen mit der Nase zurück und klicken zehn oder mehr in Folge. Schauen Sie genau hin, ob es zwischen diesen zehn Versuchen irgendwelche Berührungen mit Lippen oder Zähnen gibt.

Wenn Sie mindestens sechs Wiederholungen mit Maulaktivitäten hatten, belohnen Sie ab da nur noch dieses Verhalten. Wenn Sie dann ganzes oder teilweises Anheben des Objekts sehen, klicken Sie ein paar davon und beenden die Sitzung. Versuchen Sie das Apportieren am nächsten Tag erneut.

Wenn es keine Maulaktivitäten unter den zehn Versuchen gab, fangen Sie noch einmal bei Apportieren II an. Das ist nicht schlimm und passiert immer wieder mal.

Wenn Ihr Hund nicht mehr mitarbeitet, machen Sie eine Pause und sammeln Sie sich. Das Aufhören des Hundes hat meistens einen der folgenden Gründe:
1. Die Belohnungsrate ist zu gering. Überprüfen Sie sie:
    a) Zehn pro Minute für Nasenberührungen.
    b) Acht pro Minute für volles/teilweises Anheben des Objekts.
    c) Sechs pro Minute fürs Aufnehmen und Belohnen beim Trainer.
    Wenn Ihre Belohnungsrate damit nicht übereinstimmt, müssen Sie einen Schritt oder zwei Schritte zurückgehen.
2. Die Übungseinheiten sind zu lang. Wenn Sie nicht einen supereifrigen Hund haben, trainieren Sie maximal dreißig Minuten am Stück.
3. Die Belohnung ist nicht wertvoll genug. Etwas aufheben und tragen ist für einige Hunde ein sehr teures Verhalten. Wenn Sie ihn dafür unterbezahlen, wird er keine Fortschritte machen. Zudem sind einige Objekte teurer als andere.

APPORTIEREN VIII: EINFÜHREN DES KOMMANDOS
1. Halten Sie das zu apportierende Objekt so bei sich, dass Ihr Hund es nicht sehen kann.
2. Wenn Ihr Hund sich in Ihrer Nähe befindet, sagen Sie einfach irgendwann aus dem Blauen heraus »Los, BRING's mir!« Er wird Sie vielleicht anschauen oder sich in Bewegung setzen. Nach zwei Sekunden holen Sie das Objekt hervor und legen es auf die oder in die Nähe der Stelle, auf der Sie die meiste Zeit geübt haben. Stellen Sie sich fünf Meter entfernt hin und warten Sie. Wiederholen Sie das Kommando nicht. Sobald Ihr Hund das Objekt apportiert, loben Sie ihn überschwänglich, gehen mit ihm zum Kühlschrank oder dem Regal, wo Sie die Hundesachen aufbewahren, und geben ihm eine große Belohnung. Warten Sie ein bisschen, bis er kein weiteres Training mehr zu erwarten scheint, und wiederholen Sie die Übung. Fangen Sie wieder mit dem Kommando an und warten kurz, bevor Sie das Objekt auslegen.
    Wenn er zwischen den Wiederholungen seine Aufmerksamkeit weiter auf Sie konzentriert, setzen Sie sich an Ihren Computer, nehmen sich ein Buch oder machen den

Fernseher an. Der Hund hat gelernt, dass alle diese Aktivitäten eine längere Zeit ankündigen, in der für ihn nichts Spannendes passiert. Das hilft ihm, sich von seiner Erwartungshaltung zu befreien. Sobald er entspannt ist, sagen Sie wieder »Los, BRING's mir!«. Der Ablauf sieht wie folgt aus.

a) Halten Sie das Objekt so bei sich, dass Ihr Hund es nicht sehen kann.
b) Beschäftigen Sie sich mit irgendwas, damit Ihr Hund sich nicht in den Übungsmodus hineinsteigert.
c) Aus dem Blauen heraus sagen Sie »Los, BRING's mir!«
d) Warten Sie zwei Sekunden und legen dann mit großer Geste und viel Tamtam das Objekt auf den Fußboden. Entfernen Sie sich fünf Meter.
e) Warten Sie auf einen Apport.
f) Loben Sie ausführlich, wenn Ihr Hund nach dem Kommando und bevor Sie das Objekt hinlegen zu der Stelle auf dem Fußboden läuft. Das sagt Ihnen nämlich, dass er sein Verhalten nach dem Kommando und das Objekt miteinander verknüpft hat.
g) Üben Sie das jetzt mit dem gleichen Objekt an verschiedenen Stellen.
h) Wenn das funktioniert, nehmen Sie andere Objekte. Zum Aufwärmen legen Sie eine Runde mit reinen Nasenberührungen ein.

IN DIE HAND GEBEN

Diese Übung führt dazu, dass Ihr Hund Objekte, die er im Maul hat, in Ihre Hand gibt.

IN DIE HAND GEBEN I

Setzen Sie sich auf einen Stuhl und beugen Sie sich vor, sodass Sie eine gute Reichweite mit Ihren Armen haben. Legen Sie das Objekt vor sich auf den Fußboden und legen Sie eine Runde Aufnehmen durch Ihren Hund ein. Wenn er aufgewärmt ist, fangen Sie an, ihm das Objekt abzunehmen, sobald er es aufgenommen hat. Das kann anfangs etwas kompliziert sein. Ich empfehle Ihnen, erst einmal den Clicker wegzulassen, damit Sie sich den mechanischen Ablauf einprägen können. Außerdem empfehle ich, dass Sie die Belohnung in Ihrer Leckerlitasche oder einer Schüssel aufbewahren, um beide Hände frei zu haben. Zudem kann Futter in Ihrer Hand zu einem verfrühten Fallenlassen durch den Hund führen, was ja das Gegenteil von dem ist, was wir erreichen wollen.

Ihr Ziel ist es, dass das Objekt von der Schnauze Ihres Hundes in Ihre Hand wandert. Sobald Sie das Objekt halten, loben Sie den Hund und belohnen ihn. Wenn Sie es nicht schaffen, das Objekt zu packen, und es fällt auf die Erde, sagen Sie »Schade« und belohnen nicht. Mindestens zwei Sitzungen lang werden Sie Ihr Äußerstes geben, Ihre Hand an oder unter das Objekt zu bekommen, damit Ihr Hund so oft wie möglich erfolgreich ist.

Nach ein paar dieser Sitzungen fangen Sie an, Ihrem Hund ein wenig mehr Verantwortung dafür zu übertragen, dass das Objekt von seinem Fang in Ihre Hand wandert.

Sorgen Sie dafür, dass Sie das Objekt meistens zu fassen kriegen, und loben und belohnen Sie Ihren Hund wie üblich. Aber bei jeder dritten oder vierten Wiederholung fahren Sie Ihre Hilfe ein wenig zurück: strecken Sie die Hand nicht ganz so weit aus, halten Sie sie nicht so hoch, und wenn Ihr Hund das Objekt nicht direkt auf Ihre Handfläche legt, lassen Sie es einfach fallen. »Schade.« Legen Sie auf diese Weise eine komplette Übungseinheit ein und hören Sie dann auf. Lassen Sie Ihren Hund mindestens ein kleines Schläfchen halten, bevor Sie weiterüben.

IN DIE HAND GEBEN II
In der nächsten Übungsrunde helfen Sie Ihrem Hund nur noch die Hälfte der Zeit. Wenn Sie nicht helfen, halten Sie Ihre Hand einfach ganz normal hin. Wenn er das Objekt auf Ihre Handfläche legt, nehmen Sie es, loben den Hund und belohnen ihn. Wenn er es fallenlässt, sagen Sie »Schade« und versuchen es noch einmal. Behalten Sie diesen Rhythmus für einige Trainingseinheiten bei. Früher oder später wird Ihr Hund anfangen, Ihre Hand genauer anzusteuern. Sie werden es unter anderem daran merken, dass Sie mehr als die Hälfte der Versuche belohnen können! Dieser Prozess ist wirklich faszinierend zu beobachten.

IN DIE HAND GEBEN III
Machen Sie so weiter, bis Sie jede Wiederholung belohnen können, weil Ihr Hund das Objekt immer direkt in Ihre Hand legt, sogar wenn Sie ihm helfen wollen. Hören Sie jetzt ganz damit auf, ihm die Sache zu erleichtern. Machen Sie solange weiter, bis Ihr Hund das Objekt jedes Mal beim ersten Versuch direkt in Ihre Hand gibt.

IN DIE HAND GEBEN IV
Der nächste Schritt besteht darin, das Objekt einige Schritte entfernt hinzulegen, so dass Ihr Hund es ins Maul nehmen und tragen muss, um es in Ihre Hand legen zu können. Sagen Sie »Schade«, wenn das Objekt auf den Boden fällt. Loben und belohnen Sie Ihren Hund, wenn er es Ihnen in die Hand legt. Helfen Sie ihm nicht, außer er lässt es sehr oft fallen.

Wenn er das Objekt zuverlässig aus einem halben Meter Entfernung in Ihre Hand legt, fangen Sie an, dieses Verhalten auch bei dem Apport auf weite Distanz einzufordern.

15. KAPITEL

FEIN SITZ UND ROLL DICH

FEIN SITZ

SITZ – MACH MÄNNCHEN
(Lektion 5)

Diese Übung war früher auch unter dem Namen Betteln bekannt, aber das finde ich kein schönes Kommando im Vergleich zu Mach fein Sitz oder Männchen oder Wie macht der Bär? Das Endresultat sieht so aus, dass der Hund im Sitz seinen Oberkörper und die Vorderläufe anhebt, so dass er nur noch auf den Hinterbeinen sitzt, und diese Position ein paar Sekunden hält.

Auf der DVD können Sie sehen, wie man den Hund in diese Position lockt. Es lohnt, sich dieses Beispiel anzuschauen, bevor Sie es selbst versuchen. Achten Sie darauf, wie die Schwierigkeit der drei Parameter – Umfang des Lockens, Höhe über dem Boden und Dauer – getrennt voneinander erhöht wird. Dieser Trick beinhaltet eine physische Komponente: Die unteren Rückenmuskeln des Hundes werden auf eine ganz neue Art genutzt. Aus diesem Grund sollten Sie darauf achten, Ihrem Hund zwischen den Übungseinheiten ausreichende Auszeiten zu gönnen, damit die Muskeln sich erholen und dadurch stärken können. Wenn Ihr Hund Rückenprobleme hat, fragen Sie bitte Ihren Tierarzt, bevor Sie diesen Trick versuchen.

FEIN SITZ MACHEN: GRUNDIDEE
1. Bitten Sie Ihren Hund ins Sitz und loben ihn, wenn er gehorcht. Halten Sie ein Leckerchen oder ein Spielzeug ein paar Zentimeter über seinen Kopf und bewegen Sie es leicht nach hinten. Ihr Hund soll den Hals so weit strecken müssen, dass die Vorderpfoten vom Boden abheben. Sobald das geschieht, geben Sie ihm die Belohnung.
2. Wenn er aufsteht oder hochspringt, sacken Sie die Belohnung sofort wieder ein und fangen von vorne an. Als Erstes muss er lernen, dass er sein Hinterteil die ganze Zeit auf dem Boden zu halten hat und nur seinen vorderen Körper bewegen darf.
3. Nach zehn Wiederholungen beenden Sie die Sitzung. Werden Sie nicht gierig in Bezug auf höheres oder längeres Anheben der Pfoten. In dieser Phase reicht uns ein halbsekündiges kleines Lupfen der Pfoten vom Boden.

Bei zehn guten Versuchen in Folge machen Sie mit der nächsten Stufe weiter.

FEIN SITZ II: GANZE POSITION
1. Bitten Sie Ihren Hund ins Sitz und loben Sie ihn. Dieses Mal locken Sie ihn eine halbe Sekunde in die volle Fein Sitz-Position und geben ihm dann die Belohnung.
2. Wenn er das Sitz unterbricht, brechen Sie sofort ab.
3. Wenn er Schwierigkeiten hat, gehen Sie zu einer Höhe zurück, die zwischen dem, was Sie in Fein Sitz I erreicht haben und der vollen Position liegt. Arbeiten Sie immer noch nicht an der Dauer!

Bei zehn erfolgreichen Versuchen in Folge geht es mit der nächsten Übung weiter.

FEIN SITZ III: DAUER AUSBAUEN
1. Sie beginnen wieder mit einem Sitz und locken Ihren Hund dann ins Fein Sitz. Loben Sie ihn, sobald er die richtige Höhe erreicht hat, aber halten Sie das Leckerli für eine volle Sekunde über seinem Kopf, bevor Sie es ihm geben. Stellen Sie sicher, dass er sich noch in der korrekten Position befindet, wenn er das Leckerchen bekommt. Er soll sich nicht schon wieder in Richtung Boden plumpsen lassen.
2. Wenn er das Sitz unterbricht, hören Sie sofort auf.
3. Sobald er zehn einsekündige Fein Sitz geschafft hat, gönnen Sie ihm eine Pause. Dann versuchen Sie es mit zwei Sekunden, drei und vier. Wenn er müde wird (nicht mehr richtig mitzumachen scheint), heißt das, dass es Zeit für eine Unterbrechung ist. Je länger die Dauer, desto mehr muss Ihr Hund balancieren, was Arbeit für seine Muskeln bedeutet. Zwischen den Übungseinheiten ausreichend auszuruhen ist ein wichtiger Teil des Lernprozesses.

Bei zehn erfolgreichen Versuchen in Folge geht es mit Fein Sitz IV weiter.

FEIN SITZ IV: LECKERCHEN AUSSCHLEICHEN
1. Bitten Sie Ihren Hund ins Sitz und loben Sie ihn, wenn er folgt. Dieses Mal werden Sie mit der einen Hand ein Handzeichen geben, während Sie Spielzeug oder Leckerli in der anderen auf Ihrem Rücken verborgen halten.
2. Führen Sie die lockende Bewegung genauso aus wie vorher, aber ohne Leckerli oder Spielzeug. Sobald Ihr Hund Fein Sitz macht, belohnen Sie Ihn aus der anderen Hand. Verlangen Sie noch keine Dauer. Belohnen Sie ihn einfach dafür, dass er Ihnen gefolgt ist.
3. Wenn er merkt, dass der lockenden Hand das Leckerchen fehlt, kann es sein, dass er erst einmal etwas verwirrt ist und zögert. Machen Sie sich keine Sorgen. Brechen Sie den Versuch einfach ab und beginnen Sie von vorne. Belohnen Sie ihn aus Ihrer anderen Hand, sobald er die Fein Sitz-Position erreicht hat. Er wird schnell merken, dass das Folgen der leeren Hand genauso lohnend ist wie das vorherige Folgen der gefüllten Hand.

Nach zehn erfolgreichen Versuchen in Folge machen Sie mit dem nächsten Schritt weiter.

FEIN SITZ: DIE DAUER WIEDER VERLÄNGERN

1. Alleine mit dem Handsignal locken Sie Ihren Hund ins Fein Sitz und versuchen, ihn zwei Sekunden sitzen zu lassen. Belohnen Sie ihn aus der anderen Hand, solange er noch richtig sitzt. Das richtige Anfüttern der Position ist hier besonders wichtig. Wenn er zehn Wiederholungen mit zwei Sekunden schafft, gehen Sie gleich zu vier Sekunden über. Da das hier das zweite Mal ist, dass wir die Dauer verlängern, können wir größere Schritte machen.
2. Wenn nötig, gehen Sie zu einer Sekunde zurück und versuchen dann zwei, drei, vier. Einigen Hunden fällt das längere Ausharren nur auf das Handzeichen hin schwerer.

FEIN SITZ: EINFÜHREN DES KOMMANDOS

1. Bringen Sie Ihren Hund ins Sitz und loben Sie ihn. Sagen Sie »Mach fein Sitz« oder welches Kommando auch immer Sie nehmen wollen. Halten Sie Ihre Hände und Ihren Körper ruhig, während Sie das Kommando geben. Widerstehen Sie der Versuchung, zu früh das Handzeichen zu geben oder ihm durch eine Neigung des Kopfes o.ä. Hilfestellung geben zu wollen.
2. Nach einer ganzen Sekunde geben Sie das Handzeichen genauso wie in den vorherigen Übungen. Belohnen Sie nach zwei Sekunden aus der anderen Hand.

Weiter geht es nach zehn erfolgreichen Wiederholungen in Folge.

Was, wenn er schon vor meinem Kommando loslegt?

Es ist nicht unüblich, dass Hunde einen Schnellstart hinlegen, sprich den Trick zeigen, bevor das Kommando dazu gegeben wurde. Es gibt zwei Dinge, die Sie tun können, um dieser Tendenz entgegenzuwirken:
Geben Sie das verbale Kommando sehr früh, um Ihrem Hund zuvor zu kommen.
Belohnen Sie ihn nicht, wenn er einen Schnellstart hinlegt – belohnen Sie ihn nur, wenn er das Verhalten nach dem Kommando zeigt.
Wenn wir ein Kommando geben, wollen wir nur das Verhalten belohnen, das auf dieses Kommando folgt. Daher führen wir die Kommandos erst so spät im Übungsprozess ein. Zu einem früheren Zeitpunkt wäre das Verhalten des Hundes noch nicht stabil genug, um verlässlich gezeigt zu werden. Später im Training hält der Hund es auch mal aus, nicht belohnt zu werden, obwohl er ein erlerntes Verhalten zeigt – nämlich dann, wenn es vor dem Kommando erfolgt.

FEIN SITZ: KLEINERES ZEICHEN
1. Mit dem Hund im Sitz geben Sie das Kommando. Warten Sie eine ganze Sekunde und machen dann ein kleineres Handzeichen.
2. Loben Sie ihn, sobald er Fein Sitz macht und belohnen Sie ihn nach zwei Sekunden aus der anderen Hand. Achten Sie darauf, dass er das Leckerchen noch in der richtigen Position zu sich nimmt und nicht erst, wenn er schon wieder auf dem Weg nach unten ist.

Zehn erfolgreiche Versuche in Folge qualifizieren Sie für die nächste Schwierigkeitsstufe.

FEIN SITZ VIII: NUR AUF KOMMANDO
1. Den Hund im Sitz geben Sie das verbale Kommando. Dann warten Sie. Geht er ins Fein Sitz, wird er gelobt und aus der hinter Ihrem Rücken versteckten Hand belohnt. Verlangen Sie jetzt noch keine erhöhte Dauer – eine Sekunde reicht – und belohnen Sie ihn in der Position.
2. Wenn er nichts macht, warten Sie ein paar Sekunden, sagen »Schade« und gehen. Versuchen Sie es kurz darauf noch einmal. Klappt es drei Mal in Folge nicht, gehen Sie zu Fein Sitz VII zurück. Stellen Sie sicher, dass Ihr Kommando klar und deutlich ist und vor dem kleinen Handzeichen kommt.
3. Wenn Sie, nachdem Sie bei Fein Sitz VII erfolgreich waren, wieder zu Fein Sitz VIII vorgehen und immer noch keine Resultate erzielen, legen Sie einen Zwischenschritt mit einem noch kleineren Handzeichen ein.
4. Sobald Ihr Hund das verbale Kommando alleine konstant befolgt, können Sie die Verweildauer in der Position wieder erhöhen. Voilà!

Hier noch einmal eine Zusammenfassung der einzelnen Schritte:

Fein Sitz

Schritt	Handsignal	Höhe	Dauer	Verbales Kommando
Eins	Locken mit Leckerli	Vorderpfoten ein bis zwei Zentimeter über dem Boden	Halbe Sekunde	Nein
Zwei	Locken mit Leckerli	Volle Höhe	Halbe Sekunde	Nein
Drei	Locken mit Leckerli	Volle Höhe	Eine Sekunde	
			Zwei Sekunden	
			Drei Sekunden	
			Vier Sekunden	
Vier	Handzeichen	Volle Höhe	Halbe Sekunde	Nein
Fünf	Handzeichen	Volle Höhe	Zwei Sekunden	Nein
			Vier Sekunden	
Sechs	Handzeichen	Volle Höhe	Zwei Sekunden	Vor dem Handzeichen
Sieben	Kleineres Handzeichen	Volle Höhe	Zwei Sekunden	Vor dem Handzeichen
Acht	Keines	Volle Höhe	Eine Sekunde	Ja
			Zwei Sekunden	
			Vier Sekunden	

ROLL DICH

  **ROLLE**
(Lektion 5)

Das Beibringen von Roll dich ist eine hervorragende Übung für Sie als Trainer, um Ihre Fähigkeiten zu verfeinern. Außerdem ist es ein perfektes Beispiel für das langsame Shapen (Formen) eines Verhaltens. Unser größter Feind hierbei ist die Ungeduld. Es hilft, wenn Sie sich den Ablauf vorab auf der DVD anschauen, bevor Sie mit der Übung beginnen. Üben Sie auf einem Teppich oder einer anderen weichen Unterlage, vor allem wenn Ihr Hund nicht mehr ganz jung und beweglich ist.

ROLL DICH I

»Sphinx«-Platz

Auf eine Hüfte gerollt

1. Sehen Sie sich die Bilder an. Wenn Ihr Hund sich bereits leicht auf eine Hüfte rollt, wenn er sich hinlegt, machen Sie gleich mit Roll dich II weiter. Wenn er sich normalerweise wie eine Sphinx ins Platz legt, fahren Sie mit dieser Übung fort.
2. Mit dem Hund im Sphinx-Platz nehmen Sie ein ausnehmend gutes Leckerchen und locken seinen Kopf damit scharf zur Seite, so als wenn Sie ihn dazu bringen wollten, nach hinten zu sehen. Halten Sie das Leckerchen nicht zu hoch und brechen Sie die Übung sofort ab, wenn Ihr Hund die Platz-Position aufhebt, selbst wenn es nur aus Versehen in dem Versuch passiert, an das Leckerchen zu gelangen. Regel 1 lautet: Der Hund muss im Platz bleiben, während Sie ihn locken.
3. Sobald er sich auf eine Hüfte rollt, loben Sie ihn und geben die Belohnung frei. Widerstehen Sie der Versuchung, ihn mit den Händen anschieben zu wollen. Es ist viel besser, wenn er seine eigene Kraft benutzt.
4. Wenn Sie das noch nie zuvor gemacht haben, kann es etwas schwierig sein. Viele Hunde benötigen kleine Verbesserungen Ihrer Lockhand, damit sie sich wirklich auf die Hüfte rollen. Ich rate Ihnen, sich die Beispiele auf der DVD genau anzuschauen und dann auszuprobieren, wie es bei Ihrem Hund am besten funktioniert. Während Sie das ausprobieren, belohnen Sie hin und wieder sein geduldiges Platz-Bleib, um sein Interesse geweckt zu halten. Für besonders schwierige Hunde ist es auch eine gute Idee, ihn alleine schon für das Folgen des Leckerchens mit seinem Kopf zu belohnen, auch wenn er sich noch nicht auf die Hüfte rollt. Sobald Ihr Hund die Kopfbewegung flüssig ausführt, verlängern Sie die Dauer, die er den Kopf so halten muss, ein wenig. Die meisten Hunde werden dann irgendwann auf die Hüfte rollen, um das Leckerchen bequemer ansehen zu können, und Bingo!
5. Üben Sie solange, bis Ihr Hund der Lockhand fünf Mal hintereinander flüssig folgt.

Bei fünf erfolgreichen Wiederholungen machen Sie mit der nächsten Stufe weiter.

ROLL DICH II: SCHULTER

1. Mit dem Hund im Platz und auf eine Hüfte gerollt, ziehen Sie seine Nase mit dem Leckerchen in Richtung seiner oben liegenden Hüfte. In dem Moment, wo er sich so weit wie möglich gestreckt hat, belohnen Sie ihn. Brechen Sie ab, wenn er das Platz aufhebt. Üben Sie diesen Ablauf, bis er flüssig läuft.
2. Nachdem Sie ein paar dieser Bewegungen belohnt haben, machen Sie die gleiche lockende Handbewegung, nur dieses Mal hören Sie nicht an der Hüfte auf, sondern ziehen die Hand weiter, als wenn Sie Ihren Hund in einen festen Ball drehen wollten. Die Idee dahinter ist, dass er seine untere Schulter herunterzieht und dann seitlich auf dem Boden liegt. Auch das kann etwas schwierig sein, wenn Sie es noch nie gemacht haben. Auch hier hilft es, sich das Beispiel auf der DVD anzuschauen, bevor Sie es mit Ihrem Hund versuchen.
3. Üben Sie solange, bis Sie fünf flüssige Wiederholungen erreicht haben.

ROLL DICH III: RÜCKEN UND RUM
1. Von hier ab kann der Ablauf von Hund zu Hund stark variieren. Das Ziel ist, den Hund auf den Rücken zu bekommen und von da aus auf die andere Seite zu drehen. Der Schlüssel zu diesem Ziel liegt darin, sich ganz kleine Zwischenziele zu setzen. Gehen Sie nur zentimeterweise vor, damit Ihr Hund nicht aufgibt.
2. Üben Sie, bis er eine volle Umdrehung für ein Leckerchen schafft. Wiederholen Sie das zehn Mal, bevor Sie zu Roll dich IV übergehen.

Bei zehn flüssigen Wiederholungen in Folge geht es mit dem nächsten Schritt weiter.

ROLL DICH IV: LECKERCHEN AUSSCHLEICHEN
1. Machen Sie das Gleiche wie in Roll dich III, nur schneller. Anstatt Ihren Hund durch jeden einzelnen Schritt zu locken, führen Sie eine durchgängige Handbewegung aus. Wenn er sich nach drei Versuchen noch nicht gerollt hat, wählen Sie eine Geschwindigkeit, die zwischen der bisherigen und der neuen liegt. Erhöhen Sie sie nur langsam.
2. Wenn Ihr Hund sich bei dieser schnelleren Lockbewegung flüssig von einer auf die andere Seite rollt, wiederholen Sie das Ganze mit einer leeren Hand und belohnen Sie ihn am Ende aus der anderen Hand.

Nach fünf flüssigen Wiederholungen mit leerer Hand geht es zur letzten Stufe.

ROLL DICH V: KOMMANDO EINFÜHREN
1. Bringen Sie Ihren Hund ins Platz und geben dann das verbale Kommando, das Sie für das Roll dich einführen möchten. Halten Sie dabei Ihre Hände und Ihren Körper ruhig. Eine Sekunde, nachdem Sie das Kommando gegeben haben, führen Sie die

Handbewegung aus dem vorherigen Schritt aus. Belohnen Sie Ihren Hund wie üblich, wenn er sich einmal rollt.
2. Wenn Sie so weiter üben, kann es sein, dass Ihr Hund nach und nach schon auf das Kommando hört und somit dem Handzeichen zuvor kommt. Wenn er das nicht tut, sondern jedes Mal auf das Handzeichen wartet, führen Sie es immer kleiner und kleiner aus, bis ihm schließlich das verbale Kommando reicht.

ANHANG

WIE TRAINING FUNKTIONIERT:

EIN ÜBERBLICK

Es gibt vier Schritte zu einem effektiven Training:

- Den Hund zu dem gewünschten Verhalten veranlassen.
- Den Hund ohne irgendwelches Locken zu dem Verhalten veranlassen.
- Dem Verhalten einen Namen geben und diesen einführen.
- Das Verhalten festigen, erhalten und bewahren.

SO MACHT'S DER HUND
Als Erstes müssen wir den Hund dazu bringen, das Verhalten zu zeigen, das wir mit ihm üben wollen, und ihn systematisch jedes Mal dafür belohnen. Je mehr man belohnt, desto öfter wird er das Verhalten zeigen. Das ist so sicher wie das Gesetz der Schwerkraft.

Der effektivste Weg, um ein Verhalten zu provozieren, damit man es dann blitzschnell belohnen kann, ist, den Hund zu locken. Beispiele hierfür sind einen Hund einem Leckerli folgen zu lassen oder ihn mit fröhlichen, hohen Tönen dazu zu bringen, zu uns zu kommen.

Manchmal bekommt man nicht die volle Ausführung des Verhaltens, das man gerne hätte. Zum Beispiel wenn man es nicht schafft, den Hund ins Platz zu locken. Dann gibt man sich erst einmal mit etwas zufrieden, was sich Annäherung nennt. Das könnte ein Sitz sein, bei dem er die Nase in Richtung Boden senkt. Schritt für Schritt und unter Anwendung der Vor-Zurück-Noch einmal-Regel (S. Seite 26 in der Einleitung) erhalten Sie schlussendlich das, was der Trainer das finale Verhalten nennt: Der Hund liegt auf dem Boden.

LECKERCHEN AUSSCHLEICHEN
Jetzt wo der Hund weiß, was er tun soll, besteht der nächste Schritt darin, dass er es auch ohne Locken macht. Der Aufbau dieses Buchs hilft Ihnen dabei, genau das zu tun – Sie erzielen verlässliche Ergebnisse, während Sie die Hilfen mehr und mehr ausschleichen.

ANWENDEN (»GENERALISIEREN«) UND BENENNEN
Sobald der Hund die Verhaltensweisen bereitwillig und ohne Locken ausführt (der Trainer

sagt dann, der Hund ist flüssig), ist es an der Zeit, einen formalen Namen (Kommando) einzuführen und in verschiedenen Zusammenhängen zu üben. Das bedeutet, das Verhalten in neuen Umgebungen ausführen zu lassen und die Dauer des gezeigten Verhaltens zu verlängern, um schlussendlich einen überall verlässlichen Gehorsam zu erreichen. Dieser Prozess kann so weit getrieben werden, wie Sie wollen. Hauptsache Sie steigern den Schwierigkeitsgrad nur allmählich und halten sich systematisch an die Vor-Zurück-Noch einmal-Regel. Normalerweise führt man ungefähr zu diesem Zeitpunkt ein formales Kommando ein, auch wenn der perfekte Zeitpunkt dafür von Hund zu Hund und Übung zu Übung variiert.

FESTIGEN, ERHALTEN UND BEWAHREN

Wenn das Verhalten zu dem gewünschten Grad generalisiert ist, können Sie zur sogenannten festigenden Belohnung übergehen, um das Verhalten zu bewahren. Anstatt Unmengen an Wiederholungen mit Leckerchen, Lob und Spielzeug durchzuführen, wie Sie es beim Erlernen des Verhaltens getan haben, nutzen Sie jetzt solche Privilegien wie ohne Leine gehen, die Tür öffnen, Gäste begrüßen und andere Verstärker, die im täglichen Leben vorkommen.

Natürlich können Sie das gewünschte Verhalten weiterhin so viel Sie mögen mit Leckerchen oder Spielrunden belohnen, wenn Sie einen absoluten Gehorsam erreichen möchten. Das nennt man dann Übertrainieren. Das ist vergleichbar mit dem Unterschied zwischen ein bisschen Gewichte zu stemmen, um den Körper zu straffen, ein bisschen mehr zu stemmen, um Kraft aufzubauen, und echtem Bodybuilding. Es liegt ganz bei Ihnen, wie stark Sie den Gehorsam Ihres Hundes ausbauen wollen.

Ob Sie sich nun entscheiden, überzutrainieren oder nicht, auf jeden Fall müssen Sie das, was Sie aufgebaut haben, erhalten. Um das zu erreichen, sollten Sie vermeiden, dass ein gewünschtes Verhalten über einen zu langen Zeitraum nicht belohnt wird. Einige Trainer (die sich in meinen Augen unethisch verhalten) werden Ihnen vielleicht weismachen wollen, dass erlerntes Verhalten nicht länger belohnt werden muss. Oder dass es für den Hund Belohnung genug ist, Ihnen zu gefallen. Doch die Gesetze des Lernens geben vor, das Verhalten, welches nie bestärkt wird, irgendwann stirbt. Das nennt man Auslöschen, und es ist ein genauso rechtmäßiger Prozess wie der, dass belohntes Verhalten stärker wird. Wenn Sie also das erhalten wollen, was Sie erreicht haben, dann belohnen Sie gewünschtes Verhalten mindestens jedes dritte oder vierte Mal – vorzugsweise dann, wenn Ihr Hund es ganz hervorragend gemacht hat.

GLOSSAR

BEGRIFFE AUS DEM TIERTRAINING

Belohnung Ein Leckerchen oder Spielzeug, das der Hund nach Ausübung eines Verhaltens erhält.

Festigen Ablenkungen und neue Umgebungen ins Training einbauen, um das Verhalten so weit wie möglich zu verstärken.

Flüssig Gut trainiert. So wie Sie eine Fremdsprache flüssig sprechen lernen können, kann Ihr Hund lernen, flüssig zu kommen, wenn Sie ihn rufen.

Hund auf Eis legen Die Trainingseinheit beenden und eine ausreichend lange Pause einlegen, dass der Hund vor der nächsten Sitzung mindestens einmal schlafen konnte.

Latenzzeit Die Zeit, die der Hund hat, um ein Verhalten auszuführen, um das Sie ihn gebeten haben. Abkürzung LZ.

Locken Vor dem Verhalten erfolgte Hilfe oder Anleitung durch den Trainer, damit der Hund es richtig macht. Das Locken wird ausgeschlichen (nach und nach sein gelassen), sobald der Hund in dem Verhalten sicher ist.

Lockmittel Ein Stück Futter oder ein Spielzeug in der Hand des Trainers, dem der Hund folgen wird. Das Lockmittel ermöglicht es, den Körper des Hundes in verschiedene Positionen zu locken.

Noch einmal Eine weitere Serie auf dem aktuellen Schwierigkeitsgrad üben.

Gibt es einen Unterschied zwischen einem Lockmittel und einer Belohnung?

Beim Lockmittel handelt es sich um eine Unterkategorie der Hinweise (etwas, das vor dem Verhalten kommt, um das Verhalten hervorzurufen). Bei einer Belohnung handelt es sich hingegen um eine Konsequenz, die nach dem Verhalten erfolgt. Die Verwirrung kommt daher, dass das gleiche Leckerli, das als Lockmittel eingesetzt wurde (um das gewünschte Verhalten hervorzurufen) am Schluss als Belohnung gegeben wird. Dieses Leckerchen hat also zwei verschiedene Rollen.

Parameter Die verschiedenen Spezifikationen, die eine Übung ausmachen. Zum Beispiel beinhaltet ein Platz-Bleib auch die Parameter Entfernung, Dauer und Ablenkung. LZ ist auch ein Beispiel für einen Parameter.

Übertrainieren Weitere Übungseinheiten auf einer Trainingsstufe einlegen, um das Verhalten stärker zu festigen.

Serie Eine Reihe von fünf Wiederholungen der exakt gleichen Übung, bei der man genau notiert, wie viele der fünf Wiederholungen der Hund richtig gemacht hat.

Sitzung Eine Zeit, die fürs Training reserviert ist; liegt üblicherweise irgendwo zwischen fünf und dreißig Minuten.

Teilen/Zwischenschritt Eine Serie einlegen, die zwischen zwei Schwierigkeitsgraden liegt.

Toter Apport Apportieren eines unbeweglichen Gegenstandes. Das Gegenteil vom lebenden Apport, bei dem das Objekt geworfen, gewackelt oder sonst irgendwie lebendig gemacht wird. Dies weckt die Aufmerksamkeit des Hundes, der im Zweifel versuchen wird, es zu fangen, ins Maul zu nehmen oder auch zu apportieren. Ich bin ein Freund davon, den toten Apport zu üben, auch mit Hunden, die sich gerne animieren lassen. Er ist einfach eine hervorragende Übung für den Trainer.

Versuch Eine einzelne Wiederholung einer Übung. Jede Serie besteht aus fünf Versuchen.

Vor Zum nächsten Schwierigkeitsgrad einer Übung vorrücken.

Vorausschauen Nach einem Verhalten, das auf einem höheren Level liegt, Ausschau halten und es ggf. auch schon mitzählen (Wiederholungen, die der Hund in einer Serie macht und die über den aktuellen Kriterien liegen).

Zeichen Ein Kommando. Ein Signal an den Hund, ein gelerntes Verhalten auszuführen.

Zurück Eine Stufe vom derzeitigen Schwierigkeitslevel zurück gehen. (Doppeltes Zurück: Zwei Stufen vom derzeitigen Schwierigkeitslevel zurückgehen.)